高等职业教育汽车类专业创新教材

# 事故车查勘定损实用教程

## （彩色版配实训工单）

## 第2版

主　编　明光星
副主编　白凤鹏　马吉松
参　编　杨洪庆　李雪建　耿　炎
　　　　郭明华　李　晗　孙宝明
　　　　明　阳　牛文学　厍银柱

二维码总码

机械工业出版社

本书以事故车的查勘与定损的实际工作过程为主线,依据工作流程设置了7个学习项目,归纳提炼为17个教学任务,重点突出了职业技能和职业素养的培养。学习项目有:交通事故判别与责任认定、车险理赔现场查勘、碰撞事故现场查勘与定损、特殊事故现场查勘与定损、事故车损失核定、新能源汽车查勘与定损、人伤案件的查勘与定损。本书配有教学视频和实训工单分册。

本书主要供高等职业院校汽车类专业教学使用,也可作为汽车保险从业人员的岗位培训教材或自学用书。

## 图书在版编目(CIP)数据

事故车查勘定损实用教程:彩色版配实训工单 / 明光星主编. —2版. —北京:机械工业出版社,2023.6
高等职业教育汽车类专业创新教材
ISBN 978-7-111-73133-7

Ⅰ.①事… Ⅱ.①明… Ⅲ.①交通运输事故–处理–高等职业教育–教材②交通运输事故–车辆–损伤–鉴定–高等职业教育–教材  Ⅳ.①U491.31

中国国家版本馆CIP数据核字(2023)第080598号

机械工业出版社(北京市百万庄大街22号 邮政编码100037)
策划编辑:齐福江　　　　责任编辑:齐福江　丁　锋
责任校对:张爱妮　李　婷　封面设计:张　静
责任印制:刘　媛
涿州市般润文化传播有限公司印刷
2023年8月第2版第1次印刷
184mm×260mm・16.5印张・374千字
标准书号:ISBN 978-7-111-73133-7
定价:69.90元

电话服务　　　　　　　　　网络服务
客服电话:010-88361066　　机 工 官 网:www.cmpbook.com
　　　　　010-88379833　　机 工 官 博:weibo.com/cmp1952
　　　　　010-68326294　　金 书 网:www.golden-book.com
封底无防伪标均为盗版　　　机工教育服务网:www.cmpedu.com

# 前言

《事故车查勘定损实用教程（彩色版配实训工单）第2版》对事故车辆查勘与损伤评估的相关知识进行有机整合，并结合具体案例进一步加强理论学习。全书以事故车的查勘与定损的工作过程为主线，依据工作流程和事故特点设置了7个学习项目，归纳提炼为17个教学任务，见下表。

| 项目 | | 任务 | |
|---|---|---|---|
| 项目一 | 交通事故判别与责任认定 | 任务一 | 交通事故判别 |
| | | 任务二 | 交通事故责任认定 |
| 项目二 | 车险理赔现场查勘 | 任务一 | 查勘前的准备 |
| | | 任务二 | 现场车损照片的拍摄 |
| | | 任务三 | 交通事故物证收集 |
| 项目三 | 碰撞事故现场查勘与定损 | 任务一 | 车身结构 |
| | | 任务二 | 交通事故车身损坏分析 |
| 项目四 | 特殊事故现场查勘与定损 | 任务一 | 水淹事故车的查勘与定损 |
| | | 任务二 | 火灾事故车的查勘与定损 |
| | | 任务三 | 盗抢案件的查勘与定损 |
| | | 任务四 | 骗赔案件的查勘与防范 |
| 项目五 | 事故车损失核定 | 任务一 | 事故车维修方案的确定 |
| | | 任务二 | 材料费/工时费的核定 |
| 项目六 | 新能源汽车查勘与定损 | 任务一 | 新能源汽车现场查勘安全与防护 |
| | | 任务二 | 新能源汽车现场查勘 |
| 项目七 | 人伤案件的查勘与定损 | 任务一 | 人员伤亡现场施救与查勘 |
| | | 任务二 | 人伤损失核定与理赔 |

本书突出特点是：

1）突出职业教育的特点。将大量的高难技术术语、工作原理简单化、通俗化、形象化，便于理解和运用，巧妙解决查勘定损工作中术语多、难理解的问题；相关概念、理论以必须够用为度。

2）突出技能操作和实用性。基于查勘员的工作过程，注重实际操作能力和职业技能的培养。

3）为了迎合我国新能源汽车的飞速发展，增加了新能源汽车查勘定损的内容。

4）配备全套实训工单及课后习题。

5）特别加强引用了大量经典案例及司法鉴定案例，并有完整的鉴定报告，直观易懂。

6）配备完整的查勘定损过程视频及查勘定损岗位员工培训课件。

7）融入"课程育人"元素。结合车险理赔行业特点，落实"立德树人"的根本任务。在课程设计中有机融入育人元素、反贪反腐教育等内容，强调培育学生自主学习的能力素养，精益求精的工匠精神和爱岗敬业的劳动态度。

本书由明光星任主编，白凤鹏、马吉松任副主编，参加的编写人员还有杨洪庆、李雪建、耿炎、郭明华、李晗、孙宝明、明阳、牛文学和库银柱。

本书主要供高等职业院校汽车类专业教学使用，也可作为汽车保险从业人员的岗位培训教材或自学用书。

编　者

# 目录

Contents

前言

## 项目一
### 交通事故判别与责任认定 / 001

任务一 交通事故判别 / 001
　　一、交通事故的定义及分类 / 001
　　二、交通事故处理的基本流程 / 004

任务二 交通事故责任认定 / 012
　　一、道路交通事故责任分类及认定原则 / 013
　　二、交通事故认定书的制作与送达 / 018
　　三、典型交通事故案例分析 / 020

思考与练习 / 022

## 项目二
### 车险理赔现场查勘 / 023

任务一 查勘前的准备 / 023
　　一、车险理赔业务流程 / 023
　　二、车险理赔现场查勘 / 027
　　三、交通事故现场 / 029
　　四、典型案例分析 / 033

任务二　现场车损照片的拍摄 / 034
　　一、相机的选择与使用 / 034
　　二、典型现场拍照案例 / 041

任务三　交通事故物证收集 / 043
　　一、车险理赔中物证 / 044
　　二、物证查勘过程及查勘记录 / 046
　　三、典型案例分析 / 054

思考与练习 / 058

# 项目三

## 碰撞事故现场查勘与定损 / 061

任务一　车身结构 / 061
　　一、车身材料及结构特征 / 061
　　二、承载式车身构件 / 065

任务二　交通事故车身损坏分析 / 072
　　一、车身常见碰撞和损伤类型 / 073
　　二、车身变形影响因素 / 077
　　三、车身变形量的检测方法 / 082
　　四、典型案例分析 / 083

思考与练习 / 086

# 项目四

## 特殊事故现场查勘与定损 / 088

任务一　水淹事故车的查勘与定损 / 088
　　一、水淹事故车施救与现场查勘 / 088
　　二、水淹事故损失核定与处理 / 094
　　三、典型案例分析 / 102

任务二　火灾事故车的查勘与定损 / 104
　　一、汽车起火类型与原因 / 105
　　二、火灾现场施救与查勘 / 108
　　三、火灾事故车损失核定 / 112

任务三　盗抢案件的查勘与定损 / 113

一、盗抢案件查勘 / 114

二、盗抢案件的定损 / 115

三、盗抢案例分析 / 115

任务四　骗赔案件的查勘与防范 / 117

一、骗赔特征与防范措施 / 118

二、欺诈案件识别方法 / 121

三、反欺诈技能及真假故障识别 / 130

四、典型案例分析 / 134

思考与练习 / 138

# 项目五

## 事故车损失核定 / 143

任务一　事故车维修方案的确定 / 143

一、车辆定损方式和原则 / 143

二、事故车常损零件损失评估 / 145

三、典型案例分析 / 158

任务二　材料费 / 工时费的核定 / 160

一、事故车辆维修费用组成 / 160

二、施救费用 / 163

三、全损及增项定损 / 165

四、竣工复勘与核损 / 166

五、定损案例分析 / 168

思考与练习 / 173

# 项目六

## 新能源汽车查勘与定损 / 175

任务一　新能源汽车现场查勘安全与防护 / 175

一、安全警示与操作规程 / 175

二、维修中常见的操作方法 / 180

任务二　新能源汽车现场查勘 / 181

一、新能源汽车事故现场查勘 / 182

二、新能源汽车事故现场类型 / 182

三、高压部件定损方法 / 189
四、查勘定损常用工具使用 / 193
五、典型案例分析 / 197

思考与练习 / 201

# 项目七
## 人伤案件的查勘与定损 / 203

任务一　人员伤亡现场施救与查勘 / 203
　　一、人伤相关法律法规 / 203
　　二、人伤现场施救 / 204
　　三、人伤案件查勘流程 / 205
　　四、人伤查勘工作中常见问题与处理 / 208

任务二　人伤损失核定与理赔 / 210
　　一、保险公司人伤查勘规范 / 210
　　二、人伤损失核定 / 214
　　三、人伤案件一般理赔流程 / 222
　　四、典型案例分析 / 223

思考与练习 / 226

**参考文献 / 228**

# 项目一
# 交通事故判别与责任认定

## 任务一　交通事故判别

### 学习目标

**知识目标**

1. 能够描述交通事故的类型，了解其产生的成因。
2. 能够描述当事人对交通事故现场的处理方法。
3. 能够描述交通警察处理交通事故的基本流程。

**技能目标**

1. 能够根据不同交通事故的类型指导当事人完成事故现场的处理。
2. 能够根据交通事故的基本流程指导当事人完成事故后期处理。

### 任务描述

在交通事故定损理赔工作中，协调好当事人（被保险人）、交警及保险公司三方面的关系是理赔工作顺利开展的重要条件，一旦车祸发生，保险公司应及时告知和指导当事人该如何处理才能降低人身伤亡和财产损失。交警部门协同保险公司按照程序规章办事，完成对现场进行处理、做出事故认定、处罚责任者、对当事人进行调解、事故定损及理赔等工作。由于交通事故责任划分与后期的损失分担金额息息相关，交通事故判别与责任认定是定损员必备的技能。

## 一　交通事故的定义及分类

### 1. 交通事故的定义

交通事故（Traffic Accident）是指车辆在道路上因过错或者意外造成人身伤亡或者财产损失的事件。交通事故不仅是由不特定的人员违反道路交通安全法规造成的，也可以是由于地震、台风、山洪、雷击等不可抗拒的自然灾害造成。

车辆包括机动车和非机动车。机动车中有各类汽车、摩托车和拖拉机等，是用发动机或电机驱动的车辆；非机动车中有畜力车和自行车等。

道路是指公路、街道、胡同、里巷、广场、停车场等供公众通行的地方。其中供车辆行驶的为车行道，供人通行的为人行道。与道路成为一体的桥梁、隧道、轮渡设施以及作业道路用的电梯等统统包括在"道路"中，作为道路附属设施。

（1）构成交通事故的要素

1）必须是车辆造成的。车辆包括机动车和非机动车，没有车辆就不能构成交通事故。例如，行人与行人在行进中发生的碰撞就不构成交通事故。

2）是在道路上发生的。虽在单位管辖范围但允许社会机动车通行的地方，也属道路范畴。

3）在运动中发生。是指车辆在行驶或停放过程中发生的事件，若车辆处于完全停止状态，行人主动去碰撞车辆或乘车人上下车的过程中发生的挤、摔、伤亡的事故，则不属于交通事故。

4）有事态发生。是指有碰撞、碾压、刮擦、翻车、坠车、爆炸、失火等其中的一种现象发生。

5）必须有损害后果的发生。损害后果仅指直接的损害后果，且是物质损失，包括人身伤亡和财产损失。

（2）非交通事故的情况

1）各种军用车辆在野外（不是在道路上，或虽是在道路上但已断绝交通时）演习中所造成的人身伤亡事故或军用车辆之间的碰撞事件。

2）农机车辆在田野或场院作业中，或在往返作业区的途中轧死、轧伤本单位参加劳动的人员。

3）汽车和机械专用车辆在施工现场或厂矿、企业内部所发生的事故。

4）参加体育竞赛的车辆在体育场地所发生的事故。

5）虽是道路或广场，但临时作为集体游行场所、文化娱乐场所而发生的挤伤人、踩死踩伤人的事故。

6）利用交通自杀或制造撞车事件。

## 2. 交通事故分类

交通事故分类有按事故形态分类、按事故损害后果分类、按事故原因分类、按事故肇事主体的交通方式分类等多种。

（1）按交通事故的形态分类

交通事故的形态即交通事故的外部表现形态，一般分为碰撞、刮擦、碾压、翻车、坠车、失火事故等类型。

（2）按事故损害后果分类

1）轻微事故。是指一次造成轻伤1~2人，或者造成财产损失，机动车事故为不足1000元，非机动车事故为不足200元的事故。

2）一般事故。是指一次造成重伤1~2人，或者轻伤3人及以上，或者财产损失不足3

万元的事故。

3）重大事故。是指一次造成死亡1~2人，或者重伤3人及以上10人以下，或者财产损失3万元以上不足6万元的事故。

4）特大事故。是指一次造成死亡3人及以上，或者重伤11人以上；或者死亡1人，同时重伤8人以上；或者死亡2人，同时重伤5人及以上；或者财产损失6万元及以上的事故。

（3）按事故原因分类

1）事故当事人的原因导致的交通事故。

2）车辆原因导致的交通事故。

3）道路与交通设施的原因导致的交通事故。

4）交通管理方面的原因导致的交通事故。

5）意外因素导致的交通事故。

（4）按事故肇事主体的交通方式分类

1）机动车事故。

2）非机动车事故。

3）行人、乘车人事故。

### 3. 交通事故成因分析

交通事故是在特定的交通环境影响下，由于人、车、路、环境诸要素配合失调偶然发生的。因此，分析交通事故成因最主要的是分析人、车、路、环境对交通事故形成的影响，可用下式来描述事故的产生：

$$A=f(P, V, R, E)$$

式中，$A$ 为发生交通事故行为，$P$ 为影响交通安全的人力因素，$V$ 为影响交通安全的车辆因素，$R$ 为影响交通安全的道路因素，$E$ 为影响交通安全的环境因素。

（1）人的因素

人是影响交通安全最活跃的因素。在人－车－路－交通环境构成的体系中，车辆由人驾驶，道路由人使用，交通环境要有人的管理，因此，对交通安全的研究应对人给以足够的重视。据统计分析，驾驶人的违章操作和失误是引发交通事故的主要原因。

（2）车辆因素

在交通事故中，由于车辆制动失灵、制动不良、机件失灵、灯光失效和车辆装载超高、超宽、超载、货物绑扎不牢固所致的案件占据一定比例，特别是制动系统和转向系统故障是车辆因素造成事故的主要原因。部分车辆带病运行，特别是个体车辆和挂靠车辆更为严重。这些都构成了交通事故的机械隐患。

（3）道路因素

道路交通的安全取决于交通过程中人、车、路、环境之间是否保持协调。道路本身的技术等级、设施条件及交通环境作为构成道路交通的基本要素，它们对交通安全的影响是不容忽视的。随着我国经济飞速发展，机动车数量增长速度远远超过交通基础设施增长速度，这些都从客观上增加了道路交通伤亡事故的发生率。所以，道路建设和养护质量需进一步提高。

（4）环境因素

交通环境主要是指天气状况、道路安全设施、噪声污染以及道路交通参与者之间的相互影响等。驾驶人行车的工作状况，不仅受道路条件的影响，而且还受到道路交通环境的影响，其中交通量、交通混杂程度与行车速度、交通信息特征等因素影响了道路交通事故发生的概率。

## 二 交通事故处理的基本流程

### 1. 交通事故处理的一般流程图

公安交通管理部门对交通事故处理的一般流程如图 1-1 所示。对于当事人向人民法院提起民事诉讼的案件公安交通管理部门不再调解。对于做出重新认定的案件，道路交通事故责任重新认定是最终认定。

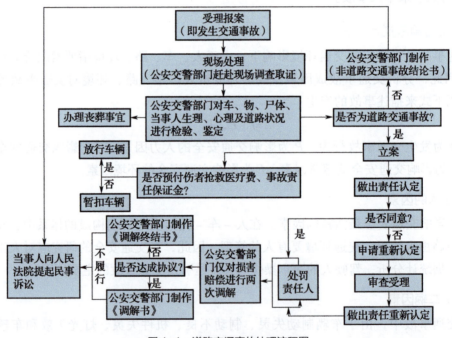

图 1-1　道路交通事故处理流程图

### 2. 交通事故处理流程详解

（1）受理报案

交警部门接到当事人或其他人的报案之后，按照管辖范围予以立案。

（2）现场处理

交警部门受理案件后，立即派人员赶赴现场，抢救伤者和财产，勘查现场，收集证据。

1）现场查勘：公安交通管理部门接到交通事故报案的，须做好报案记录。属于重大、特大事故的，应当立即向上级公安交通管理部门或者有关部门报告。不属于自己管辖的，移送主管部门，并通知当事人。

经现场查勘，属于交通事故的，填写交通事故立案登记表。不属于交通事故的，由事故处理部门负责人批准，书面通知当事人。

公安机关交通管理部门对交通事故进行调查时，交通警察不得少于2人。

交通警察调查时应当向被调查人员表明执法身份，告知被调查人依法享有的权利和义务，向当事人发送联系卡。联系卡载明交通警察姓名、办公地址、联系方式、监督电话等内容。

急救、医疗人员到达现场的，由急救、医疗人员组织抢救受伤人员，交通警察应当积极协助。

交通警察调查交通事故现场时，应当全面、及时地收集有关证据。现场调查内容包括：

①交通事故当事人的基本情况。
②车辆安全技术状况及装载情况。
③交通事故的基本事实。
④当事人的道路交通安全违法行为及导致交通事故的过错或者意外情况。
⑤与交通事故有关的道路情况。
⑥其他与交通事故有关的事实。

查勘交通事故现场，应按照有关法规和标准的规定，拍摄现场照片，绘制现场图，采集、提取痕迹、物证，制作现场查勘笔录。一次死亡3人及以上的交通事故应当进行现场摄像。

现场图应当由参加查勘的交通警察、当事人或者见证人签名。当事人拒绝签名或者无法签名以及无见证人的，应当记录在案。

交通警察应当检查当事人的身份证件、机动车驾驶证、工作证及机动车行驶证、保险标志，验明身份；对当场难以查实身份的肇事人，可以依法传唤。交通警察可以依法对肇事车辆、交通事故当事人及其随身携带的物品进行检查。

公安机关交通管理部门应当按照《公安机关办理行政案件程序规定》，对肇事人、其他当事人、证人进行询问或者讯问。询问或者讯问时，应当根据需要问明交通方式、驾驶人和机动车所有人、管理人的基本情况以及机动车驾驶证号、准驾车型、领取机动车驾驶证日期、驾驶经历，驾驶前活动、休息、餐饮情况、驾驶时身体状况，所驾车辆状况、保险情况，行驶路线、驾驶时间、行驶速度、交通事故发生经过，临危采取的措施及主观心态等与交通事故有关的情况。

公安机关交通管理部门在调查交通事故过程中，发现当事人有交通肇事犯罪嫌疑的，应当按照《公安机关办理刑事案件程序规定》立案侦查，并依法对其采取强制措施。发现当事人有其他违法犯罪嫌疑的，应当及时移送公安机关有关部门。

交通警察认为应当对当事人给予暂扣或者吊销机动车驾驶证处罚的，可以扣留其机动车驾驶证，并开具行政强制措施凭证。扣留机动车驾驶证的期限至做出处罚决定为止。

因收集证据需要扣留事故车辆及机动车行驶证的，公安机关交通管理部门应当开具行政强制措施凭证，将车辆移至指定的地点并妥善保管。

公安机关交通管理部门不得扣留事故车辆所载货物。对所载货物在核实质量、体积及货物损失后，通知机动车驾驶人或者货物所有人自行处理。当事人不自行处理的，按照《公安机关办理行政案件程序规定》第一百五十五条、第一百五十六条的规定办理。

2）调查取证：公安交通管理部门暂扣交通事故车辆、嫌疑车辆、车辆牌证和当事人的驾驶证时，应当开具暂扣凭证。因检验、鉴定的需要，暂扣交通事故车辆、嫌疑车辆、车辆牌证和驾驶证的期限为 20 日；需要延期的，经上一级公安交通管理部门批准可以延长 20 日。暂扣的车辆一律存放在公安交通管理部门指定的地点，妥善保管。当事人的其他证件在查验登记后，应当当场发还。

询（讯）问当事人、证人和有关人员；按照《中华人民共和国治安管理处罚条例》的规定进行处理；有责任的当事人无故不到的，可以依法传唤。

采集提取交通事故现场的痕迹、物证，按照处理交通事故的有关规定、标准进行。交通事故现场和当事人体内如有可能因时间、地点、气象原因灭失的痕迹或者证据，应当及时提取。饮酒或者使用毒品的当事人如拒绝提取血液，并有反抗行为的，可以使用约束带或者警绳强制提取，提取完毕后必须立即解除。

3）检验、鉴定和重新评定：检验交通事故死者尸体不得在公众场合进行。剖验交通事故死者尸体，应当征得其亲属或者代理人的同意。但是公安交通管理部门认为必要时，经事故处理部门负责人批准，可以直接解剖尸体。境外来华人员的尸体经法医检验的，由法医出具"死亡鉴定书"。需要解剖尸体的，应当取得死者家属或者所属国驻华使（领）馆同意解剖的书面证明。

交通事故受伤人员伤残评定工作当由法医进行；无法医的，由处理交通事故的办案人员进行；伤情复杂的，可以聘请有专门知识的人员或者委托其他专业伤残鉴定机构进行。在有条件的地方，公安交通管理部门应当设立交通事故伤残评定委员会。

交通事故当事人对伤残评定不服的，按照《道路交通事故处理办法》规定可以向上一级公安交通管理部门申请重新评定。重新评定的结论为最终结论。上一级公安交通管理部门认为必要时，可以委托其他专业伤残鉴定机构或者聘请有专门知识的人员进行重新评定。

4）其他规定：办案人员与本交通事故有利害关系或者其他关系可能影响公正处理的，应当自行回避。当事人有权申请办案人员回避。此款规定，适用于鉴定人员、查勘人员。办案人员的回避，由其所在公安交通管理部门负责人决定。

预付抢救治疗费直接向医院缴纳，凭据由预付的当事人保存。对不预付或无力预付的，公安交通管理部门可以暂扣交通事故责任者的车辆，暂扣的期限由各省、自治区、直辖市公安厅（局）规定。在实行机动车法定保险的地区，发生机动车逃逸事故，造成人员受伤、死亡的，公安交通管理部门应当向当地中国人民保险公司开具预付抢救期间的医疗费、死者丧葬费的通知书，保险公司核实后向医疗单位和死者家属预付费用。

交通事故当事人属流动人口或者境外来华人员，在事故处理期间要求暂时离开事故发生地的,应当在事故发生地寻找担保人,由担保人出具担保书后,方准离开。境外来华人员找不到担保人的,可缴纳一定数额的保证金后,准予离开。

交通事故死亡人员身份无法查明的,须在地区(市)一级报纸上刊登寻人启事。登报10日内无人认领的,由县以上公安机关负责人批准处理尸体,费用由另一当事方预付。其遗物应当妥善保管或者上交有关部门。

公安机关交通管理部门对交通事故死者尸体,经检验、鉴定后,认为无保留必要的,应当向死者亲属送交尸体处理通知书。死者亲属逾期不办理丧葬事宜的,经县以上公安机关负责人批准,由主管公安机关派人员强制处理尸体,费用由另一当事方预付。境外来华人员尸体的处理,应当尊重死者家属或所属国驻华使(领)馆的意愿。尸体在当地火化的,应当由死者亲属或者所属国家驻华使(领)馆提出书面申请后,方可进行。尸体运送出境的,由死者家属或者其委托的代理人按照我国有关规定办理手续。

(3)交通事故责任认定

在查清交通事故事实的基础上,根据事故当事人的违章行为与交通事故的因果关系、作用大小等,交警部门对当事人的交通事故责任做出认定。

公安机关交通管理部门对经过勘验、检查现场的交通事故应当自查勘现场之日起10日内制作交通事故认定书。交通肇事逃逸的,在查获交通肇事逃逸人和车辆之日起10日内制作交通事故认定书。对需要进行检验、鉴定的,应当在检验、鉴定或者重新检验、鉴定结果确定后的5日内制作交通事故认定书。交通事故认定书是公安机关交通管理部门根据交通事故现场勘验、检查、调查情况和有关的检验、鉴定结论,制作认定当事人责任的一种法律文书。

1)一般案件的交通事故认定书:一般案件的交通事故认定书内容应包括:①交通事故当事人、车辆、道路和交通环境的基本情况;②交通事故的基本事实;③交通事故证据及形成原因的分析;④当事人导致交通事故的过错及责任或者意外原因。

2)未查获交通肇事逃逸人和车辆案件的交通事故认定书:在未查获交通肇事逃逸人和车辆的案件中,交通事故损害赔偿当事人要求出具交通事故认定书的,公安机关交通管理部门可以在接到交通事故损害赔偿当事人的书面申请后10日内制作交通事故认定书,载明交通事故发生的时间、地点、受害人情况及调查得到的事实,有证据证明受害人有过错的,确定受害人的责任;无证据证明受害人有过错的,确定受害人无责任。并送达交通事故损害赔偿当事人。

3)无法查证交通事故事实案件的交通事故认定书:对无法查证交通事故事实的案件,公安机关交通管理部门制作交通事故认定书时,只需载明交通事故发生的时间、地点、当事人情况及调查得到的事实,分别送达当事人。

4)交通事故责任认定有关规定:交通事故责任认定应自交通事故发生之日起按下列时限做出,轻微事故5日内,一般事故15日内,重、特大事故20日内。因交通事故情节复杂不能按期做出认定的,须报上一级公交通管理部门按上述规定分别延长5日、15日、20日。交通事故责任认定做出后,应当制作道路交通事故责任认定书。

公安交通管理部门公布交通事故责任时，应当召集各方当事人同时到场。宣布事故责任时，必须出示事故照片、车辆、人体（受伤或死亡）的检查、勘验笔录、车辆、人体（受伤或死亡）等技术鉴定报告和事故现场图等有关证据，并说明责任认定的理由和依据，并将道路交通事故责任认定书送交有关当事人。

5）交警处理交通事故的责任认定程序。

①简易程序。轻微交通事故适用简易程序。当事人对事实及成因有争议不愿撤离现场，或者当事人自行撤离现场后经协商未达成协议的，或受伤人员认为自己伤情轻微的；当事人对事实及成因无争议，但对赔偿有争议的，交通警察应根据当事人的行为对发生事故所起的作用以及过错的严重程度，确定当事人的责任，当场制作简易事故认定书。

②一般程序。发生交通事故后造成人员轻伤以上或财产损失较大等情况适用一般程序。公安机关交通管理部门对经过勘验、检查现场的交通事故，应当自调查取证完毕10日内制作交通事故认定书，需要进行检验鉴定的，应当在查勘现场之日起，5日内指派或委托专业技术人员，鉴定应当在20日内完成。需延期的，经市公安机关交通管理部门批准，可以延长10日，在检验鉴定完成后5天内制作交通事故认定书。

③重新认定。上级公安机关交通管理部门对承办单位的交通事故认定工作进行监督检查，当事人如对事故责任认定书有异议的，可在收到事故认定书后3日内向上级公安机关交通管理部门申请复核。县以上公安交通管理部门应当有专人负责交通事故重新认定工作。交通事故责任重新认定做出后，应当制作道路交通事故责任重新认定决定书，分别送交申请人原责任认定部门，原责任认定部门接到道路交通事故责任重新认定决定书后，应当在5日内向各方当事人或者代理人公布重新认定决定，交通事故的重新认定决定为最终决定。

（4）裁决处罚

依据有关规定，交警部门对肇事责任人予以警告、罚款、吊扣、吊销驾驶证或拘留的处罚。另外，构成刑事犯罪的立案处理。

1）处罚强制措施。交通事故处罚强制措施包括传唤、暂扣机动车和非机动车、拖曳锁定机动车、滞留证件、收缴非法装置或牌证等。

2）处罚一般措施。交通事故处罚一般措施包括警告、罚款、拘留、吊扣和吊销证件等。通常计分相关规定为：在计分周期内有1次扣满12分，需要驾驶人进行考法规、路考；在计分周期内有2次扣满12分，需要驾驶人进行考法规、桩考和路考。

3）处罚程序。交通事故处罚的简易程序为50元以下罚款、警告；一般程序为50元以上罚款、吊扣、吊销驾驶证和治安拘留；听证程序为处以1000元罚款或吊销驾驶证处罚。

4）处罚方式。造成交通事故构成交通肇事罪，依法追究责任人的刑事责任，并吊销其机动车驾驶证。造成交通事故尚不够追究刑事责任的，按下列方式处罚。

①造成特大事故负次要责任以上的和造成重大事故负同等责任以上的，处以10日以上15日以下拘留或者150元以上200元以下罚款。

②造成重大事故负次要责任的和造成一般事故负主要责任以上的，处以10日以下拘留或者50元以上150元以下罚款。

③造成一般事故负同等责任以下的和造成轻微事故负有交通事故责任的，处以 50 元以下罚款或者警告。

④对造成特大事故负次要责任以上的和造成重大事故负同等责任以上的机动车驾驶人，吊销机动车驾驶证；对造成特大事故负次要责任以上的和造成重大事故负同等责任以上的机动车驾驶人，吊扣 1 个月以上 6 个月以下机动车驾驶证。

处罚交通事故责任者应根据其违章行为、事故责任和事故后果，分别裁决，合并执行；吊扣驾驶证合并执行不得超过 18 个月。

（5）交通事故赔偿调解

交通事故损害赔偿调解，主要是指公安机关交通管理部门依据当事人的共同申请，在查明交通肇事事实及原因、分清交通事故当事人的责任、确定交通事故造成的损失情况后，召集有关人员在自愿、合法的原则下对交通事故损害赔偿进行公平协商，以解决赔偿争议的活动。

组织调解前，收集与损害赔偿相关的证明、票据、各种资料；在确认伤者治疗终结或确定损害结果后，必须在规定时间内组织各方当事人或代理人进行赔偿调解。调解次数最多为 2 次；调解成功后，制作调解书，并分别送交当事人；调解未成功的，必须填写调解终结书，送交当事人，并告知当事人可在法定时效内向人民法院提起民事诉讼。

1）交通事故损害赔偿调解须在交通事故办案人员主持下进行。调解的时间、地点、方式由公安交通管理部门指定。

一般来说，就肇事一方来说越早调解越好，但是过早提出调解要求，又很难得到受害人的响应；就受害人一方来说，交通事故赔偿调解则应该尽可能选在交警队的事故责任认定书制作完毕，车辆及其他财产损失经过正式评估机构评估，人身受到伤害的伤口完全愈合并进行法医鉴定之后提出较好。

另外，调解地点的选择也同样重要。交警队、律师事务所、村委会甚至是其他公共场所如茶馆等，都可以作为调解的地点。需注意的是，调解地点一般不能够选择到一方当事人家里或一方当事人享有绝对控制权力的地点进行，因为在那种环境下进行的调解，由于双方力量的失衡，无法进行心平气和的协商和谈判。

2）调解未达成协议的，在道路交通事故处理办法规定期限内，只调解 2 次，调解时须制作调解记录。

3）交通事故办案人员通知当事人或者代理人参加调解时，一般使用书面通知，口头通知的须记入调解记录。当事人或者代理人因故不能按时参加调解的，须事先通知交通事故办案人员，请求变更调解时间；无正当理由不到或者调解中途退离的，计为调解一次。

4）调解参加人包括：

①交通事故当事人。

②交通事故伤亡者的近亲属或者监护人。

③交通事故车辆所有权人。

④法定代理人和委托代理人。

⑤公安交通管理部门认为有必要参加的人员。

上述人员经公安交通管理部门同意后方准予参加调解,每方人数不得超过3人。

5)委托代理人参加调解须向交通事故办案人员提交由委托人签名或者盖章的授权委托书。授权委托书须载明委托事项和权限。

6)调解中,当事方更换调解参加人的,连续计算调解次数和时间。当事人或者代理人因不可抗力或者特殊情况不能按时参加调解的,调解时限中断。

7)调解重大、复杂交通事故需要延长调解期限的,须经上一级公安交通管理部门负责人批准。

8)调解中,调解参加人提出《道路交通事故处理办法》未规定的赔偿项目和要求的,不予调解。

9)确定扶养人时,其当事人或者有关人员应当提供有扶养关系的证明。公安交通管理部门认为必要时,应当要求其公证。

10)交通事故损害赔偿达成协议的,公安交通管理部门在制作调解书时应当写明事项包括:①事故简要案情和损失情况;②责任认定;③损害赔偿的项目和数额;④赔偿费给付方式和结案日期。交通事故办案人员不予转接赔偿款项,但是涉外事故除外。

### 3. 当事人对交通事故现场的处理

发生交通事故以后,车主必须要在第一时间内亮起车辆的危险警告灯,并在车后面设置危险警告标识牌,这样做是为了防止后面的车发生追尾碰撞,从而保障车内的人员以及车辆自身的安全。除了设立警示标识外,还要对事故的现场进行拍照取证,这是向保险公司进行理赔的事故证据,在移动车辆之前进行拍照的目的主要是为了避免车主不承认过错问题的出现。再填写相应的事故快速处理协议书,以便到定损机构进行车辆定损,从而完成相应的维修与检测工作。交通事故发生后,当事人正确做法如下。

(1)马上停车

在汽车运行安全的情况下马上停车,拉紧驻车制动,关掉发动机(以免汽车起火)并打开双闪灯,立即记下对方车的牌号,以防对方在出现交通事故后开车跑掉。

(2)发出警示

保护好现场,向其他车辆发出警告,亮起危险警告灯,在车辆后方按规定距离摆放三角形警告牌,如有需要,再用其他方式示警。

(3)情况估计

迅速估计现场情况,事故涉及多少人,受伤人员数量及状况,涉及多少辆车,漏出的燃油是否会着火,现场是否有人受过急救训练等。

(4)护理伤者

切勿移动受伤者,除非伤者面临危险(如着火、有毒物体渗漏),因为移动可能会造成更大的伤害。如果伤者仍在呼吸,且流血不多,则旁人不可做任何事情,除非确实懂得怎样护理伤者，不可给伤者喂任何食物或饮料。

**（5）防止危险**

关掉所有肇事车辆的发动机，禁止吸烟；当心其他易燃物品，尽可能防止燃油泄漏；当心危险物品，慎防危险性液体、尘埃及气体积聚；新能源汽车防止漏电电击及化学腐蚀。

**（6）马上求救**

需要求救时，派人去求救或使用身边的移动电话，高速公路上可使用路边定点的求救电话。求救时详细说明发生意外的地点及人员伤亡情况。

**（7）记录现场**

如事故发生时有目击者，要立即记下目击证人的姓名、地址及电话（如证人在另一辆车中，要立即记下车牌号码）；记下交通方向、交通灯的信号、行车线、交通标志及碰撞位置；最好能用纸画出交通事故发生的草图；最好将事故现场及车碰撞的部位拍下来。

**（8）互换资料**

包括车款、出厂年份、车牌号码及有效日期、车辆注册地，驾驶人姓名、性别、年龄、住址及电话号码、驾驶执照号码，车主姓名及住址（有时车主与驾驶人不是同一人）、保险公司及保单号码。还要记下事故发生的时间、日期及地点，时速限制及对方车辆的时速估计，发生事故的车辆数量，对方车辆的乘客数量（分成人、小孩）。

**（9）及时报案**

轻微交通事故可进行快速处理或自行前往交通事故报案中心报案。如遇有伤亡或较大损失，应立即报警，详细说明事故发生地点及伤亡人数。在警察查勘完现场后一定要求警察给你事故报告，及该警员的姓名、编号、所属分局及电话号码。

**（10）人员转移**

发生交通事故后，车上人员应当立即下车，不要在路上逗留，人员迅速转移至路外或者安全地带，特别是在高速公路上，人员要撤离到隔离护栏外安全的地方，防止二次事故发生。

### 4. 律师对事故当事人的提醒

**（1）当交通事故发生后，如未及时报警，事后不能请求交警部门处理**

律师提醒：依据《道路交通事故处理程序规定》第十八条：发生道路交通事故后当事人未报警，在事故现场撤除后，当事人又报警请求公安机关交通管理部门处理的，公安机关交通管理部门应当按照本规定第十六条规定的记录内容予以记录，并在 3 日内做出是否接受案件的决定。

经核查道路交通事故实存在的，公安机关交通管理部门应当受理，制作受案登记表；经核查无法证明道路交通事故实存在，或者不属于公安机关交通管理部门管辖的，应当书面告知当事人，并说明理由。由此可见，当交通事故发生时，应及时报警是何等重要。

**（2）报警的具体步骤和方法**

律师提醒：《道路交通事故处理程序规定》第十三条：发生死亡事故、伤人事故的，或者发生财产损失事故且有下列情形之一的，当事人应当保护现场并立即报警。

驾驶人无有效机动车驾驶证或者驾驶的机动车与驾驶证载明的准驾车型不符的；驾驶人有饮酒、服用国家管制的精神药品或者麻醉药品嫌疑的；驾驶人有从事校车业务或者旅客运输，严重超过额定乘员载客，或者严重超过规定时速行驶嫌疑的；机动车无号牌或者使用伪造、变造的号牌的；当事人不能自行移动车辆的；一方当事人离开现场的；有证据证明事故是由一方故意造成的。

驾驶人必须在确保安全的原则下，立即组织车上人员疏散到路外安全地点，避免发生次生事故。驾驶人已因道路交通事故死亡或者受伤无法行动的，车上其他人员应当自行组织疏散。

**（3）发生交通事故后正确的做法**

当发生交通事故后，除了报警还应做些什么？律师提醒：在道路上发生交通事故，车辆驾驶人应当立即停车，保护现场；造成人身伤亡的，车辆驾驶人应当立即抢救受伤人员，并迅速报告执勤的交通警察或者公安机关交通管理部门。因抢救受伤人员变动现场的，应当标明位置。乘车人、过往车辆驾驶人、过往行人应当予以协助。

在道路上发生交通事故，未造成人身伤亡，当事人对事实及成因无争议的，可以自行撤离现场，恢复交通，自行协商处理损害赔偿事宜；不立刻撤离现场的，应当迅速报告执勤的交通警察或者公安机关交通管理部门。

发生交通事故，仅造成轻微财产损失，并且基本事实清楚的，当事人应当先撤离现场再进行协商处理。

**5. 案件警示**

在道路上发生交通事故，凡是涉及人身伤亡的案件，不论当事人对事实及成因有无争议，都应谨慎自行协商处理损害赔偿事宜；保护好现场后，应当迅速报告执勤的交通警察或者公安机关交通管理部门。人伤案件纷繁复杂，看似轻微的体表伤，体内可能暗藏脏器损伤，应尽快到医院就医，听从专业医生的判定和处理。

## 任务二　交通事故责任认定

### 学习目标

**知识目标**

1. 能够描述道路交通事故责任认定的基本原则及责任的分类方法。
2. 能够描述负全责的事故类型判定条件。

**技能目标**
1. 能够根据不同交通事故的类型判定事故责任。
2. 能够看懂交通事故认定书的内容。
3. 能够正确划分各类交通事故责任比例。

### ➡ 任务描述

道路交通事故责任认定是对道路交通事故当事人的交通行为与造成道路交通事故的关系及其应承担义务的一种确认。是后期定损金额分担比例的重要依据。

## 一 道路交通事故责任分类及认定原则

### 1. 道路交通事故责任构成条件

交通事故责任认定是指公安机关在查明交通事故责任后，依照道路交通管理的法律、法规和部门规章，对当事人的违章行为与事故之间的因果关系以及违章行为在交通事故中所起的作用做出的结论。道路交通事故认定是事故处理工作的核心，事故处理人员对事故现场查勘、讯问当事人、收集证人证言、检查、鉴定所获取的证据，其目的都是为了对道路交通事故责任准确认定。道路交通事故责任是对道路交通事故当事人的交通行为与造成道路交通事故的关系及其应承担义务的一种确认。

交通事故责任不能直接等同于法律责任，它涉及的是当事人的违章行为与事故之间是否存在因果关系，有多大程度的因果关系的问题。构成道路交通事故责任必须同时具备以下条件。

（1）必须有道路交通事故责任的主体

具有交通活动能力的人才可能成为责任主体。责任主体与民事赔偿主体有时是一个，在有些情况下，两者可能是分离的。

（2）有一定的交通行为存在

引起交通事故的交通行为可能是违法行为，也可能是意外事故。对于前一种情况，法律要求交通事故的主体必须有违法行为存在，即有违反《道路交通安全法》和其他有关道路交通管理法规、规章的行为。违法行为可能是事故中某一方当事人的行为，也可能是事故中双方当事人的行为。对于意外导致的交通事故，法律并没有要求有违法行为存在的要求。

（3）交通行为和道路交通事故之间存在因果关系

违章行为或意外事故与损害后果之间存在因果关系。因果关系是指由于一定的原因，必然引起一定的后果的联系。但是，并非所有的道路交通安全违法行为都必然导致交通事故的发生。与道路交通事故的发生存在因果关系的交通行为，是认定道路交通事故责任的关键。道路交通安全违法行为与交通事故之间存在因果关系是构成道路交通事故责任的决定性条件。道路交通事故当事人虽有违法行为,但违法行为与交通事故无因果关系的,不构成道路交通事故责任。

### 2. 责任认定的基本原则

(1) 依法定责原则

公安机关交通管理部门作为行政机关,必须依法行政。这包括行为必须具有明确的法律依据,程序必须严格按法定的程序,否则就是违法或不产生行政法效果的行为。交通事故责任认定作为公安机关交通管理部门的行政行为,必须以法律为准绳,依法定责。认定道路交通事故责任的法律依据不仅是道路交通安全法律、法规、规章,还包括《刑法》《民法通则》《刑事诉讼法》《民事诉讼法》《行政处罚法》《行政诉讼法》等相关法律、法规。

(2) 因果关系原则

因果关系是客观存在的规律,并不以人们的意志为转移,但是可以被人们认识和接受。认定道路交通事故责任的因果关系,就是认定作为事故原因与引起道路交通事故发生之间的因果关系。

道路交通事故情况千变万化,原因错综复杂,每起道路交通事故当事人的违法行为也是多种多样的。基于对违法行为和道路交通事故之间存在因果关系是构成道路交通事故责任的决定性要件的认识,分析出与造成道路交通事故有直接的、内在的、必然的、主要的关系的违法行为,而不是那些间接的、外在的、偶然的和次要的关系的违法行为。

### 3. 责任的分类和承担

公安机关交通管理部门经过调查后,应当根据当事人的过错对交通事故所起的作用及过错的严重程度,确定当事人的责任。当事人的责任主要分为全部责任、主要责任、同等责任、次要责任、无责任。

(1) 全部责任和无责任

因一方当事人的过错导致交通事故的,承担全部责任;当事人逃逸,造成现场变动、证据灭失,使公安机关交通管理部门无法查证交通事故事实的,逃逸的当事人承担全部责任;当事人故意破坏、伪造现场、毁灭证据的,承担全部责任。

(2) 主要责任和次要责任

交通事故主要由两方或者两方以上的行为及过错造成,其中一方的行为及过错对交通事故的影响最大,且超过其他各方共同的影响之和,则对交通事故影响最大的一方当事人的责任为主要责任,其他各方责任为次要责任。

(3) 同等责任

交通事故主要由两方的行为及过错造成,且影响相当或者相同,这两方当事人的责任也相当,即同等责任。

## 4. 交通事故全责情况解读（表1-1）

表1-1　交通事故全责情况解读

| 序号 | 事故类型 | 事故图例 | 责任认定 |
|---|---|---|---|
| 1 | A车与B车同向行驶，A车追撞前车B尾部的 | | A车全责 |
| 2 | A车变更车道时，未让正在该车道内行驶的B车先行的 | | A车全责 |
| 3 | 通过没有交通信号灯控制或者交警指挥的路口时，A车未让按交通标志、交通标线规定优先通行的B车先行，而发生交通事故 | | A车全责 |
| 4 | 通过没有交通信号灯控制或者交通警察指挥的交叉路口时，在交通标志、标线未规定优先通行的路口，A车未让右方道路的B车先行，而发生交通事故 | | A车全责 |
| 5 | 通过没有交通信号灯控制或者交通警察指挥的交叉路口，遇相对方向驶来的B车，左转弯A车未让行，而发生交通事故 | | A车全责 |
| 6 | 通过没有交通信号灯控制或者交通警察指挥的交叉路口时，相对方向行驶的右转弯A车未让左转弯B车，而发生交通事故 | | A车全责 |
| 7 | 绿灯亮时，转弯A车未让被放行的直行B车先行，而发生交通事故 | | A车全责 |
| 8 | 红灯亮时，右转弯A车未让被放行的B车先行的，而发生交通事故 | | A车全责 |
| 9 | 在没有中心隔离设施或者没有中心线的道路上会车时，有障碍的一方A车未让无障碍的一方B车先行的；或者，有障碍的一方B车已驶入障碍路段，无障碍一方A车未驶入时，A车方未让B车方先行，而发生交通事故 | | A车全责 |

（续）

| 序号 | 事故类型 | 责任认定 |
|---|---|---|
| 10 | 在没有中心隔离设施或者没有中心线的道路上会车时，下坡车 A 未让上坡车 B 先行的；或者下坡车 B 已行至中途而上坡车 A 未上坡时，A 车未让 B 车先行，而发生交通事故 | A 车全责 |
| 11 | 在没有中心隔离设施或者没有中心线的狭窄山路上会车时，靠山体的一方 A 车未让不靠山体的一方 B 车先行，而发生交通事故 | A 车全责 |
| 12 | 进入环行路口的 A 车未让已在路口内的 B 车先行，而发生交通事故 | A 车全责 |
| 13 | B 车正常行驶，A 车逆向行驶的，而发生交通事故 | A 车全责 |
| 14 | A 车超越前方正在超车的 B 车，而发生交通事故 | A 车全责 |
| 15 | A 车与对面驶来的 B 车有会车可能时超车的，而发生交通事故 | A 车全责 |
| 16 | 行经交叉路口、窄桥、弯道、陡坡、隧道时 A 车超 B 车的，而发生交通事故 | A 车全责 |
| 17 | 在没有中心线或者同一方向只有一条机动车道的道路上，A 车从前车 B 右侧超越的，而发生交通事故 | A 车全责 |
| 18 | 在没有禁止掉头标志、标线的地方掉头时，A 车未让正常行驶 B 车先行的，而发生交通事故 | A 车全责 |
| 19 | 在有禁止掉头标志、标线的地方以及在人行横道，桥梁、陡坡、隧道掉头的 A 车，若发生交通事故 | A 车全责 |

（续）

| 序号 | 事故类型 | 事故图例 | 责任认定 |
|---|---|---|---|
| 20 | 行车道上倒车的A车，与B车若发生交通事故 | | A车全责 |
| 21 | 溜车的A车，若与B车发生交通事故 | | A车全责 |
| 22 | A车违反规定在专用车道内行驶的，若发生交通事故 | | A车全责 |
| 23 | A车未按照交通警察指挥通行的，若发生交通事故 | | A车全责 |
| 24 | A车驶入禁行线的，若发生交通事故 | | A车全责 |
| 25 | 红灯亮时，继续通行的A车，若发生交通事故 | | A车全责 |
| 26 | A车违反装载规定，致使货物超长、超宽、超高部分造成交通事故的 | | A车全责 |
| 27 | A车装载的货物在遗洒、飘散过程中导致交通事故的 | | A车全责 |
| 28 | A车违反导向标志指示行驶的，导致交通事故的 | | A车全责 |
| 29 | A车未按导向车道指示方向行驶的，导致交通事故的 | | A车全责 |

## 二 交通事故认定书的制作与送达

### 1. 交通事故认定书制作

（1）交通事故认定书的性质

交通事故认定书是公安机关交通管理部门根据交通事故现场查勘，对有关情况进行调查、鉴定后制作的载明交通事故基本事实、成因和当事人责任的一种结论性法律文书。交通事故认定书对当事人不产生直接的法律后果，它仅是公安机关交通管理部门、法院处理交通事故、民事赔偿及刑事责任的一个证据。

（2）交通事故认定书的内容

交通事故认定书应当载明以下内容：
1）交通事故当事人、车辆、道路和交通环境的基本情况。
2）交通事故的基本事实。
3）交通事故证据及形成原因的分析。
4）当事人导致交通事故的过错及责任或者意外的原因。

（3）交通事故认定书的制作

公安交通管理部门对经过勘验、检查现场的交通事故应当自勘验现场之日起10日内制作交通事故认定书。交通事故认定书应当加盖公安机关交通管理部门交通事故处理专用章，分别送达当事人，并告知当事人申请公安机关交通管理部门调解的期限和直接向人民法院提起民事诉讼的权利。

交通肇事逃逸的，在查获逃逸人和车辆后10日内制作交通事故认定书；未查获交通肇事逃逸人和车辆，交通事故损害赔偿当事人要求出具交通事故认定书的，公安机关交通管理部门可以在接到交通事故损害赔偿当事人的书面申请后10日内制作交通事故认定书。载明交通事故发生的时间、地点、受害人情况及调查得到的事实。有证据证明受害人有过错的，确定受害人的责任；无证据证明受害人有过错的，确定受害人无责任，并送达交通事故损害赔偿当事人。

对无法查证交通事故事实的，公安机关交通管理部门制作交通事故认定书，载明交通事故发生的时间、地点、当事人情况及调查得到的事实，分别送达当事人。

（4）格式、内容及写作方法

道路交通事故责任认定书属制式文书，主要由首部、认定内容、尾部三部分组成。
1）首部。
①标题。在文书顶端正中写明"道路交通事故责任认定书"字样。
②编号。在标题正下方注出案件编号"第××号"。
③责任认定的时间及地点。例如：时间：2021年10月28日下午2时30分；地点：××市××街××号。
④案由过渡语。继时间和地点之后，另起一行写明如下一段文字："对于2021年10月28日下午2时30分发生在××市××街××号的×××李×和杨×的交通事故，经本机关现场调查，分析研究后，做出如下责任认定。"

2）认定内容。这是该认定书的关键项目，应用分条分项的方式一一写明分析认定的具体内容。分析应依据交通现场查勘、询问见证人及车辆检验等情况进行推论，说明负有责任的一方因何原因，违反了交通管理法规的哪一条，以致造成了该交通事故，据此应负此起事故的什么责任。分析应入情入理，合理公正，提出的违章依据与后面的责任认定结果要紧密关联互为因果，严密无间。

继认定结果之后用"特此认定"公文落款语结尾，右下角加盖认定机关公章，并注明承办人姓名、年、月、日，并加盖承办单位公章。

3）尾部。根据交通法规有关规定，当事人对交通事故责任认定书不服的，有权向做出该责任认定书的上一级交警部门申请重新认定。据此在尾部应写明"此认定书，已于××××年×月×日向当事人各方宣布，当事人不服的，可在接到认定书15日内向××交警大队申请重新认定"。

最后写明本责任认定书分送的形式（一式两份，一份交当事人，一份存档）。

### 2. 交通事故认定书的送达

（1）送达交通事故认定书的方式

公安机关交通管理部门送达交通事故认定书的方式有：直接送达、留置送达、委托送达、邮寄送达和公告送达。

（2）交通事故认定书范本

公安机关交通管理部门出具的交通事故认定书有手写（如图1-2所示）和机打两种。

××市公安交通警察支队<br>道路交通事故认定书（简易程序）<br>第　　　号

| 事故时间 | 　 | 年　月　日　时　分 | 　 | 天气 | 　 |
|---|---|---|---|---|---|
| 事故地点 | 　 | 　 | 　 | 　 | 　 |
| 当事人 | 　 | 驾驶证或身份证号 | 　 | 联系电话 | 　 |
| 交通方式 | 　 | 机动车型号、牌号 | 　 | 保险凭证号 | 　 |
| 当事人 | 　 | 驾驶证或身份证号 | 　 | 联系电话 | 　 |
| 交通方式 | 　 | 机动车型号、牌号 | 　 | 保险凭证号 | 　 |
| 当事人 | 　 | 驾驶证或身份证号 | 　 | 联系电话 | 　 |
| 交通方式 | 　 | 机动车型号、牌号 | 　 | 保险凭证号 | 　 |
| 交通事故事实及责任 | 当事人_____、_____、_____　　　　　　　　（印章）<br>交通警察_____　　　　　　　　　　　　　　年　月　日 |||||
| 损害赔偿调解结束 | 当事人_____、_____、_____　　　　　　　　（印章）<br>交通警察_____　　　　　　　　　　　　　　年　月　日 |||||

图1-2　交通事故认定书手写范本

目前多地公安交通管理部门对道路交通事故责任认定书采用机打文本。为了更清晰说明事故责任认定书内容和形式，笔者制作了一个范本，如图1-3所示。

第××××号

| | |
|---|---|
| 交通事故时间：2021年8月15日12时30分 | 天气：晴 |
| 交通事故地点：××市××路口 | |

当事人、车辆、道路及交通环境等基本情况：
李×身份证号：××××××××××　　联系电话：××××××××××
杨×身份证号：××××××××××　　联系电话：××××××××××
李×驾驶一辆宝来车，在××路由东向西通过×路口
杨×驾驶的迈腾车由南向北通过路口
该交叉路口东西为支路，南北为干路。

交通事故发生经过：
时间2021年8月15日12时30分　地点××市××路口，李×驾驶一辆宝来车，在××路由东向西通过××路口，恰好由杨×驾驶的迈腾车由南向北通过路口，李×临近路口时减速慢行，但由于车速过快，避让不及时，造成两车碰撞事故，两车均损坏严重，两车驾驶人均受伤但无生命危险。

发生交通事故原因：
李×驾车通过路口时，未让干路车先行，属违反《道路交通管理条例》第四十三条：车辆通过没有交通信号或交通标志控制的交叉路口时，必须遵守下列规定依次让行：（一）支路车让干路车先行……的规定，杨×驾驶车通过路口时，未减速慢行，属违反《道路交通管理条例》第三十五条：机动车遇道路宽阔、空闲、视线良好，在保证交通安全的原则下，最高车速规定城市街道为70km/h规定。

当事人导致交通事故的责任：

发生交通事故原因是：

根据《道路交通管理条例》第十九条的规定，李×负事故的主要责任，杨×负事故次要责任。

（公章）

承办人：张××　赵××

2021年8月15日

此认定书，已于年2021年8月16日向当事人双方宣布，当事人不服，可在接到认定书后十五日内向××市交警支队申请重新认定。
（一式两份，一份交当事人，一份存档）

注：此认定书人物及事件为笔者本人杜撰，若有雷同纯属巧合。

图1-3　交通事故认定书机打范本

## 三　典型交通事故案例分析

### 1. 案件简介

2019年8月7日21时35分许，李××驾驶辽AM×××号出租车，从沈阳市沈北新区高冰口腔诊所出发向沈阳第七中学行驶，当行驶建设路与兴明街路口处，左转时与迎面

驶来的由张××驾驶的大阳牌电动车相撞，致张××受伤，两车不同程度受损。

### 2. 案件现场

事故现场如图 1-4 所示。

图 1-4　事故现场

### 3. 案件分析

根据《中华人民共和国道路交通安全法实施条例》第五十一条及五十二条规定：机动车向左转弯时，靠路口中心点左侧转弯等，有交通标志、标线控制的，让优先通行的一方先行。

### 4. 责任判定

根据《中华人民共和国道路交通安全法实施条例》第五十一条及五十二条规定，李××驾车左拐弯时跨越黄实线，与正常行驶的电动车相撞，因此，其负本次事故的全部责任。

## ➡ 课程育人

### 案例 1　和平年代的英雄

在日常的交通事故处理过程中，交通干警尽职尽责，涌现出了很多时代英雄。

上海公安队伍正是这样一支有着光荣传统和优良作风的队伍，也是一支英雄辈出、正气浩然的队伍。例如，在纠处交通违法中遭拖行牺牲的英雄茆盛泉，在道口执勤中发生车祸牺牲的英雄徐岗，在巡逻中遭歹徒袭击牺牲的英雄徐维亚，接警中被过路车辆撞击殉职的英雄汝建岚，值班中发现并与歹徒英勇搏斗牺牲的英雄墩元正，为救两名在马路上玩耍的儿童被撞牺牲的英雄乔芳程等。新中国成立以来，上海公安先后有 82 名民警因保护人民群众利益而献出了宝贵的生命，被追授为烈士，其中交通警察就有 22 位。

当前，上海全体交警正接力传承英雄们一路走来的浴血荣光，弘扬英雄的默默奉献，在上海的千万条道路上，围绕着不断提升人民群众获得感、幸福感、安全感的目标，牢牢把握对党忠诚、服务人民、执法公正、纪律严明的要求，打赢了一场又一场硬仗，实现了道路通行"拥而不堵、堵而不乱"，让道路上的车辆行驶得更加畅通、安全、有序，用辛勤汗水甚至鲜血与生命为人民群众筑起了坚不可摧的铁壁铜墙。

在交通事故责任认定及车险理赔工作中相关工作人员每天也会面对危险，要时刻记住生命至上，安全第一的警示，公正执法，做一个优秀的理赔员，做人民群众财产的守护神。

## 思考与练习

### 一、选择题

1. 道路交通事故处理中涉及的法律关系比较复杂,既有行政法律关系,也有民事法律关系,还可能涉及(　　)关系。
   A. 刑事法律　　　　B. 男女　　　　C. 政治　　　　D. 朋友
2. 机动车是指以(　　)驱动或者牵引,上道路行驶的供人员乘用或者用于运送物品以及进行工程专项作业的轮式车辆。
   A. 动力装置　　　　B. 牛　　　　C. 马　　　　D. 驴
3. 交通肇事逃逸的,在查获逃逸人和车辆后(　　)内制作交通事故认定书。
   A. 10日　　　　B. 8日　　　　C. 6日　　　　D. 3日
4. 吊销机动车驾驶证未满(　　)的不得申请驾驶证。
   A. 2年　　　　B. 3年　　　　C. 4年　　　　D. 5年
5. 公安交通管理部门对经过勘验、检查现场的交通事故应当自勘验现场之日起(　　)日内制作交通事故认定书。
   A. 5　　　　B. 10　　　　C. 15　　　　D. 20

### 二、判断题

1. 公安机关交通管理部门按照一般程序做出处罚决定的,应当由2名以上交通警察实施。(　　)
2. 醉酒后驾驶机动车或驾驶营运机动车的,应在公安机关派出所约束至酒醒,并处以相应的处罚。(　　)
3. 公安机关交通管理部门扣留的事故车辆除检验、鉴定外,不得使用。检验、鉴定完成后10日内通知当事人领取事故车辆和机动车行驶证。(　　)
4. 公安交通管理部门接到交通事故报案的,须做好报案记录。属于重大、特大事故的,应当立即向上级公安交通管理部门或者有关部门报告。不属于自己管辖的,移送主管部门,并通知当事人。(　　)
5. 依据有关规定,交警部门对肇事责任人可以予以警告、罚款、吊扣、吊销驾驶证或拘留的处罚。另外,构成刑事犯罪的立案处理。(　　)

### 三、问答题

1. 简述什么是非机动车。
2. 道路交通事故现场的特点有哪些?
3. 举例说明两个交通事故负全责的情况。
4. 简述交通事故责任认定的原则有哪些?
5. 简述交通事故的成因有哪些?

# 项目二
# 车险理赔现场查勘

## 任务一　查勘前的准备

### 学习目标

**知识目标**

1. 能够描述车险理赔业务流程。
2. 能够描述查勘前应该准备哪些工具、用具及车辆相关信息资料等。
3. 能够描述现场查勘的意义、目的及要求。
4. 能够描述事故现场查勘组织实施的要求和注意事项。

**技能目标**

1. 能够熟练使用查勘工具、用具并能够独立完成车辆相关信息资料的查询工作。
2. 能够独立查阅抄单任务并按时联系客户。
3. 能够独立完成事故现场查勘工作。

### 任务描述

高效的理赔效率离不开优秀的理赔队伍，保险事故发生后，首先面对车主的是查勘工作人员，优秀的查勘员必须具备良好的个人业务素质，要熟知车险理赔业务流程、熟练使用查勘工具、理解现场查勘工作的重要性、掌握现场查勘的基本流程等，所以做好查勘前的准备工作是确保查勘质量、提高工作效率的前提。

## 一　车险理赔业务流程

### 1. 机动车辆理赔一般流程

随着网络化办公的普及，现在的保险公司的理赔流程与传统理赔流程有一些细微的差别，不同保险公司之间的理赔流程也存在着一定差异。但总体而言，机动车辆理赔工作一般都包括接受报案、调度派工、现场查勘、立案受理、定损核损、理赔核赔、支付赔款、结案归档等。机动车辆理赔一般流程如图 2-1 所示。

图 2-1　机动车辆理赔一般流程

### 2. 机动车辆理赔流程解读

（1）接受报案

报案是指保险事故发生后，被保险人或受益人应将事故发生的时间、地点、原因及其他有关情况，以最快的方式通知保险人，并提出索赔请求的理赔环节。

1）报案的时间要求。根据险种不同，报案有时会有时间要求，一般来说，除不可抗拒力外，被保险人应在保险事故发生后 48 小时内通知保险公司。没有明确时限规定的，要求被保险人在其可能做到的情况下，尽快将事故损失通知保险人。如果被保险人在法律规定或合约约定的索赔时效内未通知保险人，可视为其放弃索赔权利。《中华人民共和国保险法》第二十六条规定：人寿保险以外的其他保险的被保险人或者受益人，向保险人请求赔偿或者给付保险金的诉讼时效期间为两年，自其知道或者应该知道保险事故发生之日起计算。

2）报案的方式。被保险人可以用口头也可以用函电等形式将保险事故通知保险人，但随后应及时补发正式书面通知，并提供各种必需的索赔单证，如保险单、发票、出险证明书、损失鉴定书、损失清单等。如果损失涉及第三者责任时，被保险人还需出具权益转让书给保险人，由保险人代为行使向第三者责任方追偿的权益。

3）接报案主要询问内容。保险公司接受被保险人的报案时主要询问内容包括车牌号、被保险人名称、出险时间、出险地点、出险原因、本车责任情况、驾驶人姓名、事故经过、损失部位及损失程度、是否涉及车外财产损失、是否涉及人员伤亡、是否需要施救、报案人姓名、报案人联系电话等。

涉及两车以上的交通事故，要提示报案人通知其他有责方车辆驾驶人向其各自的保险公司报案。

出具受理意见并发送至调度平台，系统自动生成报案号，告知客户索赔流程及相关注意事项。例如：及时抢救伤员、现场等待查勘、需报交警处理等。

（2）调度派工

调度是指调度人员通过调度平台对已受理报案的案件任务调派查勘员进行处理的理赔环节。

1）调度方式。根据公司的调度规则，决定案件查勘的派工方式，可以直接调度，也可能是多级调度。直接调度是指直接将任务分配给查勘机构和人员；多级调度可以将任务分配给下一级调度机构或人员，然后由下一级调度机构或人员将查勘任务分配给查勘机构或人员。

2）根据派工方案联系查勘员或二级调度，并告知案件的基本情况及案件的风险点，以便查勘员对案件进行后续处理。

3）调度改派。调度改派是指由于客观原因，查勘员无法查勘的，调度人员应当及时安排其他查勘员处理，以确保客户能在第一时间与查勘员联系，正确处理事故。

（3）现场查勘

现场查勘是指查勘人员接到调度任务后，赶赴现场（第一现场或第二现场）处理现场事故、查验案件情况的理赔环节。查勘工作主要包括以下内容。

1）接受调度任务，准备相关的单证及资料以及必要的查勘工具，做好查勘准备。
2）联系并安慰客户，告知预期到达的时间。
3）协助客户采取有效的施救和保护措施，避免损失扩大。
4）查明肇事驾驶人和报案人的情况、查验出险车辆情况、查明出险经过、拍摄事故现场及受损标的的照片。
5）初步判断保险责任并估计事故损失情况。
6）缮制查勘记录。
7）告知并指导客户进行后续处理。

（4）立案受理

立案是指保险公司理赔部门受理客户索赔申请，进行登记和编号，是案件进入正式的处理阶段的过程。

1）审核保险责任。保险人接到报案后，应立即审核该索赔案件是否属于保险人的责任，审核的内容包括：保险单是否仍有效力；损失是否由所承保的风险所引起；损失的车辆是否为保险车辆；损失是否发生在保险单的有效期内；请求赔偿的人是否符合保险利益；索赔是否有欺诈等。

2）保险人受理。接受报案意味着保险人受理案件，保险人应立即将保险单与索赔内容进行详细核对，并及时向主管部门报告，安排现场查勘等事项，然后将受理案件登记编号，正式立案。

3）报案注销。根据未决赔案管理规定，符合报案注销条件的，可进行报案注销处理。若出现重复报案，或者接受报案或查勘时，当场能够拒赔的案件，可进行报案注销处理。

（5）定损核损

1）定损。定损是指对保险事故所造成的损失情况进行现场和专业的调查和查勘，对损失的项目和程度进行客观、专业的描述及记录，对损失价值进行确定的过程。

①车辆定损的方式：常见的定损方式包括协商定损、公估定损、聘请专家定损。目前，在车险实务中通常采取的是协商定损方式，如修复定损、协议定损、推定全损。

②车辆定损的基本原则：修理范围仅限于本次事故中所造成的车辆损失；能修理的零部件，尽量修复，不要随意更换新的零部件；能局部修复的不能扩大到整体修理；能更换零部件的坚决不能更换总成件；根据修复工艺难易程度，参照当地工时费用水平，准确确定工时费用；准确掌握汽车零配件价格。

③车辆定损主要工作内容：了解事故损失情况和查勘员查勘意见；对受损车辆进行拍

照；确定受损车辆损失项目；与客户协商确定修理方案，包括换件项目、修理项目、检修项目、工时费用等；与客户协商残值处理；确认施救费用；对更换零部件进行询价、报价；对需要审核的案件提交核损岗审核；出具损失情况确认书；对修复车辆进行复检和损余回收等。

2）核损。

①核损是指在定损的基础上，将所获取的各项损失的数据资料加以审核确认的过程。主要工作包括：审核事故是否属于保险责任，案件是否存在虚假成分；审核定损结果的合理性、准确性；剔除不合理项目；对合理项目进行审核确认；对可疑案件督促查勘定损岗人员进行复查，必要时可直接启动调查流程等。

②在定损的基础上，确认零配件更换项目并依据零配件信息核定零配件价格。

（6）理赔核赔

1）理赔是指根据已确定的损失情况，结合保险合同条款和相关法律的有关规定计算应支付的保险赔款，并将赔款划拨给被保险人的过程。

①赔偿保险金：保险人对被保险人请求赔偿保险金的要求应按照保险合同的规定办理，如保险合同没有约定，就应按照有关法律的规定办理。若损失属于保险责任范围内，经调查属实并估算赔偿金额后，保险人应立即履行赔偿给付责任。保险人可根据保险单类别、损失程度、标的价值、保险利益、保险金额、补偿原则等理算赔偿金额。

②损余处理：一般来说，在车辆保险中，受损的车辆会有一定的残值，应由保险人与被保险人协商处理。如果保险人按全部损失赔偿，其残值应归保险人所有，或是从赔偿金额中扣除残值部分；如果按部分损失赔偿，保险人可将受损车辆折价给被保险人以充抵赔偿金额。

③代位求偿：如果保险事故是由第三者的过失或非法行为引起的，第三者对被保险人的损失须负赔偿责任。保险人可按保险合同的约定或法律的规定，先行赔付被保险人，然后被保险人应当将追偿权转让给保险人，并协助保险人向第三者责任方追偿。

2）核赔是指被保险人提出索赔请求后，保险人对索赔资料进行认定、审核、调查，做出赔付或拒赔决定的过程，包括未决赔案和已决赔案，对于有疑问的地方应和相关人员沟通，及时提出处理意见。注意把握"不滥赔、不惜赔"的原则。

（7）支付赔款

赔案审核通过后，理算人员通知财会部门支付赔款，保险公司应对领款人的身份进行确认，以保证保险金正确支付给合同规定的被保险人或受害人或受益人。领款人可以通过现金、现金支票、银行转账或其他允许的方式领取应得款项。

（8）结案归档

赔付结案后，应当进行理赔单据的清分，在系统中做结案标识，对理赔案卷，必须一案一卷进行整理、装订、登记、保管，以便将来查阅和使用。

## 二 车险理赔现场查勘

### 1. 现场查勘的目的及要求

现场查勘是道路交通事故处理过程中一项重要的法定程序，是证据收集的重要手段，是准确立案、查明原因、认定责任、进行处罚的依据，是保险赔付、案件诉讼的重要依据。因此，现场查勘在事故处理过程中具有非常重要的意义。主要体现：一是重大交通事故案件刑事及民事诉讼程序的重要环节；二是保险赔付的基础工作；三是事故处理的起点和基础工作；四是侦破交通肇事逃逸案件的重要环节；五是交通事故行为的客观反映。通过现场查勘取得的各种痕迹证物等证据，是分析案情、揭露逃逸人的特征、侦破逃逸案件的重要依据。

（1）现场查勘的目的

1）确定事故的性质。通过客观、细致地现场查勘证明案件是刑事性质的交通事故，还是普通单纯的交通事故，是否为骗保而伪造事故，以便对事故进行划分和提供处理依据。

2）查明事故情节及要素。通过现场的各种痕迹物证，对事故经过进行分析调查，查明事故的主要情节和交通违法因素。

3）确认事故原因。通过对现场周围环境、道路条件的查勘，可以了解道路、视距、视野、地形、地物对事故发生的客观影响；通过对当事人和证明人的询问和调查，可以确认当事人双方违反交通法规的主观因素。

（2）现场查勘的要求

1）及时迅速。现场查勘是一项时间性很强的工作。要抓住案发不久、痕迹比较清晰、证据未遭破坏、证明人记忆犹新的特点，取得证据。反之，到案不及时，就可能由于人为和自然的原因，使现场遭到破坏，给查勘工作带来困难。所以，事故发生后查勘人员要用最快的速度赶到现场。

2）细致完备。现场查勘是事故处理程序的基础工作。现场查勘一定要做到细致完备、有序，查勘过程中，不仅要注意发现那些明显的痕迹证物，而且，特别要注意发现那些与案件有关的不明显的痕迹证物。切忌走马观花、粗枝大叶的工作作风，以免由于一些意想不到的过失使事故变得复杂化，使事故处理陷于困境。

3）客观全面。在现场查勘过程中，一定要坚持客观、科学的态度，要遵守职业道德。在实际中可能出现完全相反的查勘结论，要尽力防止和避免出现错误的查勘结果。

4）遵守法定程序。在现场查勘过程中，要严格遵守道路交通事故处理程序和道路交通事故痕迹物证勘验的规定。要爱护公、私财物，尊重被讯问、访问人的权利，尊重当地群众的风俗习惯，注意社会影响。

### 2. 现场查勘的要素

为了保证现场查勘工作的正常完成，现场查勘人员需掌握查勘工作六要素，见表2-1。

表 2-1 查勘工作六要素内容和要求

| 要素 | 内 容 | 要 求 |
|---|---|---|
| 第一要素"人" | 被保险人、报案人、驾驶人、车上人、承保人、目击证人、案件经办人、第三者人物(第三者车主、驾驶人、车上人、伤者……)、施救人等 | 需要了解以上人员的联系方式、相互关系、损伤特征、社会背景等信息,以便案件的后续流程能够顺利进行。另外确认上述信息也是反欺诈的重点工作 |
| 第二要素"车" | 1)检验标的车:车辆型号与保单是否相符;车架号与保单是否相符 | 在保证车架号码与保单信息相符的前提下,重点检查车架号打刻的字体、深度、板件平整度是否异常,排除套牌车嫌疑 |
| | 2)确定损失:核实受损车辆的碰撞过程;核实受损配件品质 | 确定受损车辆的碰撞部位,剔除非本次事故造成的损失<br>根据保险的"补偿原则",给予更换的配件品质不得高于车上受损配件的品质 |
| 第三要素"物" | 查验被碰撞物体的材质、固定方式、形态及受损物体的所有人,以及其与被保险人、驾驶人等人的关系 | 1)被碰撞物体的材质<br>2)被碰撞物体的固定方式<br>3)被碰撞物体的形态,包括长、宽、高等数据 |
| 第四要素"时" | 查验被碰撞物体的时间及报案时间等 | 1)标的车出险时间<br>2)报案人的报案时间<br>3)伤者至医院就诊的时间<br>4)保险起、止时间 |
| 第五要素"空" | 查验事故现场的环境,即出险车的现场方位及现场概貌等 | 1)标的车出险的现场方位及现场概貌<br>2)标的车与被碰撞车辆或物体彼此之间的前后、左右位置关系<br>3)车辆发生碰撞后,散落物的方向及面积 |
| 第六要素"力" | 查验并分析碰撞力,查找事故现场直接损失和间接损失情况 | 1)标的车与被碰撞物体痕迹是否相吻合<br>2)该碰撞力度会造成车辆哪些部位受损,有可能会存在哪些隐损部件<br>3)该碰撞力度是否会导致驾驶人受伤 |

### 3. 现场查勘出发前的准备工作

查勘人员接到查勘派工指令后,应立即做好以下准备工作。

(1)查阅保单

1)保险期限。查验保单,确认出险时间是否在保险期限之内。对于出险时间接近保险起止时间的案件,要做出标记,重点核实。

2)承保的险种。查验保单记录,重点注意以下问题。

①车主是否只承保了第三者责任险。

②对于报案称有人员伤亡的案件,注意车主是否承保了车上人员责任险,车上人员责任险是否指定了座位。

③对于火灾车损案件,注意是否承保了自燃损失险。

④对于与非机动车的碰撞案件,注意是否承保了无过失责任险。

3）保险金额、责任限额。注意各险种的保险金额、责任限额，以便现场查勘时心中有数。

4）交费情况。是否属于分期付款，是否依据约定交足了保费。

（2）阅读报案记录

1）被保险人名称，保险车辆车牌号。

2）出险时间、地点、原因、处理机关、损失概要。

3）被保险人、驾驶人及当事人联系电话。

（3）携带查勘资料及工具

为了有利于准确、有效地查勘，查勘人员出发前应该携带必要的相关资料和查勘工具。

1）资料部分。出险报案表、报单抄件、索赔申请书、报案记录、现场查勘记录、索赔需知、询问笔录、事故车辆损失确认书。

2）工具。定损笔记本计算机、相机、手电筒、卷尺、砂纸、笔、记录本等。

（4）及时联系客户

在接到查勘派工指令后 5 分钟内，及时与报案人取得联系，进一步核实地点，告知预计到达时间；因特殊原因不能按约定时间到达现场的，应及时与客户联系并向客户说明原因。

## 三 交通事故现场

### 1. 交通事故现场类型

交通事故现场（以下简称现场）是指发生交通事故的车辆及其与事故有关的车、人、物遗留下的同交通事故有关的痕迹证物所占有的空间。现场必须同时具备一定的时间、地点、人、车、物等要素，他们的相互关系与事故发生有因果关系。交通事故现场可分为下面几种。

（1）原始现场

指发生事故后至现场查勘前，没有发生人为或自然破坏，仍然保持着发生事故后的原始状态的现场。这类现场的现场取证价值最大，它能较真实地反映出事故发生的全过程。

（2）变动现场

指发生事故后至现场查勘前，由于受到了人为或自然原因的破坏，使现场的原始状态发生了部分或全部变动。这类现场给查勘带来种种不利因素，由于现场证物遭到破坏，不能全部反映事故的全过程，给事故分析带来困难。

出现变动现场的原因有如下几个。

1）抢救伤者：变动了现场的和有关物体的位置。

2）保护不善：现场上的痕迹被过往车辆和行人碾压践踏而模糊或消失。

3）自然影响：因下雨、下雪、刮风等自然因素的影响，造成现场或物件上遗留下来的痕迹模糊不清或完全消失。

4）特殊情况：执行任务的消防、救护、警备、工程抢险车以及首长、外宾乘坐的汽车在发生事故后，因任务的需要驶离了现场。

5）一些主要交通干道或繁华地段发生事故，造成交通堵塞，需立即排除，因而移动了车辆及其他物体。

6）其他原因：如车辆发生事故后，当事人没有发觉，车脱离了现场。

对于变动现场，必须注意识别和查明变动的原因及情况，以利于辨别事故的发生过程，正确分析原因和责任。

（3）伪造现场

指当事人为逃避责任、毁灭证据或达到嫁祸于人的目的，有意改变或布置的现场。

（4）逃逸现场

肇事人为了逃避责任，驾车潜逃而导致现场变动。其性质与伪造现场相同，但具有更大的破坏性。

《事故处理办法》明确规定，对于当事人逃逸或者故意伪造现场，使交通事故责任无法确定的，应负全部责任，并处吊销机动车驾驶证。另外，还有一种称恢复现场，是指在现场撤出后，根据现场调查笔录等材料重新布置恢复的现场，是根据事故分析或复查案件的需要重新布置的。

（5）特殊事故现场

事故现场除了上述类型外，在实际中还存在一些特殊事故现场，例如人为故意制造的事故现场、酒后驾车出险现场、违反装载规定出险现场、改变使用性质出险现场、未经检验合格的车辆出险现场、虚构驾车肇事经历，顶替肇事驾驶人承担责任的现场、无证驾驶及驾驶证年审过期现场、套牌车出险现场、在维修保养期间出险的现场等。详见表2-2。

表2-2 几种特殊事故现场特征

| 序号 | 类型 | 常见特征 |
| --- | --- | --- |
| 1 | 人为故意制造的事故现场是指被保险人或其他相关人员在保险车辆未发生保险事故的情况下，人为故意制造事故，并造成损失的现场 | 1）事故车辆多为老旧车型<br>2）事故时间多为深夜或凌晨时分<br>3）事故地点多为偏僻少人的道路及空地<br>4）车损部位和痕迹不吻合，碎片不齐全<br>5）离碰撞部位较远的部位也有损伤<br>6）如气囊已经膨开，但车内无异味的情况，气囊接头也有异常<br>7）事故车上有旧的痕迹和锈迹，或有现场不存在的油漆<br>8）事故道路上很少有制动拖印<br>9）事故现场附近停有无关车辆<br>10）驾驶人大多有多年驾龄<br>11）驾驶人故意表现出急躁情绪，对事故经过很难描述清楚或虚构情节，事故中很少有人受伤<br>12）双方事故存在揽责和推卸责任的情形 |

（续）

| 序号 | 类 型 | 常见特征 |
|---|---|---|
| 2 | 酒后驾车出险现场是指驾驶人在饮酒后驾驶保险车辆发生事故造成损失的现场 | 1）驾驶人呈现有饮酒后的特征<br>2）道路现场无制动拖印或拖印较短<br>3）追尾碰撞事故居多，撞护栏和路边固定物体的单方事故时有发生<br>4）车辆损失程度较大<br>5）驾驶人伤亡情况较常见<br>6）车辆经常占道行驶或逆向行驶或在道路上不规则行驶等 |
| 3 | 违反装载规定出险现场是指保险车辆违反国家或行业对车辆装载的有关规定，增加了保险车辆的危险程度并发生事故及造成相当损失的现场 | 1）货车运载有质量较重或体积宽大的货物<br>2）标的车多为大型拖车，长途货运车及面包车等小型客运车型，在客运高峰期大型客车也常见超载现象<br>3）事故车在现场留下的制动拖印较明显、较宽<br>4）事故车车身下沉，轮毂发热，转向及制动系统可能出现故障<br>5）客运车辆出险现场，常见伤亡，在现场的乘客较多 |
| 4 | 改变使用性质的车辆出险现场是指被保险人改变保险车辆的使用性质，将保险车辆用于投保时未告知保险公司该车的使用性质以外的用途，增加了保险车辆的危险程度，发生了事故，造成了相当的损失的现场 | 1）标的车多为大货车、面包车及蓝牌小型客车<br>2）客车载货的通常座位已被拆除<br>3）驾驶人多为个体运载人员和外地人员<br>4）驾驶人对乘客的情况如姓名等不太了解 |
| 5 | 未经检验合格的车辆出险现场 | 1）标的车多为残旧老款车型及外地车较多<br>2）行驶证上没有当年年检记录或年检记录为私自刻章盖制 |
| 6 | 虚构驾车肇事经历，顶替肇事驾驶人承担责任的现场 | 1）此类情况多为酒后驾车或无证驾驶后发生<br>2）事故现场的特点与酒后驾车及无证驾驶事故的特点相似<br>3）驾驶人不能清楚描述事故经过，对车主及被保险人的情况，车内物体摆放及车上乘客乘坐位置不太清楚 |
| 7 | 无证驾驶及驾证年审过期现场 | 1）驾驶人情绪紧张<br>2）驾驶人可能谎称没有带驾驶证<br>3）事故现场比较异常<br>4）驾驶证上无当年年审记录或无年审回执单 |
| 8 | 套牌车出险现场是指现场出事车为无牌车辆，套用标的车牌照并发生事故，造成相当损失的现场 | 套牌车辆多为货柜拖车和外地车辆，事故车车架号码和发动机号码字体不正规不清晰，行驶证印制得较为粗糙 |
| 9 | 在维修保养期间出险的现场 | 驾驶人多为修理厂人员，除了现场碰撞痕迹外还有其他修理期间出现的特征，驾驶人可能刻意隐瞒修车事实 |

### 2. 查勘人员到达现场后的首要工作

1）到达查勘地点后，应使用标准服务话术向报案人进行自我介绍。

您好！请问是××先生/女士吗？我们是××保险公司的查勘员，我姓××，这是我的名片，本次事故有我们来查勘。

2）如果保险标的或受伤人员尚处于危险中，应立即协助客户采取有效的施救、保护措施，避免损失扩大，并协助拨打急救电话。

采取保护施救措施应严格遵守"必要"和"合理"的原则。了解施救的工具，如拖车的吨位、行驶吊车的吨位大小、施救是否恰当，都有哪些车、物被施救，施救是有偿还是无偿，施救过程有无扩大损失等。查勘人员到达现场时，如果险情尚未控制，应和有关部门协商，提出合理的施救方案和有效的施救措施，尽量减少不必要的费用损失。

3）认真核对客户的保险单是否与机动车出险信息表内容相符。核对标的车的发动机号、车架号（VIN码）与保险单信息内容是否相符。核对标的车的行车证信息与保险单信息内容是否相符并查验检车信息。

4）涉及两辆以上机动车辆的事故，要查明事故各方车辆的强制保险（可通过是否具有强制保险标识进行初步判断）和商业机动车辆保险的投保情况，若我公司最先到达现场，查勘人员应提示其他车辆当事人将已有保险公司介入处理事故的情况告知其投保的保险公司，以便其他保险公司尽快确定是否委托我公司代为查勘定损。

5）指导标的车的事故当事人正确填写机动车辆保险索赔申请书，提示客户阅读机动车交通事故责任强制保险索赔告知书，并要求客户签字确认。对客户不明白的事项进行详细解释。

6）对于损失超过交强险责任限额或涉及人员伤亡的案件，应提醒事故当事人向交通管理部门报案。

### 3. 事故现场查勘的组织实施

（1）事故现场查勘组织实施的要求

现场查勘是一项细致、烦琐又复杂的工作，因此，在查勘前必须根据现场的具体情况，确定查勘的范围、顺序和重点，拟定查勘方案，按确定的顺序和步骤展开查勘。

现场查勘范围根据事故类型而定。查勘人员到现场后，应及时向现场保护人员了解事故情况，现场有无变动及变动的原因和范围，必要时根据当事人和证明人的记忆恢复现场。

对于现场范围比较小、肇事车辆和证物痕迹比较集中的现场，以肇事车辆为中心由内向外展开查勘。

对于肇事车辆和证物痕迹比较分散的现场，查勘顺序要灵活掌握，以重要部位和可能遭受破坏的部位为重点进行查勘，也可以由外围向中心进行，逐步缩小查勘范围；对于面积大、距离长的现场，可分片逐段进行查勘。

在现场查勘或对事故进行分析研究中，当遇到认定痕迹或事故原因有异议时，在关键问题上意见无法统一时，应通过现场实验进行科学考察。

查勘人员到达事故现场后，要根据现场情况由现场指挥人员统一部署，布置现场警戒；维护交通秩序；预防现场交通堵塞；保护现场；组织救护交通事故伤员，组织现场抢险。图2-2所示为现场移动保护图例。

图2-2 现场移动保护图例

现场查勘工作是一项政策性、技术性、法律性很强且烦琐细致的工作，尤其对于重大和特大交通事故，查勘工作量大，需要的时间长，涉及的部门、人员多，有些情况要现场处理。因此，现场查勘要有严密的组织和强有力的临场指挥，使查勘工作在统一领导、统一指挥下，有组织、有秩序地进行，避免杂乱无章。交通事故的现场查勘由属地公安交通管理部门统一组织，单方事故可以由保险公司独立查勘、处理。

（2）事故现场查勘时的注意事项

1）迅速赶赴现场。查勘员接到调度指令后，应立即尽快赶赴现场，及时联系事故当事人，并做好安全及减损的提示。

2）全面了解和掌握现场情况。到达现场后及时了解该起事故现场情况，对于有交警或对方保险公司查勘过的现场，也需要详细了解现场碰撞部位、行驶方向、现场的道路、碰撞物、车辆损失状况，甚至是天气情况，明确本次事故造成的损失范围；未看过现场的，要联系事故当事人，了解事故发生的时间、地点、事故损失部位及程度等出险基本情况，掌握事故损失大致范围。

3）对重要痕迹物证，要亲自查验，鉴别真伪与可靠程度，掌握第一手资料。查看车损痕迹，观察碰撞部位痕迹新旧、颜色状况，分析碰撞力度及方向，测量碰撞受损部位的高度、凹陷破损部位的大小等，根据之前了解到信息，比对碰撞痕迹，确定事故的性质和损失程度。

4）对损失较大有隐损案件的查勘要点。对损失较大有隐损，不能一次定损的案件，先核定外观件更换项目，拍摄隐损待定件外观照片。车辆运抵定损点后尽快安排时间进行二次定损，并按规定拍摄拆解照片。需要试车后再进行定损的项目，在保证安全行驶的前提下，尽可能地尽快试车。

## 四 典型案例分析

### 1. 案件简介

2019年10月18日16时许，辽宁交通巡警大队指挥中心接到一位男子报警：在距离京沈高速公路朝阳收费站约5km处，自己所驾驶的车辆与路边护栏发生刮擦，请求出警处理。接警后，民警李××带领辅警迅速赶赴现场，事故现场如图2-3所示，现场查勘即刻进行。

图2-3 事故现场图片

### 2. 现场查勘

在现场查勘时，当事人陈述其驾驶辽ND5F×××号奔驰小轿车行至该路段时，因操作失误，与护栏发生刮碰，造成车身漆面损坏。而细心的民警在查勘中发现白色奔驰车上的刮擦痕迹与当事人的陈述存有多处疑点：刮擦痕迹很长，面积较大，部分刮痕位置较低，根据测量痕迹高度，根本碰不到护栏；车头保险杠上有草本植物遗留，且车身划痕上有红色漆片，多处疑点引起了民警的警觉。在民警提出这些疑点时，当事人神色一变，狡辩该处不是事故现场,并要求民警及路政人员与其前去找寻真正的现场。在步行了1km左右,仍未能找到任何事故现场。最终,在强大的压力及证据面前,该男子最终坦白了报假警伪造事故现场骗保的违法行为。

### 3. 案件分析

涉案当事人骗保的行为,不但得不到应有理赔,还将受到法律的严惩。目前,大队民警将其驾驶证件进行暂扣,并将该案件移交派出所进一步处理。

## 任务二　现场车损照片的拍摄

### ➡ 学习目标

**知识目标**

1. 能够描述数码相机的操作原理和注意事项。
2. 能够描述现场车损照片拍摄的内容和技巧。

**技能目标**

1. 能够根据不同事故现场,选用合理的拍摄方法。
2. 能够熟练使用拍照工具完成现场车损照片的拍摄工作。

### ➡ 任务描述

投保车辆保险事故现场勘验照相,就是用照相设备对投保车辆发生事故的地点以及与事故有关的一切场所和物品,进行全面、准确、客观地记录。事故现场勘验照片可以为判断事故过程、分析事故原因提供可靠的依据,因此要求查勘定损人员要学会正确地使用相机,并掌握现场车损照片的拍摄步骤和内容。

### 一　相机的选择与使用

#### 1. 相机的选择

查勘用相机历经光学照相机、数码相机、手机相机、平板计算机等不同相机的发展阶段,从目前的保险行业发展来看,手机及平板计算机已经将普通数码相机取而代之,主要原因是手机及平板计算机的拍摄功能日益完善且有直接上传功能,被广泛应用与查勘定损岗位。现场查勘人员应当十分注重通过摄影记录损失情况,因为,照片不仅是赔款案件的第一手资料,而且是查勘报告具有形象性的旁证材料,也是对文字报告的一个必要补充,应予以充分的重视,防止出现技术失误。

（1）使用相机的基本要求

1）相机的日常保养与检查。要定期检查相机的各功能是否正常。定期清理镜头、检查电池的容量，保持电量充沛、检查存储卡的容量。

2）相机的调整与使用。数码相机像素调整为480×640，照片大小不超过150k。照相机的焦距调整要准确，光线适用得当，现场照相应尽量使用标准镜头，以防成像变形。照相机的日期顺序调整为年、月、日，且显示日期必须与拍摄日期一致，严禁以各种理由调整相机后备日期。

3）相机的检验。用不同的模式随意拍摄几张照片，检查拍摄效果，如果有问题及时处理。

（2）拍照注意事项

1）拍摄顺序由整体到局部，由一般到个别。在对车辆拆检、解体之前必须对车体进行前后两个45°方向拍摄，车号牌必须清晰可见；已经拆解的要先进行复位，再进行拍摄；对于损毁严重的要前后左右四面拍摄；对车体碰撞部位进行正面拍摄；对价格较高的损坏零部件，在能够反映损坏事实的前提下必须单独拍摄。

2）对个别损坏细微、不易分辨的配件，如铸铁壳体或玻璃等处的细小裂纹，在拍摄单独的整体照片之后，必须进行近距离细目拍摄。

3）更换发动机总成、变速器总成，必须对整体进行拍摄；更换驾驶室总成，必须有前后左右四个角度的整体照片。

**特别注意**：水淹车辆，要先在车体上画线标明水淹高度后拍摄；火灾车辆，要重点对起火点进行单独拍摄。

（3）拍摄的基本要求

1）交通事故查勘照相应当客观、真实、准确、全面地反映保险责任及事故车的受损范围和程度。查勘照相不得有艺术夸张，应影像清晰、反差适中、层次分明。

2）拍照保险车辆特征，包括车牌号、VIN码照片。

3）拍摄保险车辆的行驶证（客运车辆准运证）、驾驶人的驾驶证（驾驶客运车辆驾驶人准驾证，特种车辆驾驶人操作资格证）。

4）双方或多方事故，应拍摄三者车辆的交强险标志，正面及背面均需拍摄。条件允许的，应拍摄三者车辆交强险保单。

5）必要时可要求相关证人（包括我方人员）与受损车辆拍摄合影照片。

6）夜间拍摄时，可使用查勘专用手电或现场其他照明工具（车辆前照灯），提高现场照度，保证照片清晰可辨。

7）现场对事故车定损拍照时，先拍整车（能反映车牌号码45°方向拍摄），以判断标的车出险行驶方向、碰撞着力点和碰撞走向；车牌脱离车体时，用粉笔标记车号，严禁单独拍摄车牌及损失部位。

8）对受损部位整体相向拍照，以确定碰撞痕迹和损失范围。

9）凡需要更换或修理的部件、部位，均必须进行局部特写拍照。

10）内部损失解体后，必须对事故部位补拍照片，并能反映事故损伤成因。

11）对照片不能反映出的裂纹、变形，要用手指向损坏部位拍照，或对比拍照或标识拍照。拍摄玻璃照片时注意玻璃的光线反光，玻璃单独破碎险中玻璃损坏不严重，先拍一张照片，再击打玻璃受损处使损伤扩大明显后，再拍一张照片。

12）一张照片已能反映出多个部件、部位受损真实情况的不需单个或重复拍照，但重大配件或价格较贵的配件必须有能反映损伤、型号规格或配件编码的单独照片。

13）受损货物照片。照片应能够反映出财产损失的全貌及损失部位，多处受损应分别拍摄；带包装的物品受损应将包装拆下后拍摄，并注意拍摄包装物上的数量、类型、型号、质量等；价值较高的货物在分类后单独编号拍摄。

14）第一现场（包括补勘第一现场）照片应能够反映出事故现场的全貌，有明显的参照标志物，如道路全貌（交叉路口情况、道路宽度）、路标、建筑物等，以便于确定大致地位；顺车辆运动方向（包括制动痕迹），拍摄事故撞击点。

15）拍摄痕迹时，应当在被摄物体一侧同一平面上放置比例尺。比例标尺的长度一般为50cm。当痕迹、物体面积的长度＞50cm时，可用卷尺作为比例标尺。

16）为了提高系统资源使用效率，要求提高照片的使用效率，严禁同类型照片的重复拍摄与录入。

17）若能够提供第一现场，要求拍摄第一现场的全景照片、痕迹照片、物证照片和特写照片。

18）要求拍摄能够反映车牌号码与损失部分的全景照片。

19）要求拍摄能够反映局部损失的特写照片。

2. 现场照相常用方法

（1）单向拍摄法

镜头从一个方向对着场景或物体的正面或其主要特征的侧面进行拍摄，如图 2-4a 所示。

（2）相向拍摄法

镜头从两个相对方向对着同一场景或物体进行两次拍摄，如图 2-4b 所示。

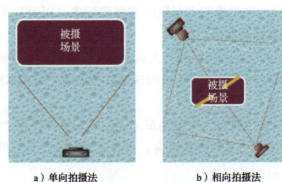

a）单向拍摄法　　b）相向拍摄法

图 2-4　拍摄法

（3）多向拍摄法

镜头从三个以上方向对着同一场景或物体进行多次环绕拍摄，如图 2-5 所示。

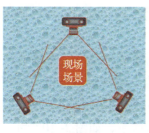
a）三向拍摄

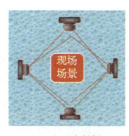
b）四向拍摄

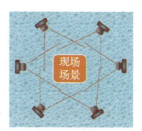
c）六向拍摄

图 2-5　多向拍摄法

（4）回转连续拍摄法

在正对现场中心的位置放置三脚架，相机能在水平方向左右转动。首先正对中心拍摄第一张，再左右水平转向角度 < 20° 方向各拍摄两张，后期进行拼接，如图 2-6 所示。拼接画面的水平范围广但有变形，适合于拍摄范围大、拍摄点受限的现场方位和概貌。

图 2-6　回转连续拍摄法

（5）直线连续拍摄法

相机聚焦平面与被拍摄物体平面平行，沿着被拍摄物体等距离平行移动，分段拍摄，如图 2-7 所示。

（6）测量拍摄法

痕迹拍摄时将带有标准刻度的比例尺与被拍摄对象摄入同一画面，如图 2-8 所示。

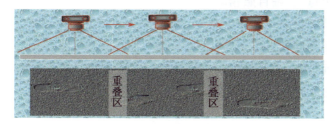

图 2-7　直线连续拍摄法

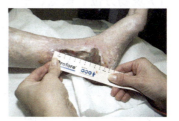

图 2-8　测量拍摄法

## 3. 定损核价照相的具体要求

（1）专业术语

1）方位照相。指从远距离采用俯视角度拍摄交通事故发生地周围环境特征和现场所处位置的照相方式，视角应覆盖整个现场范围，一张照片无法包括的，可以使用回转连续拍摄法或者直线连续拍摄法拍照，如图2-9所示。

2）概览照相。指从中远距离采用平视角度拍摄交通事故现场有关车辆、尸体、物体的位置及相互间关系的照相方式，以现场中心物体为基点，沿现场道路走向的相对两向位或者多向位分别拍摄。各向位拍摄的概览照相，其成像中各物体间的相对位置应当基本一致，上一个视角的结束部分与下一个视角的开始部分应有联系，如图2-10所示。

图2-9　方位照相

图2-10　概览照相

3）中心照相。指在较近距离拍摄交通事故现场中心、重要局部、痕迹的位置及有关物体之间联系的照相方式，如图2-11所示。

4）细目照相。指采用近距或微距拍摄交通事故现场路面、车辆、人体上的痕迹及有关物体特征的照相方式，照相机镜头主光轴与被拍摄痕迹面相垂直，视角应当覆盖整个痕迹，一张照片无法覆盖的，可以分段拍摄，如图2-12所示。

图2-11　中心照相

图2-12　细目照相

（2）定损核价照相内容

1）现场方位、概览、中心（重点）、细目照相。

2）现场环境、痕迹勘验、人体（伤痕）照相。

3）道路及交通设施、地形、地物照相。

4）分离痕迹、表面痕迹、路面痕迹、衣着痕迹、遗留物、受损物规格/编码照相。

5）车辆检验（车架号、发动机号）、两证检验照相。

（3）定损核价照相步骤

事故现场照相的步骤为现场方位→现场全貌→重点部位→损失细目→VIN码→两证，这6个步骤的照片要彼此联系、相互印证。

（4）定损核价照相顺序

1）先拍摄原始状况，后拍摄变动状况。

2）先拍摄现场路面痕迹，后拍摄车辆上的痕迹。

3）先拍摄易破坏易消失的，后拍摄不易破坏和消失的。

总之，要根据定损核价实际情况要求，既能说明事故的保险责任，又能详细反映事故损失，灵活运用、采取交叉拍摄的方法。

### 4. 查勘现场照相的具体要求

（1）现场环境照相

1）按照现场查勘的要求，运用方位照相、概览照相方式，拍摄交通事故现场环境、现场位置和现场概貌。

2）拍摄发生交通事故周围的地形、道路走向和现场所处位置。

3）拍摄交通事故的状态，事故现场有关车辆、尸体、物体的位置和状态。

（2）痕迹查勘照相原则

在一个现场的内，各种物体、散落的遗留物以及遗留的痕迹可能非常多，拍照时要分清轻重缓急。

1）先拍原始的，后拍变动的。有些现场因为抢救伤员或其他因素而发生变动，拍照时应先拍原始痕迹，后拍变动的痕迹。

2）先拍重点的，后拍一般的。如可以直接证明交通事故真相，帮助分析事故原因，在事故处理中可以起到重大作用的重点痕迹要先进行拍照记录，其他痕迹可以放在后边。

3）先拍低处的，后拍高处的。因为低处的痕迹如地面上的轮胎印迹、制动痕迹、散落物等，极易受到破坏，在勘验过程中应先进行拍照；而车身上的痕迹、建筑物上的痕迹，不易受到破坏，可以放在后边拍照。

4）先拍容易的，后拍困难的。为提高工作效率，在现场对于明显的、容易拍照的痕迹可以先进行拍照；条件较差的、不易拍照的痕迹放在后边，必要时可以提取回来进行拍照。

5）先拍容易消失和损坏的，后拍不易消失和损坏的。有些现场，由于气候等自然条件的原因，有些痕迹容易消失或遭到破坏，在现场勘验时，这些痕迹应首先拍照。

①碰撞痕迹的拍摄。碰撞痕迹一般在车辆或物体外形上表现为凹陷、隆起、变形、断裂、穿孔、破碎等特征。对常见的断裂、变形和穿孔等现象，只需选择合适的角度进行拍摄即可。对于凹陷痕迹，特别是较浅小的凹陷痕迹，一般多用侧光，利用阴影来显示痕迹特征，如图2-13所示。凹陷越深，光线入射角越大；凹陷越浅，光线入射角越小。同时应注意光线强度的影响，如拍摄凹陷痕迹应尽量使光线强度和角度适中，强光直射往往会使阴影变得浅而模糊，表现不出凹陷的特征。因现场拍摄多为自然光，可多选择几个角度或利用反光板、闪光灯补光。

②刮擦痕迹的拍摄。刮擦痕迹一般表现为加层痕迹或减层痕迹。例如，沾附在车辆或物体表面的油漆、塑料、橡胶等附着物，如图2-14所示。拍摄这些痕迹物证时，应用均匀光线。对反差微弱的痕迹物证，应用弱光或反射光。对细小的痕迹物证，应在镜头和相机之间加接加长接圈或放大拍照，也可用滤色镜突出某种物体的色调，加强照片的反差。

③其他相关痕迹的拍摄。制动痕迹和轮胎碾轧痕迹一般应从尾部和侧面两个部位进行拍摄。尾部表示车辆行进方向，侧面表示印痕长度，如图2-15所示。当机动车有变形、断裂等痕迹时，在拍摄时应反映出陈旧性裂痕与新形成裂痕的区别。此种情况最好在现场拍摄，如不便拍摄，可拆卸后拍摄。

图2-13　利用阴影来显示痕迹特征图片　　图2-14　刮擦痕迹的拍摄　　图2-15　制动痕迹和轮胎碾轧痕迹图片

④比对痕迹照相。对车体上的痕迹及与车体发生过碰撞的客体上的痕迹进行单独拍摄，应反映碰撞对应关系，如痕迹形态、位置、痕迹内的附着物等，反映他们的形态、特点以及细节特征。在事故现场勘验过程中，将会发现大量的痕迹物证，如路面痕迹、车辆痕迹等，对于这些痕迹物证，都要认真仔细进行拍照。拍照的痕迹照片，可以作为有力的证据，来证明事故发生的真相。

（3）车辆检验照相

1）根据检验鉴定交通事故车辆的需要，运用中心照相和细目照相方式，拍摄事故车辆的号牌、车型、部件、零件等。

2）对分解检验的车辆及其部件、零件，应当完整地拍摄被检验车辆的损坏情况、形态、号牌、部件、零件及其所属部位。

3）对分解的部件、零件可根据需要由表及里拍摄分解的各层次，表现出发生故障和损坏的情况。

4）对直接造成交通事故的故障和损坏的机件，可根据需要拍摄该机件的完好与损坏来比照。

5）根据车辆检验鉴定书提列，拍摄有关照片。

①碰撞痕迹：这种痕迹一般在外形上表现为凹陷、隆起、变形、断裂、穿孔、破碎等特征，一般只要选择合适的拍摄角度即可表现出来。凹陷痕迹特别是较小、较浅的凹陷痕迹较难拍摄，拍摄这种痕迹时，用光是关键，一般可采用侧光，也可利用反光板、闪光灯进行拍摄。

②刮擦痕迹：这种痕迹一般表现为被刮擦的双方表皮剥脱，互相粘挂，例如，接触点有对方车辆的漆皮或者被刮伤者的衣服纤维，人的皮肉、毛发等。如刮擦痕迹为对方物体的表面漆皮等有颜色物体，可选择相应的滤色镜拍摄，突出被粘挂物。

③机件断裂痕迹：一般都有明显的陈旧裂痕，能在现场照相，应立即拍摄，如不便拍摄，可拆下后进行拍摄。

（4）人体照相

1）根据检验鉴定交通事故当事人死亡或受伤原因的需要，运用中心照相、细目照相方式，拍摄人体的伤痕，为辨认需要，拍摄有关人员的辨认照片。

2）人体伤痕。

①拍摄痕迹的形状、大小、特征，应尽量表现出创伤程度；有擦、挫伤痕迹和创口的，应放置比例尺。

②拍摄伤痕在人体上的具体位置。

③拍摄伤员伤痕，应在不影响救护工作的前提下，尽可能拍摄伤痕的原始状况。

④尸体头部有伤痕的，应剪去局部毛发，显现伤痕后再拍摄。

3）尸体。

①拍摄遗留在现场的尸体原始位置。

②拍摄单独尸体原始着装侧面全身照片和正面半身照片。

③多人死亡事故，可拍摄群尸排列场面。

④死者脸部严重受损无法辨认的，应拍摄该死者有关证件的照片。

⑤无名尸体还应当拍摄尸体生理、病理特征照片和整容后的正面半身照片。

⑥尸体检验时，应拍摄正面或侧面全身裸体照片。

⑦尸体解剖检验时，应根据法医鉴定需要拍摄有关照片。

4）肇事者。根据案情需要拍摄造成重、特大事故无身份证明的肇事者全身或半身辨认照片。拍摄时，可将肇事者安置在肇事车辆的车牌或车门旁。

## 二 典型现场拍照案例

### 1. 单方刮擦事故现场查勘照片

1）拍摄事故现场整体环境照片，清晰反映路况及现场周边环境，如图2-16所示。

2）拍摄出险地点标牌（路牌、车站牌、明显标志物）照片，如图2-17所示。

图2-16 事故现场整体环境照片

图2-17 出险地点标牌

3）拍摄车辆发生事故后在现场的停驶状态及车辆外观受损情况，照片应反映车辆受损部位与刮擦物体接触点吻合，有条件的提供测量照片，如图2-18所示。

4）拍摄事故现场散落物照片或被撞物体附着物照片，如图2-19所示。

图 2-18 刮擦物体接触点照片

图 2-19 事故现场散落物照片

### 2. 双方事故现场查勘照片

1）拍摄事故现场整体环境照片，清晰反映两车相互位置关系，如图 2-20 所示。

2）拍摄重点部位照片（标的车后方），如图 2-21 所示。

图 2-20 事故现场整体环境照片

图 2-21 重点部位照片

3）拍摄重点部位照片（三者车后方），如图 2-22 所示。

4）拍摄受损痕迹照片，如图 2-23 所示。

图 2-22 重点部位照片（三者车后方）

图 2-23 受损痕迹照片

5）行驶证、驾驶证、身份证、银行卡照片，如图 2-24 所示。

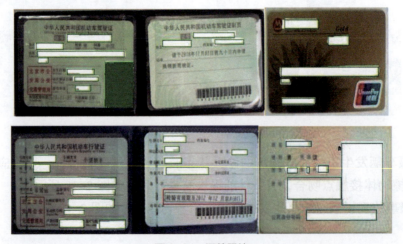
图 2-24 证件照片

### 3. 现场痕迹查勘拍照案例

2010年6月某天，保险公司投保的一辆陕汽SX4254NT××××牵引汽车满载货物行驶在某山区路段时发生交通事故。驾驶人报案称：车辆在下山时没有了制动冲到减速坡沙堆上，本车前部及机体受损，无人伤，车辆报损176800元。

保险公司接到报案立即调派人员赴现场查勘。查勘人员及时到达现场了解情况、拍照取证，并协助施救。

现场经过初步查勘发现，车辆冲上沙石堆仅造成前杠下部轻微损坏，发动机没有碰撞且油底壳完好无损，但发动机缸体右侧严重破损，第一缸连杆脱落并遗留在车辆的后方，沿车辆行驶路面留有数十米的油迹，现场照片如图2-25~图2-28所示。

该事故现场的查勘结果说明：事故车辆在冲上减速坡之前，发动机已经出现故障，连杆已经折断将缸体捣破并遗留在车辆的后方，造成机油沿道路大量遗洒。由于对现场查勘及时、细致，现场痕迹取证清晰，为后期分析发动机损坏的真正原因并成功减损提供了有力的证据，堪称现场查勘的范例。

图2-25 车辆停在减速坡顶部

图2-26 车辆后方道路上有较长的油迹

图2-27 发动机缸体由内向外破碎

图2-28 车辆后方道路上遗洒的油迹和连杆

## 任务三　交通事故物证收集

### 学习目标

**知识目标**

1. 能够描述交通事故中物证的作用。
2. 能够描述交通事故痕迹物证分类。
3. 能够描述物证查勘原则和一般要求。

**技能目标**

1. 能够正确提取交通事故中物证，为后期理赔提供依据。
2. 能够熟练缮制查勘记录。

## 任务描述

对于较为复杂的交通事故，关键性的痕迹和物证非常重要。有的痕迹和物证会因雨水、其他车辆碾压等因素而消失。及时提取痕迹和物证是现场查勘的重要任务。本任务主要是学习如何提取交通事故现场中的物证、车辆上的痕迹物证、人的身体衣物上的物证等，完成相应的单证填写，作为佐证资料进行备案。

## 一 车险理赔中物证

### 1. 车险理赔中物证的作用

交通事故现场中的物证、车辆上的痕迹物证、人的身体衣物上的物证，对于判断事故的真实情况，做出正确的责任认定尤为重要，特别是交通事故痕迹物证在认定交通肇事逃逸车辆和有争议、复杂的、较大的交通事故的责任认定着关键性作用。通常当事各方往往在责任承担上互不相让，对于重特大道路交通事故更是涉及当事人交通肇事罪与非罪的问题，必须要有铁的事实和证据来证明当事人的责任大小。对于保险理赔环节，现场遗留物会还原事故经过，为后续的科学理赔提供依据。如图2-29所示的现场图片中，车辆行进的后方遗留大量机油痕迹及发动机零部件，足以证明在撞击事故发生前该车发动机已经出现机械故障，这对于后期科学理赔，减损理赔提供了有力证据。

图2-29　车辆行进后方的大量油迹及散落零件

### 2. 车险理赔中物证的分类

遗留在交通事故现场或从交通事故现场带走能证明交通事故真实情况的物品、物质和痕迹。交通事故痕迹物证主要包括肇事车辆、人体、现场路面、固定物、附着物、散落物和各种痕迹。

（1）附着物

在交通事故中形成，粘附在肇事车辆、人体、路面及其他物体表面能证明交通事故真实情况的物质，例如：油漆、油脂、塑料、橡胶、毛发、纤维、血痕、人体组织、木屑、植物枝叶及尘土等微量附着物质。

（2）散落物

遗留在交通事故现场，能够证明交通事故真实情况的物品或者物质，例如，损坏脱离的车辆零部件、玻璃碎片、油漆碎片、橡胶碎条碎片、车辆装载物、结构性土沙碎块、人体抛落在地面上的穿戴物品和携带物品、人体被分离的器官组织、从其他物体上撞、擦掉落在地面上的树皮、断枝、水泥及石头碎块等。

（3）常见痕迹

1）地面痕迹。交通事故发生过程中，事故车辆轮胎和部件、人体以及与事故有关的物件等与地面接触而遗留在交通事故现场的痕迹，如轮胎痕迹、人的脚印等。

2）车体痕迹。车辆在交通事故中与其他车辆、人体、物体接触，造成车辆变形和破损遗留在车体上的印迹，以及车体上的灰尘或其他附着物等缺失留下的印迹。

3）人体痕迹。人员在交通事故中与车辆、道路、物体接触，遗留在人体衣着和体表上的印迹。

4）其他痕迹。交通事故中车辆或人体与路旁树木、护栏、道路交通设施等发生碰撞或刮擦，遗留在树木、护栏、道路交通设施等表面的痕迹。

常见痕迹类型图片及特点见表2-3。

表2-3 常见痕迹类型图片及特点

| 痕迹类型 | 痕迹图例 | 勘查重点 |
| --- | --- | --- |
| 地面痕迹 | | 注意机油痕迹是否与车辆行进中被撞击漏油后的特征相符 |
| 车体痕迹 | | 注意车体撞击痕迹高度与被撞击物高度是否吻合，残留物是否与被撞击物吻合 |
| 人体痕迹 | | 痕迹拍摄时将带有标准刻度的比例尺与被拍摄对象摄入同一画面内 |
| 其他痕迹 | | 注意树木撞击痕迹高度与车损高度是否吻合，残留漆片是否与事故车吻合 |

### 3. 物证查勘的定义和要求

（1）物证查勘的定义

指查勘人员发现、固定、提取、保全道路交通事故现场、车辆、人员及道路环境中遗留的与事故有关的痕迹、物证，为案件侦查、过程再现、原因分析和责任认定提供科学证据的活动。

（2）物证查勘的一般要求

1）查勘工作应遵循合法、安全、及时、客观、规范、全面、科学的原则。

2）查勘工作应由具备道路交通事故处理资格的交通警察或公安机关交通管理部门组织的专业技术人员承担，查勘人员应具备现场查勘的专业知识和专业技能。

3）查勘时应根据道路交通事故的类型、特点，及接触部位的异常现象，确定查勘重点和顺序。

4）查勘中应采用绘图、照相、录像、录音、笔录、三维扫描等方式，对查勘发现的道路交通事故痕迹（以下简称痕迹）、道路交通事故物证（以下简称物证）的位置、分布、种类、数量、形状、尺寸等进行固定、提取，并在道路交通事故现场查勘笔录中载明。

5）在抢救伤员、现场抢险过程中需要移动事故车辆、人体或有关物体的，应通过标记、照相、录像 等方法固定。车辆移动后，应对现场痕迹、物证补充查勘。

6）查勘车体痕迹、物证时，应记录车辆的品牌、型号、颜色、核定载人数、核定载质量、号牌、车架号、发动机号、电机号以及改装情况、驱动方式、驾驶方式等。

7）查勘人体痕迹、物证时，应记录受害人在现场的原始位置，性别、身高、尸长、体型，衣着名称、颜色及穿着顺序等信息。查勘时应按照先衣着后体表的顺序。

8）查勘道路时，应记录路口或路段类型、车道设置、道路坡度、弯道半径、路面性质及路面沉降、坑洞、凸凹等状况，交通标志、交通标线、交通信号灯、路灯等设施及被遮挡、污损情况，交通信号灯、路灯等设施的工作状态，护栏、警示柱、防撞墩、隔离带等安全防护设施设置情况。

9）道路交通肇事逃逸事故现场应提取现场遗留的所有可能与事故有关的痕迹、物证。

10）事故现场周围有监控设备、事故车辆安装有行驶记录仪或车载事件数据记录仪、监控设备等，应及时提取。途经事故现场车辆安装有视频行驶记录装置的，宜提取相关信息。

11）现场图绘制应符合 GA/T 49 规定。

12）现场查勘照相应符合 GA/T 50 规定。

13）法医学物证的查勘、提取、保存应符合 GA/T 169 规定。

14）尸体检验应符合 GA/T 268 规定。

## 二 物证查勘过程及查勘记录

### 1. 物证查勘的具体方法

（1）查勘设备要求

查勘时应配备以下设备及工具。

1）发现、提取设备及工具。除符合 GA/T 945 规定外，还应配备石膏液、石蜡、拓印膜、静电吸迹器、灰尘痕迹固定剂、药勺、指纹提取工具（一体式指纹刷、磁性笔和洗耳球、指纹胶纸和衬纸）、指掌印显现试剂或工具、鲁米诺试剂、印泥、红外光源、紫外光源等。

2）查勘检测设备。应符合 GA/T 945 规定。

3）查勘照明设备。应符合 GA/T 945 规定。

4）其他设备。应配备执法记录仪等。

（2）物证查勘准备

现场物证查勘工作应按照《交通事故处理程序规定》有关规定进行。有人员伤亡的交通事故，应首先抢救伤员，然后进行现场痕迹物证查勘。在抢救伤亡人员过程中需要移动肇事车辆、人体或有关物体，应做好相应的标记或照相摄像固定。

（3）查勘内容

1）地面痕迹物证。地面痕迹应查勘以下内容。

①地面轮胎痕迹的种类、形状、方向、长度、宽度和痕迹中的附着物等。

②逃逸车辆两侧轮胎痕迹的间距和前后轮胎痕迹止点的间距。

③滚印、压印、拖印、侧滑印分段点相对路面边缘的垂直距离，痕迹与道路中心线的夹角，痕迹的滑移量、旋转方向及旋转度数；突变点位置；弧形痕迹弦长、弦高；轮胎跳动引起的间断痕迹及距离。

④车体、人体、牲畜以及其他物体留在地面上的挫划印等痕迹的分布、长度、宽度、深度，痕迹中心或起止点、突变点的位置。

2）地面物证。地面物证应查勘以下内容。

①地面附着物、散落物、遗洒物、抛撒物、血迹、生物组织等的种类、形状、颜色，及其位置关系和分布形态。

②附着物、散落物、遗洒物、抛撒物的起始位置、着地方向和终点位置。

③脱落的零部件及碎片表面痕迹及断口形态。

3）车体痕迹物证。车体痕迹、物证应查勘以下内容。

①车体上各种痕迹所在的部位及其长度、宽度、凹陷深度；痕迹上、下边缘距离地面的高度，痕迹与车体一侧的距离。

②车辆部件的损坏、断裂、变形。

③车辆与其他车辆、人体、牲畜、物体第一次接触的部位和受力方向，及与另一方相应的接触部位。

④道路交通事故涉及车辆灯光信号装置时，车辆灯泡或灯丝及其碎片，部件安装、导线连接状况。

⑤车体上遗留的纤维、毛发、血迹、生物组织、牲畜、漆片等附着物的种类、形状、颜色及其分布位置。

⑥车内转向盘、变速杆、驾驶室内外门把手、驾驶位周围、安全气囊和脚踏板等处的附着物及遗留物的种类、形状、颜色及其分布位置。

⑦需要确定车辆驾驶人的，应提取转向盘、变速杆、驾驶室门把手、驾驶位周围、安全气囊和脚踏板等处的手、足痕迹及生物检材，具体方法见 GA/T 944。

4）人体痕迹物证。人体痕迹、物证应查勘以下内容。

①衣着上勾挂、撕裂、开缝、脱扣等破损痕迹，油漆、油污等附着物，鞋底痕迹。

②衣着上痕迹、附着物的位置、形状、特征，及造成痕迹的作用力方向。

③与交通事故致伤物相关的特征性损伤。

④体表损伤的部位、类型、形状尺寸，及造成损伤的作用力方向；损伤部位距足跟的距离，损伤部位的附着物。

⑤伤、亡人员的血迹、组织液、毛发、体表上的附着物等。

⑥人体附着物的种类、形状、颜色及其分布位置，以及与人体相关的酒精、毒品等摄入类物证。

5）其他痕迹物证。其他痕迹、物证应查勘以下内容。

①树木、道路交通设施、建筑物等固定物上痕迹的长度、宽度、深度及距离地面的高度，以及造痕体。

②牲畜的种类、颜色、大小及其体表痕迹。

（4）查勘方法

1）痕迹物证发现。痕迹、物证发现方法包括：

①观察道路交通事故现场，在道路交通事故现场地面、事故车辆、伤亡人员及其他有关物体的接触部位寻找可疑物；寻找留在现场地面、车体、人体上的及其他痕迹物证。

②采用多波段光源、红外光源、紫外光源、便携式电子显微镜等设备及试剂，观察发现的痕迹、物证。

③查勘、确定相应痕迹的造痕体及承痕体，以及造痕体和承痕体的接触部位。对于连续发生多次接触的情况，应分析是否为本次事故所形成，查找造痕体和承痕体第一次接触时的具体部位。

④痕迹、物证被尘土、散落物等物体、物质覆盖时，在不妨碍其他项目查勘的前提下，可照相、录像固定证据后，清除覆盖物再查勘。

2）痕迹物证固定。

①痕迹、物证提取前应采用照相、录像、绘图、笔录和测量等方法固定。在提取之前应将其形状、数量、颜色、所在位置、走向等分别编号记录。

②对于平面痕迹，可使用吸附膜、拓印膜、胶带纸等工具贴附于痕迹表面进行固定；对于立体痕迹，可使用石膏液、石蜡液等灌注于痕迹内，待凝固后取出复型。

③痕迹、物证测量应符合如下要求：a)对于已确定的交通事故痕迹、物证，应测量和记录其位置、长度、宽度、高度和方向等；b)轮胎跳动引起的间断痕迹应作为连续痕迹测量；c)测量记录车辆碰撞损坏变形形状及变形量（长、宽、高或深度）；d)测量误差：测量目标长度 < 0.5m 时，最大误差不得超过 0.005m；测量目标长度为 0.5~10m 时，最大误差不得超过 1%；测量目标长度 > 10m 时，最大误差不得超过 0.1m。

3）痕迹物证提取。

①一般要求。提取痕迹、物证应做好保护和记录工作，要求如下：a）对确认或疑似痕迹、物证，应及时提取，不得破坏提取物。b）在查勘和提取物证的过程中，应防止所提取的物证被污染。需要标注时，应使用粉笔或蜡笔在物证附近标注，不得标注在物证上。提取物证所用的工具、包装物、容器等必须干净，用同一工具提取不同部位的物证时，每提取一次，都应将工具擦拭干净。提取油脂、血迹、生物组织等特殊物证，不得重复使用同一工具，不得用手直接接触物证。c）对固态实物应分别包装，对分离物或脱落物，在包装时应注意其边沿不被损坏；对需化验的物质（如血迹、汽油等），包装时应严防污染或相互混杂。d）对提取物，应注明名称、提取人、见证人、提取时间、地点、部位、天气、提取方法等情况，宜对提取过程全程录像。e）对衣着上无法及时提取的痕迹，如车轮花纹痕迹等，应连同衣物一起提取，并防止痕迹被破坏。

②直接提取。直接提取痕迹、物证的方法如下：a）提取时不得用手直接接触痕迹和物证部位；粘附在车体或其他较大物体表面的固体物质，可根据物质性质，用刀片剥离、棉签吸取、胶带粘取、镊子夹取、剪刀剪取等方法提取。必要时，可采用剪、挖、锯等方法将物证连同部分载体一并提取。b）多层结构的物证（如油漆涂料）应保证层次结构的完整，多种成分混合的物证（如织物）或不均匀的物证（如油污）应分部位提取。c）提取人体血液时，应符合GA/T 1556规定。

③间接提取。无法直接提取的痕迹、物证，可以间接提取，其方法如下：a）用照相或录像法提取；b）遗留在光滑路面上的加层轮胎花纹痕迹、物证，可采用静电吸附法等提取；c）遗留在路面上的立体痕迹，如泥土路面上的足迹、轮胎花纹痕迹等，可采用石膏灌注法提取；也可使用三维扫描的方式固定提取；d）对于具有一定弹性而且不易断裂和破碎物体表面的痕迹，可用硅橡胶加一定量过氧化物的方法固化提取；e）对于车辆或物体表面较大面积的痕迹，可用硬塑料提取；f）对于手印，可采用粉末、502胶、茚三酮等显现后照相提取；g）粘附在小件物品及易分解车辆零部件表面的量小的物质，可用醋酸纤维素薄膜（AC纸）等方法提取；h）血液、油脂等液体物质，可用滤纸、纱布或脱脂棉擦取。

4）痕迹物证保全。痕迹、物证保全的操作要求如下。

①对不能立即提取的痕迹、物证，应固定后采用纸板、防雨布、透明胶带等保护。

②体积较小的物证，固体类物证应采用物证袋等封存，液体类物证应采用塑料管、玻璃瓶等封存；体积较大的物证不能完整封存的，应采用塑料膜等局部包裹封存；体积极小的物证，应采用玻璃培养皿、具塞试管等较小的容器封存后，再装入较大的物证袋内。

③提取的分离物应保护断口形态。

④提取的衣物应使用具有透气功能的物证盒保存，有血迹和液体物质的应阴干后再保存。

⑤应尽可能避免折叠物证，折叠才能包装和保存的，应确保痕迹、物证不被其他物体接触。

⑥不能立即送检的易挥发性物证，应使用清洁合适的玻璃瓶、塑料瓶或塑料袋密封，

并低温保存。

⑦应在物证外包装上对物证名称、来源、提取地点、提取人、时间、保存环境要求等信息进行标识，或在物证的适当部位加贴标签标识。

⑧事故车辆整车应在有人值守的停车场所内停放，并采取防雨、防尘等措施。

### 2. 缮制查勘记录

当交通事故发生后，公安交通管理部门办案人员和保险公司查勘人员接报后迅速赶到事故现场，运用科学方法和技术手段，对交通事故现场进行实地勘验、检查后，将结果完整、准确地加以记录并用以反映现场查勘情况的文字材料，称为道路交通事故现场查勘记录。它既是现场调查工作的纪实，又是记录肇事事实，分析事故原因，甄别当事人供述，认定事故责任的依据，并为事故损害赔偿和依法处理肇事人提供证据。

缮制查勘记录报告的内容应全面准确，其内容为：出险时间、地点、原因、施救过程、损余物资处理、损失情况、定损和修理意见、善后措施等。查勘报告必须由现场查勘人员缮制，一人缮制，另一人复核，两人签章上报。

（1）格式及内容

道路交通事故现场记录由首部、正文、尾部3部分组成。

1）首部。基本情况栏要写明事故发生的时间、地点、天气、路面性质、开始查勘时间、结束查勘时间。

2）正文。正文包括简要案情、查勘情况、附记3个层次，见表2-4。

表2-4 缮制查勘记录内容

| 层次 | 定位 | 具体内容 |
| --- | --- | --- |
| 简要案情 | 简洁记录案情 | 当事人驾驶的车辆（车型、车号）在什么情况下发生了交通事故及事故发生的经过、原因、人员伤亡、物品损失等情况 |
| 查勘情况 | 现场查勘记录的中心部分 | 1）现场的具体地点和位置、周围环境、路段地形地物、肇事车辆与现场其他物体、痕迹的相互位置<br>2）现场道路状况。如路形、路质、路宽、视线等<br>3）肇事车辆痕迹。如车辆碰撞、挫划印痕、油漆脱落印迹、车上头发、皮屑、血迹、手印等痕迹的部位、形状、特征及位置<br>4）现场路面痕迹。如轮胎印迹、制动拖印长度、车辆停止位置及状态等<br>5）车辆检查自查情况。如车辆转向制动、传动、仪表、灯光、发动机效能状况等<br>6）伤亡检查情况。如伤者的受伤部位、血迹部位、尸体位置与车辆的距离等 |
| 附记 | 主要写明备注情况 | 1）提取物证情况<br>2）提取痕迹的名称和数量<br>3）拍照、录像的内容和数量<br>4）绘制现场图的种类和数量 |

3）尾部。由现场查勘指挥员、查勘员、绘图员签名，并注明此现场查勘记录共几项。

制作现场查勘记录的基本要求是清楚、准确，能真实、客观地反映现场概况，做到根据记录内容可以恢复现场的原始状况。为此，在记述现场地点、方位、物体之前，要选择叙述的基准点，然后用东、南、西、北"四至"的方法进行叙述，不要用"里外""前后""左右"，以免产生歧义。对现场的分析、判断、估计、推测的情景都不能写进记录，以免失去其证据作用和法律效力。

（2）几种交通事故现场查勘记录的重点

1）机动车碰撞行人事故现场查勘记录的重点。

①现场中人、车、物及与事故有关的痕迹、物体的方位及其相互关系。

②人行横道前所在位置、横道路线、车与人相撞时接触的部位及各自所在的位置。

③机动车上的毛发、头屑、血迹、手印、人体组织及其他附属物的部位及距离，车与人损伤部位距离地面高度是否相符。

④轮胎印痕、制动拖印长度和始点、终点至基准点的距离（制动拖印呈弧形状的还应测量凸凹处距路边的距离）。

⑤变动现场情况，变动物原来的位置与状态，及其变动后位置的变化。

⑥机动车制动是否合格。

2）机动车碰撞自行车事故现场查勘记录的重点。

①机动车、自行车相撞后停止位置和骑车人躺卧位置、状态及三者之间在路面上的方位及位置关系。

②路面上机动车制动印和自行车车轮下轧痕、在地面拖印始点及其他遗物的方位，至快慢分道线或路边距离，及双方在肇事前行驶的路线。

③机动车车身痕迹的形状、所在部位及与车前端距离和离地高度，以及自行车受力变形部位、方向、形状、离地高度。

④路口内机动车碰撞自行车，双方车辆停放位置至路口中心的距离，各方距路口停车线的距离，以及机动车制动印始点至路口切线或路口中心的距离。

⑤双方车辆制动是否有效，自行车载物是否超重、超长、超宽，碰撞后物体散落的位置。

3）机动车相撞事故现场查勘记录的重点。

①双方车辆相撞后停止位置和状态、车与车之间的位置关系。

②双方车辆制动印迹、印迹突变的位置、长度和形态，印迹和车辆的关系，制动印始点至路口中心、路口切线或路边（分道线）的距离。

③散落物的位置，散落物掉落的高度及抛出距离。

④双方车辆第一次碰撞破损痕迹所在部位、破损程度、受力方向、痕迹表面异物和颜色、痕迹面积、距地面的高度与车辆前后端角的水平距离。

⑤事故车辆档位、气压、装载，制动装置及效果，后视镜，转向机自由转动量，刮水器效能，夜间照明灯光及车尾事故中前车制动灯性能等。

4）机动车翻车事故现场查勘记录的重点。

①现场路面的结构（如沥青、碎石、沙石、砾石、混凝土、木板、沙砖等），路面是否干燥或潮湿，有无积雪或泥土，附着系数的大小等。

②现场道路有无破损，或横坡度（龟背形）、转弯半径、外超高的高度以及路面坡度对车辆行驶稳定性的影响。

③车辆翻覆时遗留在路面上的制动拖印及轮胎挫划印痕所在位置、形状、面积，车辆翻覆起点至翻车止点的距离，车辆翻覆后的状态、损坏部位及其程度。

④伤亡人员所在位置及散落物散落的方向、抛落位置和抛出距离。

### 3. 现场询（讯）问及技巧

（1）交通事故询（讯）问技巧

交通事故当事人陈述和证人证言是交通事故处理的重要证据，对认定事故事实、分析事故原因、认定事故责任具有非常重要的作用。交通事故询（讯）问是调查取证工作的重要组成部分，交通事故询（讯）问的主体是公安机关交通管理部门的、具有相应事故处理资格的事故办案民警。交通事故询（讯）问的被询（讯）问人是交通事故肇事人、其他当事人和证人。

交通事故询（讯）问技巧是指公安机关交通管理部门的事故办案民警，在交通事故询（讯）问中，巧妙地掌握和运用询（讯）问方法的能力，制作询（讯）问笔录是警察办案的基本功之一。做好交通事故询（讯）问工作，取得可靠的当事人陈述和证人证言，是交通事故办案民警必须掌握的能力之一。为了做好询（讯）问工作，提高调查取证工作质量，事故办案民警应当认真研究交通事故询（讯）问技巧。

交通事故询（讯）问技巧的内容包括五部分：第一，重视现场询（讯）问；第二，正确地使用证据；第三，发现和利用矛盾；第四，适时进行说服教育；第五，提问的技巧。询（讯）问技巧的主要内容是第二、第三和第四项。交通事故案件与刑事犯罪案件的主要区别之一是，当办案人员到达现场时，交通事故肇事人、其他当事人和证人在大多数事故中可能同时出现在事故现场，而在刑事犯罪现场可能只有被害人在现场。在交通事故询（讯）问中，重视现场询（讯）问可能收到事半功倍的效果。

（2）现场询（讯）问

1）现场询（讯）问的规定。《交通事故处理工作规范》第二十六条第四项规定：交通警察查勘现场应当携带询问、讯问笔录纸、印泥等现场调查用具。第三十四条规定：交通警察应当向现场人员了解交通事故基本情况，寻找证人，记录有关情况和证人的联系方法，在查勘现场同时或者之后进行询问。

根据《交通事故处理工作规范》的规定，现场询（讯）问是现场查勘的内容之一。但是，现在大多数事故办案民警在现场查勘时，不进行现场询（讯）问，原因主要有两个方面：第一，怕麻烦；第二，根本没有现场询（讯）问的概念，不知道应当进行现场询（讯）问，这样做的结果是影响交通事故调查取证工作的质量。

2）现场询（讯）问的目的。强调应当进行现场询（讯）问的目的是为了提高询（讯）

问笔录的真实性。提高询（讯）问笔录真实性的有效措施之一就是在事故发生后尽快取得询（讯）问笔录。

发生交通事故后，进行交通事故询（讯）问越早越好。《交通事故处理工作规范》第四十六条规定：交通警察应当确认肇事人、其他当事人、证人，按照《公安机关办理行政案件程序规定》及时对肇事人、其他当事人、证人进行讯（询）问或者由其自行书写陈述，并制作"讯（询）问笔录""交通事故当事人陈述材料"，告知肇事人、其他当事人、证人依法享有的权利和义务。对需要保密的内容，应当依法保密。对发生有人员伤亡的交通事故，交通警察应当在24小时以内对肇事人、其他当事人、证人进行讯（询）问工作。肇事人、其他当事人、证人因伤情严重无法接受询（讯）问的，应当记录在案，并告知其所住医疗机构，待其能够接受询（讯）问时，立即通知办案交通警察。根据该规定，有人员受伤的交通事故，因为不可能在事故现场对伤员进行现场询（讯）问，所以应当在现场查勘完结以后，只要没有下一个现场等待查勘，事故办案民警应当从现场到医院，探视伤员，向医生询问伤情，如果伤员能够接受询（讯）问，事故办案民警应当立即对伤员进行询（讯）问。

通过现场询（讯）问，了解交通事故发生的基本事实，有助于高质量地完成现场查勘工作。特别是对交通肇事逃逸案件，寻找证人，通过询问取得关于破案的重要线索，对于尽快破案具有重要的意义。

3）现场询（讯）问的对象。现场询（讯）问的被询（讯）问人包括三个方面：肇事车辆的驾驶人、其他当事人和证人。

对于非逃逸事故，现场询（讯）问的重点对象是肇事车辆的驾驶人和证人。对于逃逸事故，现场询（讯）问的重点对象是报案人、最早发现事故现场的人和知情人，他们往往能够提供一些重要的破案线索。

4）现场询（讯）问的任务。现场询（讯）问的任务有两项：第一，查找被询（讯）问人，认定和查实当事人的身份，寻找证人；第二，现场询（讯）问，取得询（讯）问笔录。

事故办案民警到达现场以后，应立即寻找证人，否则，一旦证人走失，以后就很难找到。

5）对当事人的询（讯）问。对事故车辆驾驶人和其他当事人现场询（讯）问的内容主要是发生事故的主要过程。通过现场询（讯）问，力求既了解到事故的真实情况，又能摸清当事人的思想动态，为进一步询（讯）问打下基础。

6）对证人的询问。对证人的现场询问，应当按照对证人的询问内容要求进行。

（3）寻找证人

事故办案民警到达现场以后，应立即寻找证人。

（4）逃逸事故询（讯）问

对于逃逸事故，应当重点问清有关逃逸车辆的型号、牌照号、颜色、车种等特征；驾车人及乘车人的相貌特征、衣着特征；事故发生后，肇事车有无减速现象，停车情况及其他异常行为，当事人（伤、亡人员）在昏迷或死亡前的有关言行，有无念叨逃逸车辆的有关情况。

（5）非现场查勘要点

1）不能查勘事故现场的交通事故，原则上应要求提供公安部门出具的事故证明，依法进行责任划分。保险人应积极前往车辆停放地或财产损失地查勘定损。

2）原则上应认可其他相关保险公司已经出具的查勘意见。如对查勘意见有异议或单证不完善，可要求事故当事人进行补充或及时与相关保险公司沟通协调。

## 三、典型案例分析

2012 年 10 月 24 日 9 时 47 分许，节某某驾驶的解放 CA3310 自卸大货车因操作不当，车辆与路边山体碰撞，现场查勘结果是车架严重变形，发动机缸体开裂漏油，事故现场如图 2-30 所示，发动机损伤如图 2-31 所示。

图 2-30　事故现场

图 2-31　发动机损伤部位

交警部门首先到达事故现场，因单方事故，判定大货车驾驶人负全责。保险公司接险后，定损人员到达的是第一现场，定损人员对事故现场进行了详细查勘。

### 1. 事故现场情况的了解

因事故损失巨大，定损人员对事故现场情况进行了调查了解。事故路段位于一段较长的下陡坡路段，主干道为沙石路面，车辆属于超载运行状态。

### 2. 市公司定损结果及案件说明

（1）定损结果

车辆运回维修站后，对事故车进行了拆解定损，车身外观及底盘配件的定损结果见表 2-5。

表 2-5 事故车定损结果

| 零部件名称 | 数量/件 | 定损单价/元 | 零部件名称 | 数量/件 | 定损单价/元 |
| --- | --- | --- | --- | --- | --- |
| 前围面板 | 1 | 1950.00 | 转向横拉杆 | 2 | 518.00 |
| 面板折页 | 2 | 115.00 | 顺拉杆 | 2 | 490.00 |
| 面板锁 | 1 | 130.00 | 制动分泵 | 2 | 178.00 |
| 面板标 | 1 | 120.00 | 前减振器(右) | 1 | 320.00 |
| 面板支杆 | 2 | 55.00 | 前减振器(左) | 1 | 320.00 |
| 驾驶室前悬置减振器 | 1 | 135.00 | 增压中冷器 | 1 | 2680.00 |
| 左车门下饰板 | 1 | 215.00 | 散热器 | 1 | 2650.00 |
| 前翼子板轮眉(左) | 1 | 792.00 | 立轴修理包 | 2 | 260.00 |
| 左侧围后饰板 | 1 | 240.00 | 发动机下护板及支架 | 1 | 420.00 |
| 前照灯(左) | 1 | 690.00 | 散热器风扇耦合器 | 1 | 1200.00 |
| 前照灯(右) | 1 | 690.00 | 散热器风扇叶 | 1 | 360.00 |
| 前保险杠皮 | 1 | 1100.00 | 散热器风圈 | 1 | 240.00 |
| 前保险杠包角(左) | 1 | 780.00 | 散热器补水壶 | 1 | 245.00 |
| 前保险杠下饰条 | 1 | 350.00 | 进气道软连接 | 1 | 180.00 |
| 左包角 | 1 | 286.00 | 进气道底座 | 1 | 420.00 |
| 驾驶室导流罩 | 1 | 780.00 | 中冷出气管 | 1 | 70.00 |
| 左右上车踏板护罩 | 2 | 532.00 | 散热器胶块 | 2 | 110.00 |
| 左上车踏板支架 | 1 | 412.00 | 前转向节(左) | 1 | 936.00 |
| 驾驶室前翻锁 | 2 | 476.00 | 前转向节(右) | 1 | 936.00 |
| 后挡泥板(左) | 1 | 322.00 | 转向器 | 1 | 3600.00 |
| 驾驶室锁支架 | 2 | 396.00 | 减振器上支架 | 2 | 95.00 |
| 前杠左支架 | 1 | 146.00 | 驾驶室安全支架 | 1 | 150.00 |
| 左杠头支架 | 1 | 265.00 | 变速器变速杆 | 1 | 320.00 |
| 大架子 | 1 | 26500.00 | 发动机支架胶(左) | 1 | 376.00 |
| 发动机前横梁 | 1 | 1200.00 | 发动机支架胶(右) | 1 | 376.00 |
| 前雾灯(左) | 1 | 247.00 | 驾驶室举升缸 | 1 | 835.00 |
| 前保险杠牌照板 | 1 | 260.00 | 冷凝器 | 1 | 580.00 |
| 发动机托梁 | 1 | 450.00 | 空调管(蒸发器-干燥器) | 1 | 583.00 |
| 弓卡子 | 6 | 55.00 | 起动机 | 1 | 2540.00 |
| 驾驶室前悬置前销轴 | 1 | 2562.00 | 机油集滤器 | 1 | 75.00 |
| 前桥 | 1 | 2700.00 | 机油细滤器 | 2 | 75.00 |

发动机拆解后发现,发动机全部气缸均出现严重顶缸,各个气缸的气门头部断裂,活塞及连杆损坏、发动机报废,定损结果见表 2-6。

表 2-6 发动机定损明细

| 项目 | 数量/件 | 价格/元 |
| --- | --- | --- |
| 燃油滤清器 | 2 | 75.00 |
| 发动机 | 1 | 98000.00 |
| 大架线束 | 1 | 3369.60 |
| 定损换件金额/元 | | 172033.60 |

（2）市公司对发动机损失原因的说明

针对车辆拆解后的定损结果，市公司对发动机损失部分进行了情况说明。

2012 年 10 月 24 日 9 时 47 分，我司查勘员王某、董某接到调度派单称某某驾驶的解放 CA3310 自卸车在阜新县赵大板石场拉货时，因操作不当车辆撞到山体上造成该车前部损坏严重，经查勘确认本案属于保险责任。事故发生后，由于出险地点在山上，给施救带来很大麻烦，车辆拖到合作修理厂后我司对该车时时进行监拆，外观拍照时车架子严重变形、发动机缸体有裂纹。发动机落地后，由于油底壳和缸体均有损坏，我们当时怀疑发动机有问题，决定拆开缸盖判断损伤情况，拆开后造成目前损失状态。经咨询有关技术人员和现场实际情况，发动机的损坏原因应是坡道较陡，车辆低速行驶，撞山后致使缸体破裂漏水、漏油，发动机抱瓦因扭力过大造成气门顶杆断裂，致使发动机损失，特此说明。

### 3. 省公司核损意见反馈

针对市公司出具的发动机损失原因的说明，省公司核损技术人员，认真分析了现场照片，并根据发动机工作原理，分析发动机损失原因有很多疑点，提出几点复勘要求，要求补拍了关键的几张图片，包括发动机油底壳、高压油泵、发动机正时机构、机油泵、离合器片损失等图片，如图 2-32~图 2-36 所示。

图 2-32 发动机油底壳无破裂

图 2-33 高压油泵无破裂

图 2-34 发动机正时机构无损伤

图 2-35 发动机机油泵无损伤

图 2-36 离合器片损伤严重

## 4. 案例分析

（1）气门顶缸的原因分析

由发动机拆解图片可以看出，事故车辆的发动机各缸均出现气门顶缸的现象。一般造成发动机顶缸的原因有：

1）配气正时错乱，能引起气门顶缸。

2）发动机转速超高，使气门弹簧共振折断或气门弹簧疲劳导致气门悬停而造成气门顶缸。

（2）本案发动机超速原因分析

经过分析得出的结论是：在事故发生的瞬间，可以确定发动机超速运转，导致突然顶缸。

车辆高速状态强制降档，会使发动机转速突然升高。因低档的传动比大于高档的传动比，反拖回来发动机转速就会瞬间飙升。从事故现场全貌可以看出，当时车辆为超载状态下坡行驶，驾驶人为避免车速过高，会把档位由高档减到低档，此情况也由驾驶人本人认可是事实。从中离合器片的严重烧蚀，也可断定车辆出现低档而发动机高速运转导致发动机顶缸后车辆继续推动发动机运行，由于发动机严重顶缸，车辆动力传递会在离合器上出现过载现象，表现为打滑状态下车辆持续行驶状态，本案的离合器片严重损毁说明事故中离合器出现异常打滑现象。这种案件现场，在车辆的后轮（驱动轮）路面会留下轮胎的拖痕，遗憾的是查勘员没有拍下相应轮胎在地面的痕迹。

## 5. 结论

通过以上分析，此案件属于驾驶人操作不当，使发动机运转出现严重超速，导致了气门传动机构出现机械故障，进而引发的气门顶缸损坏。缸体的裂纹是发动机出现顶缸后连杆断裂挤压缸体导致的。

## 6. 本案查勘定损存在的不足

作为车险理赔的工作人员，不但要有责任心，能公平合理对待每一个错综复杂的案件，更重要的是要有精湛的汽车专业知识和查勘手段，才能避免公司蒙受巨额损失。

如果本案的查勘员在现场查勘环节再细致一点，拍摄到轮胎的拖痕，定损人员的汽车专业知识再丰富一些，对事故原因分析再仔细一些，那么本案的定损会更加合理。

## 课程育人

### 案例2　车险行业的钉子精神

路仁臣，男，毕业于20世纪70年代汽车维修专业，从事汽车修理工作24年。1998

年进入中国人保总公司，在车险理赔行业工作几十年，工作期间，多次担任行业内的技能大赛评委或裁判，主编出版了《机动车辆保险理赔从业人员知识读本》一书。多年来为保险行业 10 多家公司先后培训 100 余场次、学员数逾万。多年来专注于各类事故中发动机损坏的专题研究，对碰撞事故和水淹事故中出现的发动机内部损坏成因有深刻独到的见解。

2013 年率专家团队奔赴宁波，为"10.7 菲特台风水淹灾害"提供理赔力量支持与技术指导，与当地行业协会秘书长一起在余姚广播电台直播间宣讲水淹事故保险理赔相关政策，面对听众现场答疑解惑。同年，被人保总公司授予"中国人保 2013 年度感动人物"荣誉称号。

退休后在中保研继续发挥余热，创建了《发动机损伤分析教研室》，参与中保研多项相关研究课题；负责水淹车事故实验及损伤研究项目，并于 2018 年 5 月 18 日北京电视台、北京广播电台现场直播主导了水淹车模拟事故实验过程。几十年的兢兢业业，他将自己奉献给了车险行业。

## 思考与练习

### 一、选择题

1. 只有通过（　　）才能确定事故的真伪、事故原因及事故态势，确定赔付的基本依据和确认是否为骗保案件。
   A. 现场查勘　　　　　　　　　　B. 立案
   C. 缮制　　　　　　　　　　　　D. 结案

2. （　　）是查明事故原因和认定事故责任的基本依据。
   A. 现场查勘　　　　　　　　　　B. 分析
   C. 证据　　　　　　　　　　　　D. 总结

3. 现场查勘是一项时间性很强的工作，因此要求查勘必须（　　）。
   A. 细致完备　　　　　　　　　　B. 及时迅速
   C. 客观全面　　　　　　　　　　D. 文明服务

4. 现场必须同时具备确定的时间、地点、人、车、物 5 个要素，他们的相互关系与事故发生有（　　）。
   A. 左右关系　　　　　　　　　　B. 前后关系
   C. 变动关系　　　　　　　　　　D. 因果关系

5. 事故现场可分为原始现场和（　　）。
   A. 第一现场　　　　　　　　　　B. 变动现场
   C. 复勘现场　　　　　　　　　　D. 恢复现场

6. 随着通信技术、交通工具和照相技术的发展，（　　）、汽车和数码相机成为现代保险查勘必备的工具。
   A. 手机　　　　　　　　　　　B. 传呼机
   C. 对讲机　　　　　　　　　　D. 电报

7. 告知客户索赔事项的内容不包括（　　）。
   A. 填写出险通知书或索赔申请　　B. 是否属于保险责任及赔偿范围
   C. 索赔时需要提供哪些材料　　　D. 总公司核损方法

8. 事故现场的摄影方式一般不包括（　　）。
   A. 方位摄影　　　　　　　　　B. 中心摄影
   C. 细目摄影　　　　　　　　　D. 宣传摄影

9. 现场物证查勘工作应按照《交通事故处理程序规定》有关规定进行。有人员伤亡的交通事故，应首先抢救伤员，然后进行现场痕迹物证查勘。在抢救伤亡人员过程中需要移动肇事车辆、人体或有关物体，应做好相应的标记或（　　）固定。
   A. 照相摄像　　　　　　　　　B. 中心摄影
   C. 细目摄影　　　　　　　　　D. 宣传摄影

10. 道路交通事故现场记录由首部、正文、（　　）三部分组。
    A. 尾部　　　　　　　　　　　B. 中部
    C. 后部　　　　　　　　　　　D. 前部

## 二、判断题

1. 查勘现场应及时拍摄事故现场和受损标的车照片，必要时绘制现场草图。（　　）
2. 对于凹陷痕迹，特别是较浅小的凹陷痕迹，一般多用侧光，利用阴影来显示痕迹特征。（　　）
3. 事故现场是指发生事故的车辆及其与事故有关的车、人、物遗留下的同事故有关的痕迹证物所占有的空间。（　　）
4. 原始现场是指发生事故后至现场查勘前，没有发生人为或自然破坏，仍然保持着发生事故后的原始状态的现场。这类现场的现场取证价值最大，它能较真实地反映出事故发生的全过程。（　　）
5. 在事故现场摄影时，面对车辆所拍摄的两个45°的照片是指：一张45°照片反映左前侧面和牌照；另外一张45°照片反映右前侧面及牌照。（　　）
6. 查勘时应注意附着异物的新旧程度及形成原因。例如，可以根据灯丝的颜色鉴定灯泡破损时车灯处于什么状态，如灯亮着灯泡破损，灯丝立即氧化变黑，而灯未亮着，则灯泡破损时灯丝颜色不变。（　　）
7. 交通事故当事人陈述和证人证言是交通事故处理的重要证据，对认定事故事实、分析事故原因、认定事故责任具有非常重要的作用。（　　）

8. 车辆轮胎相对于地面作纯滑动运动时,留在地面上的印迹特征能清晰反映轮
   胎胎面花纹形态、花纹组合形态、胎面磨损和机械损伤等特征。　　　　(　　)
9. 痕迹、物证提取前应采用照相、录像、绘图、笔录和测量等方法固定。在提
   取之前应将其形状、数量、颜色、所在位置、走向等分别编号记录。　　(　　)
10. 对于平面痕迹,可使用吸附膜、拓印膜、胶带纸等工具贴附于痕迹表面进行
    固定;对于立体痕迹,可使用石膏液、石蜡液等灌注于痕迹内,待凝固后取
    出复型。　　　　　　　　　　　　　　　　　　　　　　　　　　　(　　)

### 三、问答题

1. 简述车险理赔业务的一般流程。
2. 简述事故现场类型及特点。
3. 现场查勘的要素有哪些?
4. 简述车险理赔中的物证作用和类型。
5. 查勘现场照相有哪些要求?

# 项目三
# 碰撞事故现场查勘与定损

## 任务一 车身结构

### 学习目标

**知识目标**

1. 能够描述车身结构各个部件名称及相互连接方法。
2. 能够描述车身碰撞损伤规律。

**技能目标**

1. 能够确认不同车身结构各个部件名称、相互连接方法。
2. 能够根据车身碰撞损伤规律判断事故中的车身损伤规律。

### 任务描述

在诸多的交通事故中导致车身损伤的比率最大，对于此类案件进行查勘时，需要掌握车身结构及碰撞损坏机理。本任务重点学习车身结构及事故碰撞损坏规律。

### 一、车身材料及结构特征

#### 1. 车身材料

汽车车身用材料大致可分为 2 大类：①金属材料：钢板、铸铁等重金属材料；铝、镁、钛等轻金属及其合金材料，泡沫金属等材料；②非金属材料：工程塑料、纤维、树脂、玻璃、橡胶、非金属泡沫材料、非金属复合材料等。

（1）车身钢板

1）热轧软钢板。碳含量一般在 0.15% 以下，硬度低、抗拉强度不高，主要用于挡泥板、地板、行李舱铰链、保险杠等。

2）冷轧软钢板。冷轧软钢板与热轧软钢板相比加工性能好，且表面美观，如 Q215、碳钢和低合金结构钢冷轧钢板、10、08、优质碳素结构钢冷轧薄钢板等，用于车身外板、零件的外壳、车顶板、行李舱盖、发动机罩、车门内外板、保险杠、挡泥板等。

3）高强度钢板。抗拉强度相当高，具有很强的抗破坏能力，用于车身外板、翼子板等。

4）表面处理钢。镀锌钢板、锌粉漆涂装钢板等，防腐蚀性能好，用于车门、车顶、内衬板、下护板、车身底部等。

（2）汽车用的铝材

汽车用的铝材主要为铝板材、挤压材、铸铝及锻铝。铝板开始用于车身发动机罩外板、前翼子板、顶盖，后来又用于车门、行李舱盖板，其他应用有车身结构、空间框架、外覆盖件和车轮等构件，如车身、冷气设备、发动机缸体、气缸盖、悬架支架、座椅等。

承载式车身为了保护乘员安全，在车身设计时就针对不同位置采用了不同性能的材料，其目的是提高安全性和整车的刚度。不同车身材料使用情况如图3-1所示。

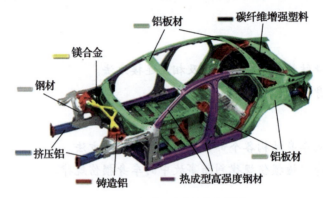

图3-1　承载式车身中的车身材料

### 2. 车身结构设计特点

（1）抗扭箱形结构设计

承载式车身在中段与前、后段的结合处布置了一些抗扭箱形结构，如图3-2所示。它们在车辆发生严重碰撞时会按照预先设计的方式发生扭曲和挤压变形，以减少碰撞力对车身其他部位的损坏。同时，它们还为车辆中段提供了更大的连接表面，有助于将乘员室固定到车架纵梁上。

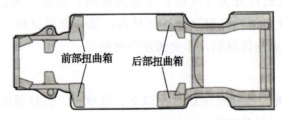

图3-2　抗扭箱形结构

（2）应力车身设计

承载式车身的设计理念来自飞机，其结构类似于鸡蛋壳。鸡蛋壳虽然很薄，但如果沿着其长轴线方向加压，它却能够承受很大的压力，这是因为蛋壳的结构特点有利于将压力向整个蛋壳有效地传递和分散，大大减小了每一处的应力。承载式车身就采用了类似蛋壳的"应力车身结构"，大大增加了其碰撞强度。

（3）变形吸能区

承载式车身中设置了一些变形吸能区，这些部位特意做得比较薄弱，在发生碰撞事故时能够按照预先设计的方式首先产生溃缩变形，吸收碰撞能量，阻止碰撞力通过纵梁、翼子板等构件直接传递到乘员室和车身其他部位而造成二次损坏，保护乘员室的安全。吸能区的主要部位及碰撞力的传递路径如图 3-3 所示。

图 3-3　吸能区的主要部位及碰撞力的传递路径

### 3. 车身结构类型

（1）FR 型承载式车身结构

FR（Front Engine Rear Drive）的含义是发动机前置后轮驱动，一般用在高级轿车和卡车上。其特点是：发动机和变速器安装在车身前部，动力由传动轴传递到后桥壳内的主减速器和差速器，后桥壳和后悬架安装在后部车身的构件上。因为发动机、变速器、主减速器和差速器是各自独立的总成，其质量在车辆的前后部得到均匀地分布，故前部负荷比 FF 型小。因为发动机、传动轴、差速器和悬架系统能够单独地拆卸与安装，所以车身的维修作业也相对便利一些。但是，FR 型车辆的底板中部有一条隆起的通道（为传动轴提供安装空间），使乘员室的空间有所减小。

FR 型车辆的部分车身外壳件是用螺栓固定的，如发动机舱盖、前翼子板等，其余外部构件都是焊接起来的，目的是减轻车身质量，同时提高车身强度。

（2）FF 型承载式车身结构

FF（Front Engine Front Drive）的含义是发动机前置前轮驱动，越来越多的轿车采用这种驱动型式。其特点是：发动机安装在两根前纵梁之间，可以是纵置的，也可以是横置的；变速器与主减速器、差速器组合在一起，构成变速驱动桥，前车轮既是转向轮，也是驱动轮。因为省去了沉重的传动轴和后桥，乘员室的空间得以扩大，后悬架也得到了简化，整车车重明显降低。但是，由于发动机、变速驱动桥、前悬架以及转向机构等都安装在车身前部，使前部车身、前悬架和前轮轮胎上承受的载荷都加大了，所以对前部车身的强度要求高于 FR 型车辆。

FF 型车辆的前车身部件包括发动机舱盖、前翼子板、散热器上支架、散热器侧支架、前横梁、前纵梁、前挡泥板以及前围板等，它们一般都是用金属薄板冲压而成的。

（3）MR 型承载式车身结构

MR（Middle Engine Rear Drive）的含义是发动机中置后轮驱动，我国在用车辆中很少采用这种布置形式。其特点是：发动机和动力传动系统位于乘员室和后桥之间，操纵性和转弯性能都很好。通常用于高性能的运动型轿车上，如本田的 NSX、法拉利部分车型、丰田 MR2 等。

发动机中置使得车辆的前部可以做得很低，风阻系数相应地减小，而且重心也有所降低，因此动力性和操作性能都较好。但是，由于发动机等大质量部件主要集中在车辆的中后部，要求车辆后部结构的强度必须很高。

MR 车辆在正面碰撞中安全性不如前置发动机车辆。因为它的发动机和变速驱动桥的质量靠后，在正面碰撞时作用在前部车身上的惯性力很大，容易造成前部车身产生严重变形。为此，中置和后置发动机车辆都加大了其车身前部结构的强度，前梁、挡泥板和散热器支架更加坚固。

（4）RR 型承载式车身结构

RR（Rear Engine Rear Drive）的含义是发动机后置后轮驱动，多用在大客车和一些跑车上，普通轿车上很少应用。其特点是：发动机位于后桥的后面，车辆重心靠后，提高了后轮附着力，动力性较好，车身前部质量较小，转向轻便。

（5）空间构架车身

空间构架车身是近期才出现的一种新型车身结构，基本结构与承载式车身相似，由金属薄板冲压件焊接在一起构成车身箱体，外面覆盖一层塑料板或玻璃纤维板的外皮。与传统的承载式车身不同的是：其车顶和后侧围板不是焊接到结构件上，而是用机械紧固件或胶黏剂粘接的。目前，空间构架车身的应用还不是很广泛，主要用在一些经济型轿车和厢式车上。

空间构架车身在碰撞时很可能发生一些隐性损伤，因为塑料板件更容易掩盖一些损伤。有时塑料板件虽然看上去完好无损，但其下面的金属结构件可能受损严重。

（6）组合式承载车身

组合式承载车身主要由特殊塑料或碳纤维等其他材料制成，车身零件用胶黏剂粘接。因为车身和车架几乎都是由塑料制成，金属零件很少，所以车重大大减轻，动力性和燃油经济性都得到改善。这种车身目前主要还在研究阶段，尚未大量生产。

### 4. 承载式车身结构特征

承载式车身将车架和车身合为一体，主要特征有：

1）承载式车身使用点焊或激光焊接的方式，将形状各异的冲压薄板连接在一起，构成了一个整体结构。这种结构质量轻，刚度大，具有较强的抗弯曲或扭曲变形能力。

2）与车架式车身相比，省去了车架，不但减轻了质量，而且增大了有效承载空间，使汽车更加轻便和紧凑。

3）动力传动系统和底盘各系统的振动和噪声直接传递到车身底板上，而承载式车身就像一个大音箱，具有放大噪声的作用，因此，在承载式车身内增加隔声材料显得格外重要。如果隔声材料安装不当，将会使乘员室内有很大的噪声。

4）车身的金属薄板与路面很接近，容易受到水、盐等污物的沾染和腐蚀，而这些底盘钣金件又属于结构件，严重锈蚀会影响车辆安全。因此，在车辆制造和修理过程中，必须对底盘钣金件进行有效防腐处理。

发生碰撞时，承载式车身结构中相对较硬的部位会将冲击能量转播到整个车辆造成远离碰撞点的部位也产生变形。有些构件虽然在碰撞中通过变形吸收了部分碰撞能量，但可能在其变形之前就向相邻部位传递了部分冲击力，这些间接损伤在事故查勘中很容易被忽略，如果没有得到妥善修复，可能会对车辆的操纵性能和行驶安全造成不良影响。

承载式车身的前段一般结构较复杂，不但有保险杠、车灯、翼子板、发动机舱盖等外覆件，还包含前悬架、转向系、发动机、变速器和驱动桥等大总成。为了保护乘员室，需要车身前段能够吸收大量碰撞能量，但为了保证转向和动力系统的正常工作，确保车轮定位参数不因变形过大而失准，车身前段的关键支撑部位又要有很好的刚度。

车身侧面与车身前段和车顶板相连，一起构成了乘员室。这些板件可以将车辆底部承受的载荷分散到车身顶部，在侧面碰撞时防止左右两侧发生弯曲。另外，车身侧面构件还有支撑车门的作用，在翻车事故中可以保护乘员室的完整性。车身侧面由于有多个大门洞而使其强度被大大削弱，因此，侧面构件通常由内板和外板连接在一起构成坚固的箱体结构。

## 二 承载式车身构件

承载式车身构件按照其功能和强度可分成结构件和非结构件。结构件通过点焊或激光焊接工艺连接在一起，构成一个高强度的整体式车身厢体，这就是车体焊接总成。对于损坏极其严重的事故车，有时可以通过更换车体焊接总成进行修复。非结构件是指车身表面面板、内饰和外饰件等，它们通过螺栓、粘结、铰接或焊接等方式覆盖在车体外面，起到密封车身、减小空气阻力、美化车辆的作用，通常也称它们为车身覆盖件。在事故车维修中，非结构件通常可以单独更换。非结构件如图3-4所示，各主要结构件如图3-5所示。

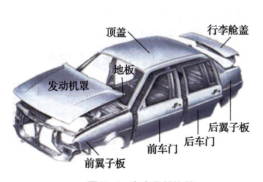

图3-4 车身非结构件

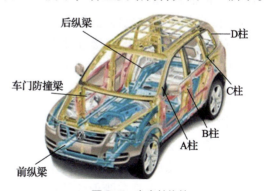

图3-5 车身结构件

### 1. 前段车身

（1）结构件

前段车身的主要结构件有前纵梁、前横梁、车颈板、减振器拱形座和散热器支架等，它们构成一个封闭的箱体结构，为发动机、变速器等动力总成提供承载空间，同时也提供了承载这些大总成的强度。另外，汽车的转向系统、前悬架机构也安装在前段车体上，因此这里的受力形式非常复杂。构成前段车体的主要结构件如图3-6所示。

1）前纵梁：通常以点焊焊接在防火板前面、翼子板挡泥板的下面，车身左右两侧各有一根，通常是箱形构件，是承载式车身上强度最大的构件。

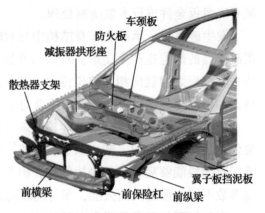

图3-6 前段车身主要结构件

在奔驰、宝马、沃尔沃等一些高档轿车上，经常采用渐变型纵梁设计，即前纵梁内侧钢板的厚度是渐变的，靠近保险杠的一端较薄，靠近驾驶室的一端较厚，如同两个楔块。在受到碰撞外力时，纵梁可以呈逐级渐线性变形，从而达到吸收碰撞能量的作用。

2）前横梁：焊接在两侧纵梁之间，用于固定发动机和变速器总成，增大车身的横向强度。

3）散热器支架：是一个相对独立的框架，位于车体结构的最前端，用来固定发动机散热器，通常用螺栓固定或焊接在纵梁和内翼子板之间。

4）翼子板挡泥板：有时也称为内翼子板或翼子板裙板，包围在车轮上方，通常用螺栓联接（或焊接）在纵梁和防火板上，车身左右两侧各有一个。对于增大前段车体强度具有重要作用。

5）减振器拱形座：有时也称为减振器塔座或支柱塔，用来固定前悬架系统的减振器支柱和螺旋弹簧。它的变形可能会影响车轮定位参数，因此强度要求很高，通常与翼子板挡泥板一起加工成型。

6）防火板：有时也称为前围板或前壁板，介于发动机舱和乘客室之间，是车身前段和中段的分界线。通常以焊接方式固定，对于保护车内乘员安全作用重大。

7）车颈板：位于前风窗的正前方，防火板的上方，由上盖板和两侧盖板构成。

（2）非结构件

前段车身的非结构件主要有保险杠总成、格栅、翼子板、发动机舱盖等。

1）保险杠总成。保险杠总成是车身前段重要的安全部件，也是车辆保险估损中最常遇到的部件，主要由保险杠壳体、吸能缓冲材料、保险杠加强横梁等组成，如图3-7所示。吸能装置通常用螺栓或卡子安装在前段车体上。它的作用是在碰撞时产生变形，吸收部分能量，保护后面的车体不受损坏。

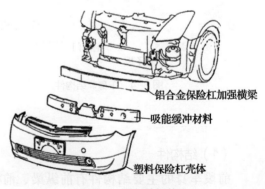

图3-7 前保险杠总成

现代轿车上广泛采用了吸能型保险杠，能够更有效地减少碰撞力进一步向车身构件传递。保险杠的吸能器有多种类型，比较常用有橡胶或泡沫隔垫式、充气或充液式、弹簧储能式等。

①橡胶垫吸能。橡胶垫装在吸能器和车架纵梁之间，如图 3-8 所示。图 3-8b 所示为开裂损伤，图 3-8c 所示为弯曲损伤。当受到碰撞时，吸能器受力后移，橡胶受力压缩，吸收冲击能量；当碰撞冲击力减小时，橡胶垫恢复到原始位置，保险杠恢复到原始位置。

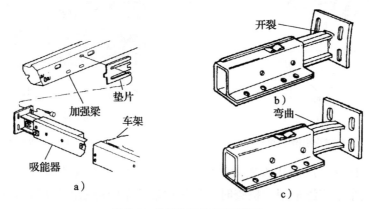

图 3-8 福特汽车的橡胶吸能器

查勘现场时应该检查吸能器的固定轴和固定板是否弯曲，橡胶垫是否撕裂。当固定轴出现弯曲或者橡胶垫脱离安装位置时，吸能器就必须予以更换。

②充气或充液型吸能器。充气或充液型吸能器主要由浮动活塞、活塞缸、液压油、计量杆等组成，如图 3-9 所示。浮动活塞右腔充满惰性气体，浮动活塞左腔是液压油。当碰撞受到冲击时，浮动活塞推动缸筒向右运动，液压油通过一个小孔流进活塞缸中，通过液体的流动吸收冲击的能量。当冲击力释放时，液压油从活塞缸中流出，使保险杠恢复到原来的位置。

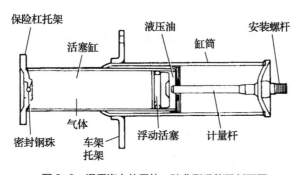

图 3-9 通用汽车使用的一种典型吸能器剖面图

当对吸能器进行损伤检查时，要注意检查是否有开裂、凹陷、弯曲、渗漏等情况，如图 3-10 所示。图 3-10a 所示为开裂损伤，图 3-10b 所示为弯曲变形或凹陷损伤、图 3-10c 所示为渗漏损伤。充气吸能器损伤后不能矫正或焊接，必须予以更换。

③弹簧吸能器。弹簧吸能器主要由内外缸筒、储液腔和弹簧等组成，其结构如图 3-11 所示。工作原理是用一个弹簧吸收能量并迫使保险杠恢复到原来的位置。

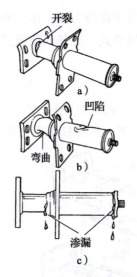 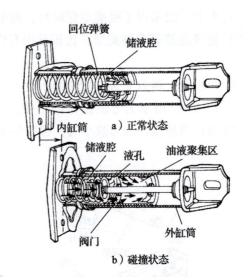

图3-10 碰撞吸能器损伤分类图　　　　图3-11 弹簧储能式吸能器

④压溃式吸能盒。压溃式吸能盒的原理是通过褶纹轴形成压溃区而吸能，如图3-12所示，在现代汽车中广泛采用。检查时，通过比较两个吸能盒的长度，就可确定是否有变形。如果吸能盒弯曲、开裂或压碎，都必须更换吸能盒。

图3-12 汽车吸能盒的安装位置及溃缩后的形态

⑤泡沫垫层吸能器。泡沫垫层吸能器采用厚的氨基甲酸酯泡沫垫以夹层的形式装在保险杠和塑料护罩之间，其结构如图3-13所示。在一些进口轻型汽车和运动型轿车上常见。

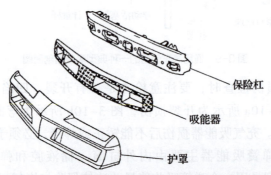

图3-13 运动型轿车使用氨基甲酸酯泡沫垫吸收碰撞能

2）格栅。也称为进气格栅，是散热器支架的中心盖板。格栅上的百叶窗可以让气流通过，以便帮助散热器散热。一般轿车格栅上还带有厂家的徽标。

3）翼子板。是包在前悬架和挡泥板外面的盖板，从前保险杠一直延伸到前车门处，遮盖在前车轮外面，因旧式车身上该部件的形状和位置类似鸟翼而得名，通常用螺栓固定在车体上。翼子板在事故中经常容易受损，能够单独更换。按照安装位置分为左翼子板和右翼子板。

4）发动机舱盖。是发动机舱的上盖板，通常用铰链连接在车颈板上。发动机舱盖通常由内、外两块金属板焊接或粘接而成，中间夹着隔热材料。内板主要起增强发动机舱盖强度的作用，其几何形状不定，但基本上都是骨架形式，这种发动机舱盖钣金修复的难度较大。发动机舱盖的开启方式有两种，即向后翻转或向前翻转。对于向后翻转的发动机舱盖，为了避免碰到前风窗玻璃，其安装位置在设计时设定了一个规定的角度，使它们之间至少能够保持10cm的距离。另外，为防止发动机舱盖在行驶中由于振动而自动开启，其前端都装有锁止装置，该锁止装置的拉手一般都安装在乘员室内的仪表板左下方。

### 2. 中段车身

（1）结构件

中段车身的主要结构件有底板、立柱、门槛板、车顶纵梁、车顶横梁等构件，它们焊接在一起构成乘员室，为乘员提供安全、舒适的乘坐空间。在事故中可以有效保护乘员安全。

1）车身底板。车身底板是乘员室底部的主要结构，通常是一整块冲压成型的大钢板。车身底板是全车焊接的基础件，是与各大总成连接的重要构件。它承受和传递汽车质量（自身质量、加载质量）、地面反作用力、牵引力、制动力、惯性力、离心力、侧向力等各种交变冲击力，因此对强度要求很高。组成车身底板的各个构件如图3-14所示。

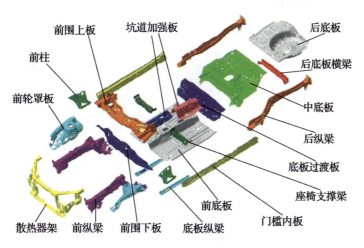

图3-14 构成车身底板的主要构件

2）立柱。对于常见的四门轿车，左右两侧各有三根立柱，分别称为前柱或A柱、中柱或B柱、后柱或C柱，结构如图3-15所示。前柱是从车顶向下一直延伸到车体底部的钢制箱型构件，有时内部还装有加强件，所以非常坚固。其一方面为前门提供铰接安装点，另一方面起到保护乘员的作用。中柱在前后车门之间，一方面支撑着车顶支撑，另一方面为后门提供铰接安装点，在侧面受到碰撞时还起到保护乘员作用，因此强度要求也很高，一般在箱型构件中间装有加强件。后柱从后侧围板向上一直延伸到车顶，用以固定车顶后部和后风窗玻璃，其形状因车身形式的不同而有所不同。

图 3-15　构成车身立柱的主要构件

3）门槛板。又称为脚踏板，是装在车门框底部的加强梁，通常与中柱连接。它通常是焊接在底板和立柱、踢脚板或后侧围板上，通常由内、外板件组成，对汽车底板和车身侧面具有加强作用，在侧面碰撞时能够对乘员进行保护。

4）车顶纵梁。焊接在前柱、中柱和后柱之间，为车顶板提供支撑，在翻滚事故中对乘员起到保护作用。

5）车顶横梁。焊接在两侧车顶纵梁之间，为车顶提供支撑，在翻滚事故中对乘员起到保护作用。

（2）非结构件

中段车身的非结构件主要有后搁物板（窗台板）、车门、车顶板、仪表台等。

1）后搁物板。又称为窗台板，是后座与后风窗之间的一块薄板，通常装有一对音响扬声器。

2）车门。通常由门外板、门内防撞梁、门内板、内饰等零件组成。车门上通常还装有车窗玻璃、玻璃升降器、门锁及相关电控装置、按钮和开关等，可见，车门是一个非常复杂的总成。车门通过铰链与门柱相连，车门铰链通过螺栓或焊接方式固定在立柱和门框上。车门总成的构成如图 3-16 所示。

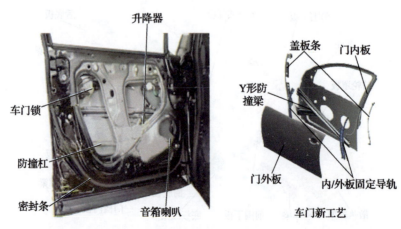

图 3-16　车门总成

3）车顶板。是乘员室顶部的盖板，对于承载式车身的整体刚度而言，车顶板不是关键部件，所以有些车型在车顶板上开设天窗。带天窗的车型在车顶板上设有一个天窗开口。车顶板通常焊接在立柱上。车顶板底部一般都装有隔垫和内衬,起到隔热、隔声和美化的作用。

4) 仪表台。是一个非常复杂的总成,除了有仪表板、组合仪表、收放机(CD 播放机)、暖风和空调控制面板、通风口等零件之外,仪表板下面通常还装有安全气囊、电控项目、线束等电气器件,一些高级轿车还带有驾驶人信息显示屏,如图 3-17 所示。仪表板一般是塑料件,质地较软,在碰撞事故中不会对乘员造成二次伤害。如果在事故中安全气囊膨开,仪表板就会遭到损坏,需要更换新的。

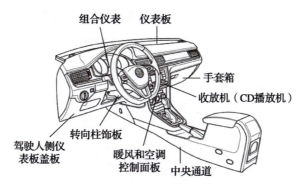

图 3-17 仪表台总成

## 3. 后段车身

后段车身的很多构件与前段车身相似,如行李舱底板、后纵梁、后减振器拱形座、后翼子板、后围板等,如图 3-18 所示。

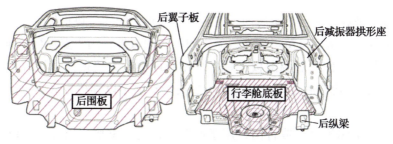

图 3-18 后段车身的主要构件

(1) 结构件

后段车身的结构件通常有后纵梁、行李舱底板、后减振器拱形座等。

1) 后纵梁。焊接在后段车身底部,通常是箱型构件,非常坚固,为车辆的后部提供足够的强度。

2) 行李舱底板。通常由一整块钢板冲压而成,焊接在后纵梁、后轮罩内板和后背底板之间,构成行李舱的底部。大多数轿车的行李舱底板上还冲压出一个备胎坑,用于安装备胎。

3) 后减振器拱形座。也称为后减振器拱形座,与后轮罩内板和外板焊接在一起,用于固定后悬架减振器的顶部。后减振器拱形座不但承受来自地面的冲击载荷,而且它的刚度和形状会影响后轮定位参数,因此强度和精度要求比较高。

（2）非结构件

后段车身的非结构件主要有行李舱盖、后围板、后部上盖板、后翼子板、后保险杠等，对于两厢轿车、MPV 和 SUV，车身尾部还有一个后舱门。

1）行李舱盖。是行李舱上盖板，结构比较复杂，通常由外板和内板、内衬、锁及解锁按键等构成。为了提高行李舱盖的强度和吸能效果，在行李舱内板上装有加强肋。行李舱盖的内外板件结构形式加大了钣金维修的难度，如果在事故中严重损坏，一般只能更换内外板件。行李舱盖以铰接方式连接在上部后盖板上。行李舱盖上通常留有安装后牌照的位置，有时还安装部分尾灯。大众宝来行李舱盖的常见部件如图 3-19 所示。

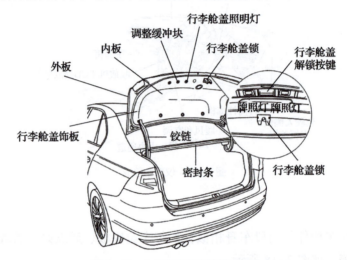

图 3-19　大众宝来行李舱盖的构成

2）后围板。是焊接在行李舱后面、左右后翼子板之间的一块板件。

3）后部上盖板。是后风窗与行李舱盖之间的一块板件，用于安装行李舱盖铰链。

4）后翼子板。又称为后侧围板，是后部车身两侧的大块板件，从后车门向后一直延伸到后保险杠位置，构成后段车身的侧面。后翼子板通常以焊接方式固定，是后段车身中的重要构件。

5）后舱门。也称为尾门或背门，用于两厢车，是一整块冲压板件，以铰接方式安装在车顶板上。后舱门上通常还有玻璃风窗、玻璃升降器、刮水器、门锁等零部件，也是一个复杂的总成。

## 任务二　交通事故车身损坏分析

### 学习目标

**知识目标**

1. 能够描述较常见的碰撞类型、碰撞力的传递规律。
2. 能够描述车身碰撞损伤规律。

**技能目标**

1. 能够根据车身碰撞损伤规律判断事故中的车身损伤情况。
2. 能够根据车身碰撞损伤规律结合车身变形量的简易检测方法,判断车身变形损伤程度。

### 任务描述

车辆事故千奇百怪,事故车的损坏情况也千差万别。车身结构不同的车辆在同类事故中受到的损坏也可能大不相同。要想对事故车做出精确估损,估损人员必须了解不同车辆结构在各种事故中的损伤类型。本任务将介绍常见的事故类型以及碰撞事故对各种车身结构可能造成的损坏情况。

## 一 车身常见碰撞和损伤类型

在那些比较严重的事故中,车身或车架通常会发生弯曲、褶皱、扭曲等变形,在估损时需要确定哪些零件需要更换,哪些需要维修,而大多数维修操作(如拉伸、钣金、喷漆等)的工时在估损手册或主机厂工时手册中一般都不提供,这大大增加了估损人员精确估损的难度。但是,只要估损人员在事故查勘时注意查看事故现场和事故车辆,尽可能多地了解和记录事故发生时的详细情况,就能够比较准确地分析出车辆损坏情况,提高估损的精度。

通常对事故车的损坏程度影响较大的因素有:一是事故车辆的结构、大小、形状和质量;二是被撞物体的大小、形状、刚度和速度;三是发生碰撞时的车辆速度;四是碰撞的位置和角度;五是事故车辆中的乘员或货物的质量和分布情况。

### 1. 常见的碰撞类型

汽车碰撞事故是指汽车与汽车或汽车与物体之间发生相互碰撞,从而造成车辆损坏、被撞物损坏甚至人员伤亡等各种损失。按照碰撞方向和事故所导致的后果,可将车辆事故分为正面碰撞、侧面碰撞、尾部碰撞和翻车等几种类型。下面以轿车为例说明常见的几种事故形态及其损坏情况,见表3-1。

表3-1 常见的汽车碰撞形态图解

| 序号 | 碰撞形态 | 碰撞方向 | 碰撞后果 | 车辆的主要变形和损坏部位 |
|---|---|---|---|---|
| 1 | | 两车正面碰撞 | A、B两车前部受损 | 保险杠面罩及保险杠、格栅、两侧前照灯、空调电子风扇、空调冷凝器、发动机散热器及其支架等,严重时损坏部位会扩大至发动机舱盖、翼子板、纵梁、前悬架机构,甚至导致安全气囊膨开 |
| 2 | | 两车正面一侧碰撞 | A、B两车前部的一侧受损 | 保险杠面罩及保险杠、格栅、一侧前照灯、一侧翼子板,严重时损坏部位会扩大到空调冷凝器、发动机散热器及其支架、发动机舱盖、一侧纵梁、一侧悬架机构、一侧安全气囊膨开 |

（续）

| 序号 | 碰撞形态 | 碰撞方向 | 碰撞后果 | 车辆的主要变形和损坏部位 |
|---|---|---|---|---|
| 3 | | 两车正面一侧刮碰 | A、B两车均为正面、一侧面受损 | 一侧的后视镜、前后门、前后翼子板刮伤，严重时前风窗玻璃破碎和框架变形、一侧包角、前门立柱、前照灯等损坏 |
| 4 | | 斜角侧面碰撞发动机舱位置 | A车为侧面碰撞受损、B车为前部碰撞受损 | A车一侧前翼子板、前悬架机构、侧面转向灯等损坏，严重时一侧前翼子板报废，发动机舱盖翘曲变形、前门立柱变形、发动机移位等<br>B车前保险杠面罩及转角部、前翼子板、一侧前照灯等损坏，严重时一侧翼子板将严重损坏，并会导致一侧前悬架、轮胎、空调冷凝器、干燥器、高压管、发动机散热器及其支架等部件受损，安全气囊膨开、发动机舱变形 |
| 5 | | 两车斜角侧面碰撞前门位置 | A车为侧面碰撞受损、B车为前部碰撞受损 | A车前门、前柱、中柱、后门轻微变形、门窗玻璃破损，严重时损坏程度会扩大至仪表板、门槛板、车顶板、一侧翼子板和一侧前悬架机构<br>B车前保险杠面罩及转角部、前翼子板、一侧前照灯等损坏，严重时损坏范围会扩大至空调冷凝器、干燥器、发动机散热器及其支架、高压管、发动机舱盖变形，安全气囊膨开 |
| 6 | | 两车斜角侧面碰撞后门位置 | A车为侧面碰撞受损、B车为前部碰撞受损 | A车后门、中柱变形、门窗玻璃破损，严重时前后门不能开启、后侧围板变形、前后门框、门槛板变形等<br>B车前保险杠面罩及转角部、前翼子板、一侧前照灯等损坏，严重时损坏范围会扩大至一侧前悬架、一侧翼子板、空调冷凝器、干燥器、高压管、发动机散热器及其支架、发动机舱盖等部件受损，安全气囊膨开 |
| 7 | | 两车斜角侧面碰撞行李舱位置 | A车为侧面碰撞受损、B车为前部碰撞受损 | A车后侧围板变形，严重时后侧围板严重损坏，后门框、后窗框、后柱、后轮及后悬架等部件受损，行李舱盖变形等<br>B车前保险杠面罩及转角部、前翼子板、一侧前照灯等损坏，严重时一侧前悬架和一侧翼子板严重损坏，空调冷凝器、干燥器、高压管、发动机散热器及其支架、发动机舱盖等部件受损，安全气囊膨开 |

（续）

| 序号 | 碰撞形态 | 碰撞方向 | 碰撞后果 | 车辆的主要变形和损坏部位 |
|---|---|---|---|---|
| 8 | | 两车垂直角度碰撞 | A车是侧面受损，B车是正面受损 | A车中柱呈凹陷变形，前后车门框及门槛板变形，前后车门翘曲变形，严重时损坏会扩大至车底板、车顶板甚至车身整体变形、轴距缩短、门窗玻璃破碎等<br>B车保险杠面罩及保险杠、格栅、两侧前照灯损坏等，严重时损坏范围会扩大至发动机散热器及其支架、空调冷凝器、高压管、发动机舱盖、翼子板、纵梁，甚至发动机后移，安全气囊膨开 |
| 9 | | 两车正面追尾碰撞 | A车为后部碰撞受损，B车为前部碰撞受损 | A车后保险杠面罩及保险杠，后车身板、行李舱盖等变形，两侧尾灯损坏，严重时会导致两侧围板变形，行李舱底板变形、后悬架机构位置变形等<br>B车保险杠面罩及保险杠、格栅、两侧前照灯损坏等，严重时会导致发动机散热器及其支架、空调冷凝器和相关部件损坏，发动机盖、翼子板变形，发动机后移，纵梁损坏等 |
| 10 | | 两车正面一侧追尾碰撞 | A车是尾部一侧受损，B车是前部一侧受损 | A车尾部一侧保险杠面罩及保险杠、一侧尾灯、侧围板变形，严重时损坏范围会扩大至行李舱盖、行李舱底板等<br>B车保险杠面罩及保险杠、格栅、一侧前照灯、翼子板损坏，严重时会导致散热器及其支架、空调冷凝器、发动机舱盖、一侧翼子板和悬架机构损坏，甚至一侧安全气囊膨开 |
| 11 | | 翻车，汽车顶部全面触地 | 易造成车身整体变形，局部严重损坏 | 顶板横梁、纵梁变形、顶板塌陷、车身前柱、中柱、后柱均会变形，翻滚过程中可能会造成车身侧面损坏，如车门、翼子板、后侧围板等，严重时会使整体车身变形 |
| 12 | | 汽车正面与面积较大的物体碰撞 | 碰撞面积较大，损坏程度相对小一些 | 保险杠面罩及保险杠、格栅、两侧翼子板轻微变形，严重时两侧翼子板会严重变形，前照灯、空调冷凝器、发动机散热器及其支架、发动机舱盖甚至车门、风窗玻璃、纵梁会损坏，安全气囊会膨开 |
| 13 | | 汽车正面与面积较小的物体碰撞 | 碰撞面积较小，损坏程度相对大 | 保险杠面罩及保险杠、格栅、空调冷凝器、发动机散热器及其支架、发动机舱盖损坏，严重时两侧翼子板严重变形，前悬架机构，甚至扩大到后悬架机构受损 |

从表中可知：车辆在不同的事故中受到的损伤是不一样的。因此，了解车辆事故类型对事故查勘和车辆估损具有重要意义。

### 2. 常见的损伤类型

车架最常见的损伤有歪曲、凹陷、挤压、菱形和扭曲等，这几种损伤往往会在事故车上同时存在，在进行损伤鉴定时应仔细检查，逐一确认。

（1）歪曲

歪曲是指车架的前部或后部向一侧弯曲，如图3-20所示。通常在侧面碰撞中出现。一般通过查看车架纵梁的一侧是否向内或向外弯曲即可确定车架是否产生了歪曲变形。在事故查勘中，如果发现车门的长边缝隙变大而短边出现皱褶，或者发动机罩或行李舱盖的边缝变大或变小，就应当注意进一步查看车架是否产生了歪曲变形。

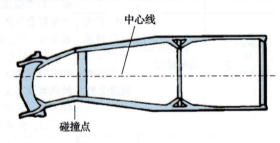

图3-20　车架的歪曲变形

（2）凹陷

凹陷是指车架的某一处的离地高度低于正常值，即向下凹陷，如图3-21所示。通常在前部或后部正碰中出现。车架的凹陷变形常见于车架的前部和后部，有时是一侧凹陷，有时是两侧凹陷。在事故查勘中，如果发现翼子板和车门之间的缝隙是顶部变小、底部变大，或者车门下垂，就应当注意进一步查看车架是否发生了凹陷变形。

（3）挤压

挤压是指车架纵梁或横梁长度比正常值缩短，一般伴随着褶皱变形，如图3-22所示。车顶板前部和后风窗后部区域在前、后正碰中比较容易出现挤压变形。在事故查勘中，如果发现发动机舱盖、翼子板或车架纵梁有褶皱变形，轮罩上部的车架被抬高，就应当注意进一步查看车架是否发生了挤压变形。

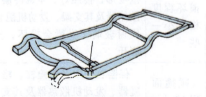

图3-21　车架的凹陷变形

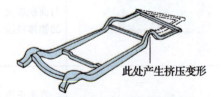

图3-22　车架的挤压变形

（4）菱形

菱形是指车辆的左右两侧发生前后错位，使车架和车身从矩形形状变成平行四边形形状,如图 3-23 所示,通常在车辆的一角发生剧烈碰撞时出现。菱形损坏使整个车架都发生了移位变形,对车辆的操纵性能影响很大。在事故查勘中,如果发现发动机舱盖或行李舱盖的边缝不齐,乘员室或行李舱底板出现皱褶,就应当注意进一步查看车架是否发生了菱形损坏。

(5)扭曲

扭曲是指车辆在对角线方向上产生变形,即对角线上的一个角高出正常值,另一个角低于正常值,如图 3-24 所示,通常在后部边角碰撞或翻滚事故中出现。如果车辆经常高速通过减速带或马路牙,也可能会导致车架产生扭曲变形。在事故查勘时如果发现车辆的一角下垂,就应当注意进一步查看车架是否产生了扭曲变形。

图 3-23 车架的菱形变形

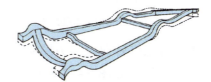
图 3-24 车架的扭曲变形

## 二 车身变形影响因素

### 1. 碰撞力对车辆变形的影响

在事故中,车辆的直接损坏是由碰撞力引起的。碰撞力的大小和方向不同,对事故车造成的损坏也不同。

碰撞力越大,对车辆的损坏就越大,这是不言而喻的。车辆与被撞物体的相对速度越大、被撞物体的刚度越大、接触面积越小、产生的碰撞力就越大,对事故车造成的损坏就越大。

另外,碰撞力的方向对事故车的损坏程度也有很大的影响。在实际事故中,因为驾驶人在碰撞前的本能反应是躲让碰撞物和紧急制动,所以碰撞力的方向一般会与车身有一个偏角。为了分析碰撞力对车辆变形的影响,碰撞力 $F1$ 沿着纵向轴、横向轴和垂直轴三个方向分解成 $F2$、$F3$、$F4$ 三个分力,如图 3-25 所示。$F3$ 分力使车辆横向产生挤压和弯曲变形,$F2$ 分力使车辆纵向产生挤压和变形,$F4$ 分力使车辆产生向上或向下的拱曲或凹陷变形。各个方向的损坏情况取决于分力的大小,而分力大小与碰撞力的大小和作用方向有关。

碰撞力除了对车辆部件产生直接损坏之外,还对车辆产生扭转力矩作用,如图 3-26 所示。这个力矩的大小与碰撞力的大小成正比,也与碰撞力作用线距离车辆质心的距离成正比。如果碰撞力刚好穿过质心,那么力矩就为 0,也就是不会使车辆产生旋转倾向,碰撞力完全由车辆吸收,这会对车辆零部件产生较大的损坏。如果碰撞力不是刚好穿过质心,就会使车辆产生旋转,旋转角度的大小取决于力矩的大小,这就是为什么在实际事故中经常能够看到被撞车辆明显产生偏转甚至掉头现象。在这种情况下,一部分碰撞力用于推动车辆转动,减小了车辆本身的受力,可能会减轻车辆的损坏程度。但在车辆旋转过程中,往往容易造成二次碰撞而导致更大的破坏。

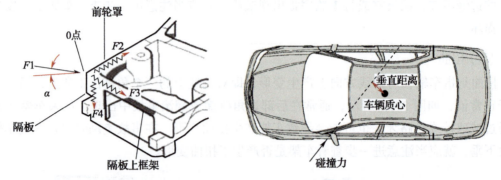

图 3-25 碰撞力分解为三个相互垂直的分力　　图 3-26 碰撞力产生的力矩作用

驾驶人往一边急打转向盘,力图避免碰撞这样往往会使碰撞力作用在车辆的侧面,使车辆产生侧弯变形,如图 3-27 所示。驾驶人在碰撞之前的第一反应也可能是紧急制动,这种紧急制动可能会使车辆产生滑动,留下胎印,这是事故查勘中的重要线索之一。在惯性作用下,车辆前端会下冲,后部会翘起,这样往往会造成车辆前端的上部接触碰撞物,导致前部下垂,同时还会造成车颈板、车顶板后错,后部翘起变形,如图 3-28 所示。

 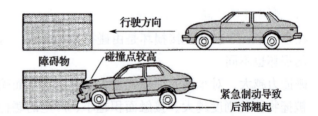

图 3-27 驾驶人急打转向盘导致的侧弯变形　　图 3-28 驾驶人紧急制动导致的下垂和翘起变形

### 2. 车身结构对车辆变形的影响

除了碰撞力和碰撞部位等外在因素外,车身结构是影响车辆损坏情况的重要内在因素。不同的车辆结构对碰撞力的吸收和传递方式有很大的差别,在类似的事故中损坏情况也可能大不相同,尤其对于比较严重的事故。

(1)承载式车身的变形倾向

碰撞对承载式车身造成的损坏可以用锥体理论进行解释。承载式车辆在发生碰撞时主要由车身吸收碰撞能量,车身因吸收碰撞能量而发生褶皱、弯曲等多种变形。在较严重的事故中,碰撞力可能会穿过结构件,从而使更大范围的车身构件参与吸收能量,产生变形。碰撞力的这种扩散模式看上去像一个"锥体",如图 3-29 所示,碰撞点是这个锥体的顶点,而锥体的中心线就是碰撞力的方向,锥体的高度和张开的幅度表明了碰撞力穿过承载式车身的方向和范围。

由以上锥体理论可以看出,承载式车辆在发生碰撞时,碰撞力可能会波及距离碰撞点很远的车身部件上,从而造成二次损坏。通常,二次损坏多发生在车身内部结构件或碰撞点对侧车身上,因此,在对承载式车身进行估损时,不能只看碰撞点周边的损坏,全面查看非常重要。

前面介绍过,为了缩小二次损坏的范围,保护乘员室的安全,承载式车身的前部和后部设计了一些变形吸能区。如图 3-30 所示,正面发生碰撞时,碰撞力(图中箭头)主要被前段车身和前部吸能区吸收;后部发生碰撞时,碰撞力主要被后段车身和后部吸能区吸收;侧面发生碰撞时,碰撞力主要由门槛板、车顶侧梁中立柱和车门吸收。

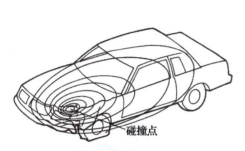
图 3-29　碰撞力以锥体模式在承载式车身上传播

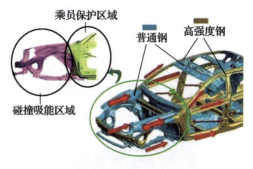
图 3-30　承载式车身前段的碰撞吸能区

1)车身前部变形的倾向。车身前部损坏通常是因为车辆正向行驶时与另一辆汽车或物体发生正面碰撞造成的。碰撞力的大小取决于车辆的质量、速度、接触面积和被撞物的情况。如果是轻微碰撞,前保险杠会受到向后挤压,可能会导致前保险杠、进气格栅、前照灯等损坏。如果碰撞力再大些,可能会使保险杠托架或支架、散热器支架、发动机罩及其铰链产生弯曲变形。图 3-31 所示是发动机舱盖及保险杠轻微变形的图片。如果是比较严重的碰撞,将会使前翼子板向后挤压前车门,发动机罩铰链向上翘起,前纵梁也可能会产生皱褶,甚至可能会使前翼子板裙板和车身前柱(尤其是前车门上部铰链安装部位)弯曲,这将导致前车门下垂,如图 3-32 所示。碰撞如果再严重,前悬架摆臂也可能会弯曲,减振器可能会损坏,前围板和前底板也可能受损,发动机支撑错位,空调通风装置受损,前风窗玻璃破碎,车轮定位参数遭到破坏,如图 3-33 所示。

图 3-31　较轻微的正面碰撞导致发动机舱盖损失情况

图 3-32　较严重的正面碰撞导致车身前部的损失情况

图 3-33　严重的正面碰撞导致车身一侧和悬架部件受损

如果车辆的前部以某个角度发生碰撞,前纵梁的连接点就成为一个转动轴,从而在水平和垂直方向都产生弯曲。由于左、右前纵梁是通过横梁连接在一起的,所以碰撞力会通过横梁传递到另一侧前纵梁,致使其产生变形。在估损时,侧纵梁的变形往往容易被忽略掉。

2）车身后部变形倾向。当车辆在倒车时发生碰撞或发生追尾事故时，会造成车身后部的变形，其变形规律和变形倾向与车身前部大致相同。只是由于车身后部刚度相对较弱，在相同的撞击力下，后部变形相对大一些。但后部没有动力总成、空调系统等重要部件，损失相对低一些。

如果是轻微的后部碰撞，可能会引起后保险杠、行李舱盖产生变形，如图3-34所示。

如果是比较严重的碰撞，可能会将后围板和行李舱底板、后侧围板挤压变形，甚至会造成车身C柱弯曲。后部车身变形力的传递规律如图3-35所示。对于此类事故查勘，要根据车身结构特点及力的传递规律，仔细查勘传递路径上的板件是否有爆漆、开裂等现象。

图3-34 轻微的后部碰撞导致保险杠和行李舱盖的轻微变形

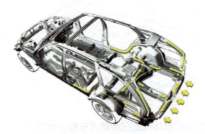

图3-35 较严重的后部碰撞车身变形力的传递规律

3）车身侧面变形倾向。承载式车身侧面在抵抗碰撞方面相对比较薄弱，一旦侧面被撞，可能会导致车门、门槛板、中柱、前翼子板以及后侧围板变形，严重时甚至会导致底板变形。如果是前翼子板部位遭到侧面碰撞，前轮往往会向内挤压，从而影响到前悬架横梁和前纵梁。如果碰撞比较严重，悬架系统的零部件可能会损坏，前轮定位参数遭到破坏，轴距发生变化，甚至会使转向机构被撞坏。如果车辆的前翼子板或侧围板部位遭到较大的垂直碰撞，冲击波会传递到车辆的另一侧，从而造成对面板件的变形，如图3-36所示。如果是车辆中间部位遭到侧面碰撞，那么主要是车门总成、门槛板、门柱、车身底板受损，严重时冲击波可能会使对面车门部位产生变形，如图3-37所示。

图3-36 前翼子板部位受到侧面碰撞导致的变形情况

图3-37 车身中部受到侧面碰撞导致的变形情况

4）车身顶部变形倾向。车身顶部在事故中受损的概率比其他部位相对低一些。在车辆前部、后部或侧面碰撞中，只有当事故比较严重时，碰撞力才可能会传递到车身顶部，造成顶部梁和面板受损。此外，在翻车事故中，车身顶板可能会受到损失，如图3-38所示。还有一种不太常见的事故是由高处掉下的物体直接砸在车顶板上，造成顶板凹陷。

5）承载式车身碰撞变形顺序。承载式车身在发生前部或后部碰撞时，碰撞力将从碰撞点开始，沿着车身构件向外传播，从而造成更大面积的损坏。车身一般发生变形的顺序：弯曲变形→褶皱变形→扩宽变形→扭曲变形。

图 3-38　翻车事故造成的车身顶部变形情况

①在碰撞发生后的一瞬间，碰撞力达到最大，它首先会对构件产生挤压作用，使构件中部产生弯曲变形。但由于金属构件具有弹性，所以在碰撞力消失后可能会部分或全部恢复原状。在事故查勘时，如果发现测量的高度值超出允许范围，通常表示产生了弯曲变形。

②随着碰撞的进一步延续，碰撞点处会出现明显的褶皱，从而进一步吸收碰撞能量，以保护乘员室的安全。由于碰撞力沿着车身传递，导致远离碰撞点的部位也可发生褶皱、撕裂或拉松。在事故查勘时，如果发现测量的长度值超出允许范围，通常表示发了褶皱变形。

③对于设计良好的承载式车身结构，乘员室在事故中的变形量会很小，即使产生变形，也是使乘员室的构件向外鼓，而不是侵入室内，以保护乘员安全，这就是所谓的扩宽变形。在事故查勘时，如果发现测量的宽度值超出允许范围，通常表示发生了扩宽变形。

④碰撞点通常不是在车辆正中，碰撞力产生的力矩会使车身产生扭曲变形，即使碰撞发生在车辆正中，二次碰撞也可能会使车身产生扭曲变形。扭曲变形通常是最后发生的一种变形形式。在事故查勘时，如果发现测量的高度和宽度值都不在允许范围内，通常表示发生了扭曲变形。

虽然承载式车身与车架式车身在碰撞事故中的损坏形式很相似，但是承载式车身的损坏往往更复杂。另外，承载式轿车在严重碰撞中通常不会产生菱形损坏。

无论是哪种车身结构，事故车的车身修复顺序都遵循"后进先出"的规则，也就是说，后产生的损坏（间接损坏）先修复。

（2）车架式车身的变形倾向

对于车架式（非承载式或半承载式）车身来说，车架与骨架是整车的基础，也是直接承受和传递碰撞力的主要构件。为了减小损伤，车架上也设计了一些比较薄弱的部位，用于在碰撞中吸收能量，如图 3-39 所示。车身通过螺栓安装在车架上，车身与车架之间设有橡胶垫，严重的碰撞可能会导致这些联接螺栓和橡胶垫的损坏，从而使车身与车架之间产生明显的裂缝。

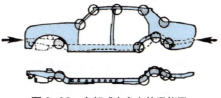

图 3-39　车架式车身上的吸能区

当车架式车辆发生碰撞时，其车身板件的损坏形式与承载式车辆基本类似。所不同的是，其车架作为承载件，可能会在严重的碰撞或倾翻事故中发生比较明显的变形，从而严重影响整车的操纵性能。

与承载式车身一样，很多事故中车架会出现多种变形，除了直接碰撞导致的变形外，车架还可能会因惯性力作用产生二次变形。例如，在剧烈的碰撞中，发动机可能会因惯性作用前后移动，这样会导致发动机支座（支撑发动机的横梁）产生变形损坏。在损伤鉴定中，通过比较车身门槛板与前后车架之间的间隙情况，或者比较前翼子板与轮毂前后部的间隙情况，可以初步判断车架是否有变形。

车架损伤型式和损伤程度因碰撞力的大小、方向以及碰撞位置的不同而不同。因此，在事故查勘中应当收集尽可能多的信息，由此推断出事故发生的过程，这对于判断车架损伤情况十分重要。当然，最精确的损伤鉴定方法是通过科学的测量，例如，根据主机厂车身修复手册测量关键的定位孔之间的距离，可以判断车架的变形情况。

## 三 车身变形量的检测方法

碰撞力沿车身扩散，并使许多部位发生变形，碰撞力具有穿过车身坚固部位最终抵达并损坏薄弱部件，扩散并深入至车身部件内的特性。因此，为了查找汽车损伤，必须沿碰撞力扩散的路径查找车身薄弱部位，沿碰撞力扩散方向逐处检查，确认是否有损伤和损伤程度。

车身测量可分为目测法、两维测量法和三维测量法三种。目测法是指通过感官所采集到的信息，对事故造成损伤的范围、部位、程度等，进行分析、诊断的一种检测方法。它不能直接获得令人信服的数据，但在事故车查勘定损过程中起着举足轻重的作用。

### 1. 目测法的意义

汽车车身是由若干块冲压后的钢板，通过焊接方式连接而成的一个整体结构。车辆发生碰撞后，撞击力将沿着车身扩散，造成某些部位及部件发生变形。多数情况下，一些结构部位的变形，将会通过一些外部特征体现出来。目测法就是凭借肉眼，通过观察车身外部钣金件的配合是否协调、钣金胶和油漆层是否开裂，以及车门、发动机盖与后备舱盖开关时的感觉等，结合车辆撞击时的状况，对车身损伤情况做出快速分析诊断。

车辆的损伤可以分为直接损伤和间接损伤。直接损伤比较直观，一般容易判断。而间接损伤往往远离直接撞击部位，另外还会隐藏在一些零部件的内部。损伤评估时只有将外部遮挡的零部件拆除后，才能发现具体的损伤变形部位。实际工作中，不可能对车身上的每个点都进行测量，也不能无谓地拆除过多的构件。如果此时能够合理利用目测法，对有可能发生损伤变形的部位进行预测与分析，便可减少一些不必要的拆卸工作。所以，利用目测法可以找出损伤波及范围，及其一些隐藏的损伤。另外，在缺少车身数据时，特别在车身上部可供测量点较少的情况下，目测法是一种行之有效的手段。

### 2. 判断的基本方法

1）外观的伤痕、变形：绕车一周检查，沿力传递方向，看、摸、推、比。

2）车身的扭曲：目测、同类型车比较、左右比较、测量。

3）各面板的组装状态：检查面板空隙、车门锁情况。

4）受到车内人员及装载物品冲撞的损伤：检查车内、行李舱。
5）机械部件：观察车辆下部、地面污垢、油渍，动手确认机能部件的运转。

### 3. 确认碰撞损伤情况

1）检查钣金件截面是否变形：碰撞易造成钣金件截面变形处油漆起皮、开裂。
2）检查零部件支架是否断裂、脱落及遗失：发动机支架、变速器支架、发动机各附件支架是碰撞应力的吸收处，各支架在设计时均有保护重要零部件免受损伤的功能。在碰撞事故中常有各支架断裂、脱落及遗失的现象出现。
3）检查车身各部位的间隙和配合：立柱变形会造成车门与车门框、车门与立柱的间隙不均匀；通过开门关门，查看车门锁与锁扣的配合，判断车门是否下沉，从而判断立柱是否变形；查看铰链的灵活程度，判断立柱及车门铰链处是否有变形。
4）检查来自乘员及行李的损伤：由于惯性力作用，乘员和行李在碰撞中会引起车身二次损伤。

### 4. 汽车碰撞损伤鉴定步骤

1）了解车身结构的类型。
2）目测确定碰撞部位，弄清肇事起源点，由此确定因肇事部位的撞击、振动可能引起哪些部位损伤。
3）确定损伤是否限制在车身范围内，是否还包含功能部件。
4）沿碰撞路线系统检查部件的损伤。
5）比较维修手册上车身尺寸，检查车身是否产生变形量。
6）用适当的工具或仪器检查悬架和整个车身的损伤情况。
7）确定维修方案。
8）根据已确定的维修方案及修复工艺难易程度确定工时费用。
9）根据所掌握的汽车配件价格确定材料费用。
10）评估时各方（客户、第三者、修理厂、保险公司）最好均应在场，在明确修理范围及项目，确定所需费用，鉴定"事故车辆估损单"协议后，方可让事故车进厂修理。

## 四 典型案例分析

### 1. 案情简介

一辆标的车因夜间视线不好，加上操作不当追尾前方三者车的尾部，导致标的车前部受损，外观粗略判断事故损失轻微，后期拆解定损，本次事故导致多达 27 项更换损失。

### 2. 现场图片

现场图片如图 3-40~ 图 3-43 所示。

图3-40　标的车前部损伤严重　　　　图3-41　标的车散热器框架变形严重

图3-42　标的车左前翼子板变形　　　图3-43　标的车左前照灯脚断裂

### 3. 拆解图片

拆解图片如图3-44~图3-47所示。

图3-44　标的车继电器盒损坏　　　　图3-45　标的车电子风扇损坏

图3-46　标的车散热器损坏　　　　　图3-47　标的车冷凝器损坏

### 4. 标的车损伤零部件统计分析

外观看似中度的损伤，拆解后统计有多达27项的损伤部位，具体更换细目如图3-48所示。配件损失金额达到9700元多，碰撞力的传递导致了大量内部关联部件的损坏。

项目三 碰撞事故现场查勘与定损 085

| 报案号： | | | 承保机构：沈阳 | |
|---|---|---|---|---|
| 交强险保单号： | | | 交强险被保险人： | |
| 商业险保单号： | | | 商业险被保险人： | |
| 号牌号码：辽 | | 厂牌型号： | 受损车辆属性：标的车 | |
| 车架号： | | | 发动机号：C1 | |
| 初次登记日期：2012-02-20 | | 联系人： | 联系电话：139 | |
| 出险时间：2013-09-12 21：35：38 | | | 修理厂名称：沈阳 | |

| | 序号 | 更换项目 | 数量 | 单价/元 | 金额/元 |
|---|---|---|---|---|---|
| | 1 | 前保险杠皮 | 1 | 598.0 | 588.0 |
| | 2 | 前保险杠下隔栅（右） | 1 | 28.0 | 28.0 |
| | 3 | 前保险杠内衬 | 1 | 102.0 | 102.0 |
| | 4 | 前保险杠骨架 | 1 | 458.0 | 453.0 |
| | 5 | 前保险杠支架（左） | 1 | 17.0 | 17.0 |
| | 6 | 中网 | 1 | 300.0 | 300.0 |
| | 7 | 中网徽标 | 1 | 36.0 | 36.0 |
| | 8 | 前照灯（左） | 1 | 980.0 | 975.0 |
| | 9 | 前雾灯（左） | 1 | 208.0 | 208.0 |
| | 10 | 前照灯（右） | 1 | 980.0 | 975.0 |
| | 11 | 发动机罩 | 1 | 1380.0 | 1369.0 |
| | 12 | 发动机罩内衬 | 1 | 83.0 | 83.0 |
| | 13 | 发动机罩铰链（右） | 1 | 28.0 | 28.0 |
| 更换零部件清单 | 14 | 发动机罩铰链（左） | 1 | 28.0 | 28.0 |
| | 15 | 发动机罩锁总成 | 1 | 102.0 | 102.0 |
| | 16 | 散热器框架上横梁 | 1 | 316.0 | 306.0 |
| | 17 | 前翼子板（左） | 1 | 494.0 | 489.0 |
| | 18 | 前翼子板内衬（左） | 1 | 78.0 | 78.0 |
| | 19 | 前翼子板内衬（右） | 1 | 78.0 | 78.0 |
| | 20 | 散热器 | 1 | 455.0 | 445.0 |
| | 21 | 散热器电子风扇总成 | 1 | 415.0 | 405.0 |
| | 22 | 冷凝器 | 1 | 624.0 | 614.0 |
| | 23 | 发动机舱线束 | 1 | 1495.0 | 1495.0 |
| | 24 | 散热器上盖板 | 1 | 108.0 | 108.0 |
| | 25 | 前机盖亮条 | 1 | 98.0 | 98.0 |
| | 26 | 左前吸能盒 | 1 | 146.0 | 146.0 |
| | 27 | 右前吸能盒 | 1 | 146.0 | 146.0 |
| | 更换项目损失金额合计/元 | | | | 9700.0 |

图 3-48  具体更换配件细目

### 课程育人

#### 案例 3 "焊"出来的工匠精神

焊接工人韩积冬，中国航天科工集团三院一五九厂焊工。焊接工作不是一门轻松的差事，电弧光刺目不可直视，焊接工人要在严严实实的防护中精准稳定操作，才能保证工程质量。

韩积冬是中国航天"铸剑人"。2008年，他焊接过北京奥运场馆主火炬塔；2020年，他利用MIG焊代替手工电焊方式解决了项目难题并得到推广应用。他焊接过无数产品的油箱和零部件，为大国重器插上"翅膀"，装上"胃囊"。

耀眼的职业生涯背后源自24年如一日的深耕技艺，他参加过国内国外各类比赛百余次，落过选、夺过冠，练就了国内数一数二的焊接本领。现在，他已是国家高级职业技能鉴定高级考评员、国家职业技能竞赛裁判员、北京市优秀教练员、北京市有突出贡献高技能人才。

从"北漂"青年到"大国焊匠"，他把自己的经验技术无私传授给年轻人，并带着他们一起把中国航天焊接技术水平朝着世界一流推进。

2022年，韩积冬荣获全国五一劳动奖章。他在平凡的工作岗位做出了不平凡的贡献，值得大家学习！

## 思考与练习

**一、选择题**

1. 与车架式车身相比，以下选项（    ）不是承载式车身的优点。
   A. 燃油经济性较好　　　　　　　　B. 车辆自重较低
   C. 乘员室更安全　　　　　　　　　D. 事故车的维修工艺更简单

2. 甲说：在某些汽车上，有部分板件是通过连续MIG焊接的；乙说：拆卸连续MIG焊接的板件，通过用钻头除焊点来拆卸板件是最方便的。以下（    ）选项是正确的。
   A. 甲正确　　　　　　　　　　　　B. 乙正确
   C. 甲乙都正确　　　　　　　　　　D. 甲乙都不正确

3. 一辆承载式车辆因前部碰撞进厂维修。甲说：在对前纵梁上的裂缝进行焊接后，需要重新做前轮定位；乙说：在对前轮悬架部件进行更换后，要检查前轮定位。根据甲乙二人的说法，以下选项（    ）是正确的。
   A. 甲正确　　　　　　　　　　　　B. 乙正确
   C. 甲乙都正确　　　　　　　　　　D. 甲乙都不正确

4. 以下（    ）零件在承载式车身上不属于结构件。
   A. A柱　　　　　B. 前纵梁　　　　C. 前翼子板　　　　D. 后纵梁

5. 大多数轿车均采用承载式车身结构，在这种车身结构中，一般不会有（    ）部件。
   A. 前纵梁　　　　　　　　　　　　B. 中柱
   C. 后纵梁　　　　　　　　　　　　D. 车架

**二、判断题**

1. 承载式车身为了保护乘员安全，在车身设计时就针对不同位置的强度和刚度要求，采用了不同的结构和材料。　　　　　　　　　　　　　　　　（    ）

2. 一辆承载式车辆因前部碰撞进厂维修，在对前纵梁进行更换焊接后，不需要重新做前轮定位。　　　　　　　　　　　　　　　　　　　　　　（    ）

3. 在发动机前置后轮驱动的承载式车辆上，发动机的安装形式通常是横置。（    ）
4. 无论是哪种车身结构，事故车的车身修复顺序都遵循"后进先出"的规则，
   也就是说，后产生的损坏（间接损坏）先修复。（    ）
5. 在承载式车身结构中，前纵梁固定于减振器支柱的顶部。（    ）

### 三、问答题

1. 简述采用车身材料的发展趋势。
2. 简述应力车身结构的设计原理。
3. 简述承载式车身的主要特征。
4. 简述 FF 型承载式车身的结构特点。
5. 简述 FR 型承载式车身的结构特点。

# 项目四
# 特殊事故现场查勘与定损

## 任务一　水淹事故车的查勘与定损

### ➡ 学习目标

**知识目标**

1. 能够描述水淹事故车查勘重点。
2. 能够描述水淹事故车的受损特点。
3. 能够描述水淹汽车的施救与保养方法。

**技能目标**

1. 能够熟练完成水淹事故车查勘工作。
2. 能够熟练完成水淹事故车定损及理赔工作。

### ➡ 任务描述

当涉水行驶导致发动机熄火后,很多没有经验的驾驶人会连续几次尝试起动发动机,结果听得一声闷响,发动机干脆没有任何声响了。保险报案、施救拆解之后,定损人员告诉他:对于因进水造成的数千元的电器、内饰、生锈等损失属于水淹损失,保险公司予以赔付,但对于所造成的数万元的发动机捣缸损失,应属于人为扩大损失,保险公司不予以赔付。这时大多车主无法理解,为什么同样是因水造成的损失,有的项目可以赔付,而有的项目却不能赔付呢?怎样界定水淹损失与人为扩大损失呢?

### 一　水淹事故车施救与现场查勘

#### 1. 水淹汽车的施救方法

如果汽车不幸被水淹没甚至落入水中,要及时、快速地予以施救,避免损失的进一步扩大。

如果查勘人员到达汽车的出险现场时,汽车仍处于水淹的状态,则必须对其进行施救。在对进水汽车进行施救时,一定要遵循"及时、科学"的原则,既要保证进水汽车能够得到及时的救援，又要避免汽车损失的进一步扩大。

施救进水汽车时，应该注意如下事项。

（1）严禁水中起动汽车

汽车因进水熄火以后，驾驶人绝对不能抱着侥幸心理贸然起动汽车，否则会造成发动机进水，导致损坏。在汽车被水淹没的情况下，驾驶人最好马上熄火，及时拨打保险公司的报案电话，或者同时拨打救援组织的电话，等待拖车救援。

实践证明，暴雨中受损的汽车，大多数是因为汽车在水中熄火后，驾驶人再次起动发动机，从而造成发动机损坏的。据统计，大约有90%的驾驶人发现自己的汽车在水中熄火后，会再次起动汽车，这是导致发动机损失扩大的主要原因。

（2）科学拖车

在对水淹汽车进行施救时，一般应采用硬牵引方式拖车，或将汽车前轮托起后进行牵引，一般不要采用软牵引的方式。如果采用软牵引方式拖车，一旦前车减速，被拖汽车往往只有选择挂档、利用发动机制动力的方式进行减速。这样一来，就会导致被拖汽车发动机的转动，最终导致发动机的损坏。如果能将汽车前轮托起后牵引，可以避免因误挂档而引起的发动机损坏。另外，拖车时一定要将变速器置于空档，以免车轮转动时反拖发动机运转，导致活塞、连杆、气缸等部件的损坏。对于自动变速器的汽车，注意不能长距离的拖曳（通常不超过20~30km），以免损伤变速器。

在将整车拖出水域后，应尽快把电瓶的负极线拆下来，以免车上的各种电器因进水而发生短路。

（3）应采取的检修措施

在将受淹汽车拖出水域后，应及时告知车主和维修厂商下列措施是被保险人应尽的施救义务（最好印好统一的格式化的告知书），交被保险人或当事人签收，以最大限度地防止损失进一步地加大。

1）及时检修电气元器件。容易受损的电器（如：各类控制单元模块、音响、仪表、继电器、电机、开关、电气设备等）应尽快从车上卸下，进行排水清洁。电子元件用无水酒精清洗（不宜长时间用无水酒精清洗以免腐蚀电子元件）并晾干，避免因进水引起电器短路。某些价值昂贵的电气设备，如果清洗晾干及时，完全可以避免损失；如果清洗晾干不及时，就有可能导致报废。

汽车控制单元最严重的损坏形式就是芯片损坏。汽车的前风窗处通常设有流水槽及排水孔，可以及时排掉积水。当汽车被水泡过以后，流水槽下往往沉积了许多泥土及树叶，这时极易堵住排水孔，应及时疏通排水孔，以免排水不畅造成积水。当积水过多时，水会进入车内，还可能危及汽车控制单元，导致电控系统发生故障，甚至损坏。一些线路因为沾水，其表皮会过早老化，出现裂纹，引起金属外露，最终导致电路产生故障。尤其是装有电喷发动机的汽车，其控制单元更是害怕受潮。车主应随时注意控制单元的密封情况，避免因控制单元进水，使控制紊乱而导致全车瘫痪。

安全气囊的保护传感器有时与控制单元做成一体,如果控制单元装于车的中间,一般对此结构,维修时只需更换安全气囊,无须再额外更换保护传感器。部分高档车(3.0L以上)的安全气囊传感器一般用硅胶密封,其插头为镀银,水淹后一般无须更换;低档车插头为镀铜,水淹后发绿,可用无水酒精擦洗,并用刷子刷,再用高压空气吹干。

一般而言,如果控制单元仅仅是不导电,还可进行修理;如果是芯片出现毛病,就需要更换新的控制单元了。

2)及时处理进水电动机。汽车上的各类电机进水以后,对于可以拆解的电动机,可以采用拆解→清洗→烘干→润滑→装配的流程进行处理,如发电机、天线电动机、步进电动机、风扇电动机、座位调节电动机、门锁电动机、ABS电动机、油泵电动机等。对于无法拆卸的电动机,如刮水器电动机、喷水电动机、玻璃升降电动机、后视镜电动机、鼓风机电动机、隐藏式前照灯电动机等,则无法按上述办法处理,进水后即使当时检查是好的,使用一段时间后也可能会发生故障,一般应该考虑一定的损失率,损失率通常为20%~40%。

3)及时检查相关机械零部件。

①检查发动机。汽车从水中施救出来以后,要对发动机进行检查。先检查发动机气缸有没有进水,气缸的进水会导致连杆被顶弯,损坏发动机。

检查机油里是否进水,机油进水会导致其变质,失去润滑作用,使发动机过度磨损。

将发动机机油标尺抽出,查看油尺上润滑油的颜色。如果油尺上的油呈乳白色或有水珠,就要将润滑油全部放掉,在清洗发动机后,更换新的润滑油。

将发动机上的火花塞全部拆下,用手转动曲轴,如果气缸内进了水,则从火花塞螺孔处会有水流出来。如果用手转动曲轴时感到有阻力,说明发动机内部可能存在某种程度的损坏,不要借助其他工具强行转动,要查明原因,排除故障,以免引起损坏的进一步扩大。

如果通过检查未发现发动机机油异常,可从火花塞螺孔处加入约 10~15mg 的机油,用手转动曲轴数次,使整个气缸壁都涂上一层油膜,以起到防锈、密封的作用,同时也有利于发动机的起动。

②检查变速器、主减速器及差速器。检查变速器、主减速器及差速器是否进水,如果上述部件进了水,会使其内的齿轮油变质,造成齿轮磨损的加剧。对于采用自动变速器的汽车,还要检查控制单元是否进水。

③检查制动系统。对于水位超过制动油泵的被淹汽车,应更换全车制动液。因为当制动油里混入水时,会使制动油变质,致使制动效能下降,甚至失灵。

④检查排气管。如果排气管进了水,要尽快地把积水排除,以免水中的杂质堵塞三元催化器和损坏氧传感器。

4)清洗、脱水、晾晒、消毒及美容内饰。如果车内因潮湿而出现霉味,除了在阴凉处打开车门,让车内水气充分散发,消除车内的潮气和异味外,还需对汽车内部进行大扫除,要注意更换新的或晾晒后的地毯及座套。还要注意车内生锈的痕迹,查看一下车门的铰链部分、行李舱地毯之下、座位下的钢铁部分以及备用轮胎的固定锁部位有没有生锈痕迹。

车内清洁不能只使用一种清洁剂和保护品。由于各部位材质不同,应注意选择不同的清洁剂。多数做车内美容的装饰店会选用碱性较大的清洁剂,这种清洁剂虽然有增白、去污的功效,但会有一定的后患。碱性过强的清洁剂会浸透绒布、皮椅、顶棚,最终出现板结、龟裂。专业的做法应该是选择不超过 pH 值 10 的清洗液,配合车内美容专用的抽洗机,在清洗的同时用大量的循环清水将脏东西和清洗剂带出来,并将此部位的水汽抽出。还有一种方法是采用高温蒸汽对汽车内的真皮座椅、车门内饰、仪表盘、空调风口、地毯等进行消毒,同时清除车内的烟味、油味、霉味等各种异味。

(4)水淹汽车保养

如果汽车整体被水浸泡,除按以上方法排水外,还要及时擦洗外表,防止酸性雨水腐蚀车体。最好对全车进行一次二级维护,全面检查、清理进水部位,通过清洁、除水、除锈、润滑等方式,恢复汽车的性能。

(5)谨慎起动

在未对汽车进行排水处理前,严禁采用起动机、人工推车或拖车方式起动被淹汽车的发动机。只有在对被淹的汽车发动机进行了彻底的排水处理,及进行了相应的润滑处理以后,才能进行起动尝试。

### 2. 水淹事故现场查勘

汽车因水灾而受到损失时,它是处于行驶状态还是停置状态,这是区别是否是保险责任的重要前提。

如果汽车是处于停置状态受损,此时发动机不运转,不会导致发动机内部的损伤。如果拆解后发现发动机内部的机件产生了机械性损伤,如连杆弯曲、活塞破碎、缸壁捣坏,可以界定为操作措施不当所造成的扩大损失。

如果汽车是处于行驶状态,当水位低于发动机进气口时,通常不会造成发动机损伤。但是,这一原则也并非是一成不变的,由于水是液体,在其受到一定的搅动时,必然会产生波浪。另外,其他车辆的行驶也会造成水面高低的变化,甚至会造成水花的飞溅,飞溅的水花也有可能被正在路上行驶的车辆吸入气缸,造成发动机的严重受损。

(1)水淹事故现场查勘要点

1)电话联系时告知客户相关注意事项。

①针对涉水熄火的车辆,告知客户千万不能在水中二次起动,特别针对带有启停技术的车辆在第一次熄火后及时关闭启停功能,保持车辆处于断电状态。

②了解该车辆受水淹大致高度并做好记录,同时依据客户叙述联系相对应的施救车辆。

③了解该车意向的送修单位,请客户及时联系,并请维修单位到场协助。

2)到达现场后的查勘操作重点。

①测量记录车辆被水淹没高度。

②查勘受损车辆是否属于断电状态。一定要注意切断车辆的电源，防止车辆因受水淹产生短路，造成电器零部件受损，或者加速车辆电器件的氧化和腐蚀。注意：断电操作要先断开蓄电池负极。

③查勘当时实地的水质并在查勘报告中列明。

④查勘当时车辆的底盘高度和车辆配置并在查勘报告中列明。该车辆的底盘高度、变速器形式、电子元器件的位置、内饰材质、是否存在加装和改装件等，这些重点必须在查勘报告中列明。

⑤记录车辆被水淹的程度，简单地区分一下损失程度，便于定损。

3）现场查勘善后的工作要点。

①及时告知客户后续的定损流程，并协助其联系维修单位人员，确保车辆快速、完整地移送至维修单位。

②当获知确定的修理单位后及时进行专线回访，保证查勘环节和定损环节的平稳有序的交接。

③及时有效地将查勘工作时的查勘记录、现场的影像资料等相关材料上传至公司系统，便于下一定损环节工作人员及时掌握该车辆相关情况。

④对于特殊案件要及时主动联系下一定损环节工作人员，告知案件的特殊节点，并详细叙述与当时现场相关的有价值的信息。

（2）水淹事故现场拍照

1）事故现场位置及地形、灾害现场、水位情况、车型及所处位置等。

2）受损车辆牌号、车辆标牌，确认标的车受损情况，对于多方事故必须做到逐个拍照、逐个定损。

3）拍照车辆维修清理前的外观及内部装置，反映车辆受损程度及水浸痕迹、殃及部位。

4）拍照车辆救援过程、记录救援类型，确认是否存在不合理施救导致损失扩大情况。

5）对于特殊情况查勘人员无法到达第一现场时，必须通过各种渠道得到现场资料和依据。

（3）确认事故地点及事故经过

通过现场查勘和对报案人、驾驶人的询问调查进行核实，具体要求：

1）确定事故地点是否存在发生灾害的事实。

2）确定受损车辆的水淹痕迹与现场状况是否吻合。

3）确定报案事故经过与实际现场情况是否吻合。

4）记录查勘报告、现场笔录，完成记录、审核相关证件。

（4）水淹事故分级方法

1）按受损车辆的水淹高度划分。水淹高度是确定车辆受损程度的一个重要参数，其不是简单以计量单位的米或厘米为参照，而是根据不同车型的具体位置作为参数（受损电器的多少、发动机受损的概率等)。以轿车为例,水淹高度通常分为 6 级,见表 4-1。

表 4-1 按水淹高度划分等级

| 水淹高度等级 | 说明 |
| --- | --- |
| 第一级 | 制动盘和制动毂下沿以上,车身底板以下,乘员室未进水 |
| 第二级 | 车身底板以上,乘员室进水,而水面在驾驶人座椅座垫以下 |
| 第三级 | 乘员室进水,水面在驾驶人座椅座垫面以上,仪表工作台以下 |
| 第四级 | 乘员室进水,水面在仪表工作台中部 |
| 第五级 | 乘员室进水,水面在仪表工作台面以上,顶篷以下 |
| 第六级 | 水面超过车顶,汽车被淹没顶部 |

2)按水淹的时间划分。水淹时间也是考量车辆水淹损失的一个重要参数(内饰、电器元件的耐受程度),计量单位为小时,通常分 6 级,见表 4-2。

表 4-2 按水淹时间划分等级

| 水淹时间等级 | 说明 |
| --- | --- |
| 第一级 | 时间 ≤ 1h |
| 第二级 | 1h < 时间 ≤ 4h |
| 第三级 | 4h < 时间 ≤ 12h |
| 第四级 | 12h < 时间 ≤ 24h |
| 第五级 | 24h < 时间 ≤ 48h |
| 第六级 | 时间 > 48h |

3)按侵害水质情况。一般说来,海水要比淡水的损害大;浑水要比清水的损害大;有的下水道倒灌有酸、碱性的污水,它和油性污水造成的损害状态各不相同。

(5)水淹车辆受损程度相关因素

1)客观决定受损程度因素。

①水淹时间因素和损失等级。车辆水淹时间的长短,是该车辆损失程度的一个重要参数,所造成的损伤差异也非常大。

②水淹高度因素和损失等级。高度一级:损失率 0.1%;高度二级:损失率 2.5%;高度三级:损失率 5.0%;高度四级:损失率 15%;高度五级:损失率 30%;高度六级:损失率 70%。

③受淹水质因素。损伤危害性严重的水质有海水、工业水、酸碱性水质等;损伤危害性次严重的水质有泥水、窨井污水等;损伤危害性较轻的水质有淡水、雨水;特别注意针对不能确定水质情况时必须对水质采样,进行测定和鉴定。

④受淹车辆的车型情况。针对车辆自身情况的不同必须对其加以区分。例如,涉事

车辆的电器元件的安装位置；涉事车辆的变速器形式；涉事车辆的内饰配置情况；涉事车辆的日常保养状况；涉事车辆的零部件是否存在改装或加装情况等均会影响损失程度。

2）主观决定受损程度因素。

①施救因素。针对水淹车辆极其重要的有两个环节，那就是前端及时的施救和后端及时的维修，施救的因素在整个水淹车辆处理环节中是十分重要的。所以对于进水车辆施救时一定要遵循"及时、科学"的原则，既要保证快速地对车辆施救，也要避免车辆进一步的损失。具体措施包括严禁水中起动车辆；及时切断车辆电源，保证车辆处于断电状态；科学拖车，合理施救；及时告知车主和承修厂商。

②拆解维修因素。须协调维修单位集中优势力量迅速地将车辆进行拆解、清理。依据车辆受水淹程度，准确地对车辆进行拆解、清理和养护。合理掌握正确的顺序，先检修电器元件，后检查机械零部件，先清理电器零部件，后维护机械零部件。

③车辆受水淹时的状态因素。如果受损车辆为停置状态，此时的发动机属于冷车停转状态，故不会造成发动机内部损失。仅需要根据水淹高度和水淹深度以及水质等问题，来判断车辆的损失，损失重点集中在车辆的电器元件和车内饰的损失；如果受损车辆非停置（涉水）状态，情况就非常地复杂，此时最重要的就是涉水高度，过高的水位可能导致发动机气缸进水顶缸，车辆受损的情况会较为严重。需要注意的是水位高度可能受到其他车辆的搅动波浪影响，造成水位变高增大被吸入气缸的可能性，特别是带有涡轮增压和起停技术的车辆更需要引起注意。

## 二 水淹事故损失核定与处理

### 1. 水淹事故车损失核定

（1）水淹汽车的损坏形式

1）静态进水损坏。汽车在停放过程中被暴雨或洪水侵入甚至淹没属于静态进水。汽车在静态条件下，如果车内进水，会造成内饰、电路、空滤器、排气管等部位的受损，有时发动机气缸内也会进水。

在这种情况下，即使发动机不起动，也可能会造成内饰浸水、电路短路、控制单元芯片损坏，空滤器、排气管和发动机泡水生锈等损失。对于采用电喷发动机的汽车来说，一旦电路遇水，极有可能导致线路短路，造成整车无法着火，如果发动机被强行起动，极有可能导致严重损坏。就机械部分而言，汽车被水泡过之后，进入发动机的水分在高温作用下，会使内部的运动机件锈蚀加剧，当进气吸水过多时，容易变形，严重时导致发动机报废。

另外，汽车进水后，车的内饰容易发霉、变质。若不及时清理，天气炎热时，会出现各种异味。

2）动态进水损坏。汽车在行驶过程中，发动机气缸因吸入水而使汽车熄火，或在强行涉水未果、发动机熄火后被水淹没，则属于动态进水。汽车在动态条件下，由于发动机仍在运转，气缸因吸入了水会迫使发动机熄火。在这种情况下，除了静态条件下可能造成的全部损失外，还有可能导致发动机的直接损坏。

（2）水淹后的损失评估

1）水淹高度为1级时的损失评估。水淹高度在汽车的制动盘和制动毂下沿以上，车身底板以下，乘员室未进水，水淹高度定义为1级。

当汽车的水淹高度为1级时，有可能造成的受损零部件主要是制动盘和制动毂。损坏形式主要是生锈，生锈的程度主要取决于水淹时间的长短以及水质。通常情况下，无论制动盘和制动毂的生锈程度如何，所采取的补救措施主要是四轮的保养，造成的损失主要就是四轮的保养费用。

因此，当汽车的被淹高度为1级、被淹时间也为1级时，通常不计损失；被淹时间为2级或2级以上时，水淹时间对损失金额的影响也不大，损失率通常为0.1%左右。

2）水淹高度为2级时的损失评估。水淹高度在车身底板以上，乘员室进水，而水面在驾驶人座椅座垫以下，水淹高度定义为2级。当汽车的水淹高度为2级时，除了有1级水淹高度时所造成的损失以外，还会造成以下损失：四轮轴承进水，全车悬架下部连接处因进水而生锈，配有ABS汽车的轮速传感器的磁通量传感失准，底板进水后车身底板如果防腐层和油漆层本身有损伤就会造成锈蚀。少数汽车将一些控制模块置于底板上的凹槽内（如上海大众帕萨特B5），会造成一些控制模块损毁（如果水淹时间过长，被淹的控制模块有可能彻底失效）。损失率通常为0.5%~2.5%。

3）水淹高度为3级时的损失评估。水淹高度在驾驶人座椅座垫面以上，仪表工作台以下，水淹高度定义为3级。

当汽车的水淹高度为3级时，除了有2级水淹高度所造成的损失以外，还会造成以下损失：座椅潮湿和污染，部分内饰的潮湿和污染，真皮座椅和真皮内饰损伤严重。一般说来，水淹时间超过24h以后，还会造成：桃木内饰板分层开裂，车门电机进水，变速器、主减速器及差速器可能进水，部分控制模块被水淹，起动机被水淹，中高档车行李舱中CD换片机、音响功放被水淹。损失率通常为1.0%~5.0%。

4）水淹高度为4级时的损失评估。水淹高度在仪表工作台中部时被定义为4级。当汽车的水淹高度为4级时，除了有3级高度所造成的损失以外，还可能造成以下损失：发动机进水，仪表台中部分音响控制设备、CD机、空调控制面板受损，蓄电池放电、进水，大部分门座椅及内饰被水淹，音响的喇叭全损，各种继电器、熔丝盒可能进水，所有控制模块被水淹。损失率通常为3.0%~15.0%。

5）水淹高度5级时损失评估。乘员室进水，水淹高度在仪表工作台面以上，顶篷以下，水淹高度定义为5级。当汽车的水淹高度为5级时，除了有4级高度所造成的损失以外，还可能造成以下损失：全部电器装置被水泡，发动机严重进水，离合器、变速器、后桥可能进水，绝大部分内饰被泡，车架大部分被泡。损失率通常为10.0%~30.0%。

6）水淹高度6级时损失评估。水淹高度超过车顶，汽车被淹没顶部，水淹高度定义为 6 级。当汽车的水淹高度为 6 级时，汽车所有零部件都受到损失。损失率通常为 25.0%~60.0%。

（3）分类估损

对受灾车辆开展准确定损工作的前期，必须对损失配件进行合理的区分，要按照类别区别出机械配件、电器配件、装饰性配件、舒适性配件；要区分出更换配件、可修复配件、待确定配件范围项目；要分类区分出交通事故损失配件项目、水淹损失配件项目；要区分出正常损失配件项目和灾后扩大损失配件项目；要区分出属于保险责任和不属于保险责任项目。对损失项目进行分类以便定损工作的顺利进行。

水淹车辆的控制损失项目重点工作为，对可修复配件的恢复和待确定配件范围项目确认。

（4）受损配件处理

控制受灾车辆损失的重点是正确开展除水、除锈、防锈工作，关注项目是水淹后的电器项目以及可修复配件、待确定配件范围。水淹车辆的常见零部件受损的情况及定损方法如下：

1）电器元件浸水受损的情况及定损方法。水淹时间不长，且水质较好的情况，方法为：第一步用高压空气进行吹干处理；第二步用无水酒精进行擦洗；第三步用软毛刷，轻度清理；第四步用高压空气吹干处理；第五步处理之后，装车运用对应的专业控制单元检测仪进行检测。

水淹时间较长，且水质较差的情况，方法为：第一步运用上述方法进行清理；第二步若装车运用对应的专业控制单元检测仪进行检测后，仍然发生控制单元检测报错，则需要更换该电器元件。

2）车辆灯具浸水受损的情况及定损方法。现代车辆上装置着各种灯具，如前照灯、前雾灯、前转向灯、前日间行车灯、后尾灯、内部照明灯等。此类零部件损失主要集中在灯内浸水，其中最严重的是水中夹带泥沙或者内部电镀的反光板遭受腐蚀氧化，影响灯具使用。

3）车辆机电一体化零件浸水受损的情况及定损方法。机电一体化零件主要有车辆的发电机、起动机、空调泵、涡轮增压器、刮水器电动机、车门的升降器、转向器电子转向管柱电动机、座椅电动机、鼓风机、散热器电子风扇、电子节气门等零部件。

一般此类零部件都经过防水处理，水淹过后基本不会损坏，对于上述零部件可以拆卸的，可以采用拆解→清洗→烘干→润滑→装配试车的流程进行处理。

针对装配后仍显示不正常的情况，可以通过专业控制单元或者数字式万用表对该零部件的电压、电阻等参数进行测量，观测其相关数据和故障码之后，查阅相关材料判定其是否真正受损，以排除客户和维修单位利用水灾事故浑水摸鱼，排除道德风险，挤干理赔水分。

4）车辆变速器浸水受损的情况及定损方法。变速器是车辆的重要组成部分，一般分为手动变速器（MT）、自动变速器（AT）、手自一体变速器（AMT）、无级变速器（CVT）、双离合变速器（DSG）等类型。

处理变速器水淹情况要将它分为机械执行部分和电器控制模块两部分来处理。

①机械执行部分的处理方法：重点在于判定变速器是否有水浸入。因为变速器是存在透气孔的，所以被水淹没后可能会进水，此时需要对变速器油液进行采样，观察其是否变质，并且观察油中是否有不正常铁屑和零件。如果存在上述情况，就需要将车辆变速器完全拆解找寻受损伤的机械零件。如变速器油没发生变质，则证明变速器没有进水，排除机械零部件受损可能性。

②电子模块部分的处理方法：第一步用高压空气进行吹干处理；第二步用无水酒精进行擦洗；第三步用软毛刷，轻度清理；第四步用高压空气吹干处理；第五步处理之后，装车运用对应的专业检测仪进行检测。如果测试后一切正常则证明变速器电控项目可以修复，规避电控零部件更换的情况。如果测试后发现仍有故障码，则考虑更换电控零部件。

5）车辆内饰浸水受损的情况及定损方法。现代车辆上的内饰种类很多，主要分为真皮材质的、塑料材质的和织物材质的三大类型。

针对上述类型的材质可以分别制定不同的处理方法。第一部分：可以将塑料、织物这两种材质的内饰归为一类，一般此类材质的内饰通过清洗烘干消毒之后可以再次使用。第二部分：针对真皮材质的内饰，先用真皮专用清洗剂清理，然后低温烘干，后续再次涂抹专用的保护剂进行保养处理。此处选择pH值不超过10的清洗剂，配合车内美容专用的抽洗机，在清洁的同时用大量的循环清水将脏东西和清洗剂带出，并将此部位内的水气抽出。对于已生成霉点和腐烂的真皮内饰，经过上述保养后仍无法处理的，建议予以更换，但须做好后续复勘工作。

6）车辆安全气囊浸水受损的情况及定损方法。现代车辆上基本上都装备了安全气囊和安全带，对于水淹高度较高的车辆，安全气囊及安全带及相关附件有受到损伤的可能性。针对安全气囊的组成可以分为气囊组件、气囊控制模块、安全带三个部分，并分别制定不同的处理方法。

第一部分：因为气囊组件中含有炸药成分，主要要看水淹高度和水质程度，如果发现气囊组件轻微受潮需及时进行烘干处理，此时气囊组件不会有问题；如果浸泡时间过长导致火药失效则需要考虑更换，但需要做好复勘工作，防止道德风险。

第二部分：针对安全带处理方法，需判定该款安全带的形式。如果是纯机械式的安全带只需要进行清洗、烘干、防锈处理；如果是触发爆炸式安全带的情况，要看水淹高度和水质程度。

第三部分：气囊控制单元参考上述的电器元件定损方法。

7）车辆发动机内部浸水受损的情况及定损方法。

第一步：明确此车辆是涉水熄火被水淹还是停放被水淹的情况，如果是停放被水淹的情况，则可以直接排除发动机内部损失是由水淹造成的。

第二步：如果是涉水熄火的情况，则需要先行观察空气滤清器是否潮湿。如果比较干燥，则证明发动机进水的可能性不大，若潮湿且空气滤清器壳体下部进水则进行第三步检查。

第三步：抽出发动机的机油标尺，勘验车辆发动机的机油品质。确认机油中是否有水混入，并且观察机油是否变质；同时打开机油放油螺塞放出部分机油，观察机油中是否有水，是否夹杂有不规则的金属碎屑。

如果经过第二步和第三步检测没有发现异常，则大致可以判断此次水灾侵害对于车辆发动机损失不大，经过后期的清洁、除水、除锈、润滑、整装后就可以谨慎发动车辆。

第四步：发现发动机机油出现杂质和乳化后，需要将发动机内部机油全部放掉，在清理并更换新的机油之后将发动机的火花塞全部拆卸，用手转动曲轴。如果此时感到转动有明显的阻力，则说明发动机内部可能存在不同程度损坏，此时切记不可借助其他工具强行转动，更不可强行点火起动，以免引起损坏的进一步扩大。

第五步：解体发动机，重点观察以下部件：a）发动机的活塞组件，尤其是观察连杆的情况，是否是明显弯曲；b）发动机的曲轴是否有拉痕、是否有弯曲；c）发动机缸体内壁是否有拉痕。上述三个零部件，除了观察是否出现问题，更重要的是确定该零部件的损伤是否是此次事故造成的，还是该车辆因为保养、维修不善造成的损伤。对于非保险事故造成的损伤，必须严格剔除，并安抚好客户。三个常见损伤零部件如图4-1所示。

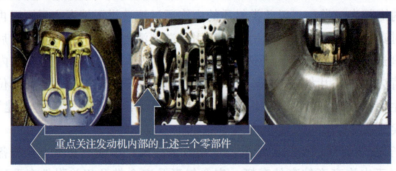

图4-1 常见损伤零部件

（5）事故定损原则

1）分类原则。轻重、高低、难易，先严重泡损后轻微受损。

2）快捷原则。对水灾车辆的定损工作，重点突出"快速"，即定损、定责必须迅速完成，能定则定，包干优先。

3）顺序原则。

①查勘施救：先高档后普通、先轿车后货车、先重后轻。

②进厂处理：先控制单元、线路、电器，后其他部位；先清洗烘干后检测维修。

4）跟踪复勘原则。标注有疑问部件，回收损余物资。

（6）对事故车辆进行维修、清理的顺序

通常对水损较严重的车辆进行维修、清理的顺序为：

1）先断开蓄电池电源（对于高级轿车还必须切断记忆电源即小蓄电池）。

2）用清水进行严格、仔细冲洗去污并排去积蓄的水，特别注意对仪表及液晶影像音响、导航系统的保护。

3）一般拆卸顺序：先电器控制系统、电气设备，后其他部分；先内饰、座椅部分，后外观部分；先泡损时间久的部分，后其他部分。

4）将拆卸下电子控制装置、电子传感器等电子器件，清洁去水后浸于酒精（分析纯或含量99%的工业用酒精）容器中进一步溶去水分。

5）将拆卸下的电气设备（电机）清洁去水后放置于酒精（分析纯或含量99%的工业用酒精）容器中漂洗去水分（时间不宜过长），再用干燥的压缩空气通过电器的冷却通风孔将其风干[可以低温（40℃）烘干处理]，然后补充润滑脂（油）。

6）拆卸下座椅、内饰件先进行漂洗、去水，再进行低温（50℃）烘干处理（烘干时应按原样摆放，必要时应可以支撑，不可叠放，注意整洁）。

7）特别注意：不可拆卸制动系统管路（包括ABS泵的机械部分），将总泵油壶卸下倒尽剩油，用新油清洗后换上原装新油，总泵适当排放空气即可。

8）线束处理：将拆卸完其他设备及内饰的车身及线束，用清水冲洗并排干积水，将线束接插件（插头）用酒精（分析纯或含量99%的工业用酒精）浸洗，然后用干燥的压缩空气将线束及线束接插件风干（接插件还应喷上防腐除锈剂），而后再把车身（附线束）置于烤房中，先以60℃烘烤30min以上，然后烤房边加温边通风，温控比常温高5~10（℃），运作至车身温度接近常温即可，再将车身置于干燥的通风处晾干，结束。

9）将电子元器件在酒精中进一步漂洗，取出后用干燥的压缩空气将其风干，小心打开电子器件外壳进行线路板风干，然后喷涂透明三防漆（亚克力线路板三防喷漆或DCA三防喷漆）。

（7）水淹车辆的定损维修费用拟定

水淹车辆的定损维修费用拟定额度与车辆等级、受损程度等因素有关，某保险公司的水淹车清洗费用明细见表4-3。清洗费用因不同地区、不同公司等因素会有些差异。

表4-3 清洗费用表

| 车辆等级 | 受损程度 | 清洗费用/元 | 备注 |
| --- | --- | --- | --- |
| A. 微型、经济型轿车（新车购置价在9万元以下） | 2级 | 200 | 1）水淹高度为1级时，因车辆未受损，故不给清理费用<br>2）如果座椅为真皮座椅，各级可上调清理费用200元 |
| | 3级 | 400 | |
| | 4级 | 600 | |
| | 5级 | 800 | |
| | 6级 | 1100 | |
| B. 普通型轿车[新车购置价在9万元（含）~20万元] | 2级 | 400 | 1）如果座椅为电动型，各级可上调清理费用200元<br>2）如果座椅为真皮座椅，各级可上调清理费用300元 |
| | 3级 | 700 | |
| | 4级 | 1000 | |
| | 5级 | 1200 | |
| | 6级 | 1500 | |

(续)

| 车辆等级 | 受损程度 | 清洗费用/元 | 备注 |
| --- | --- | --- | --- |
| C. 中档型轿车［新车购置价在 20 万元（含）~ 40 万元］ | 2 级 | 500 | 1）如果座椅为电动型，各级可上调清理费用 400 元<br>2）如果座椅为真皮座椅，各级可上调清理费用 500 元 |
| | 3 级 | 1000 | |
| | 4 级 | 1400 | |
| | 5 级 | 1800 | |
| | 6 级 | 2200 | |
| D. 高档型轿车［新车购置价在 40 万元（含）以上］ | 2 级 | 1000 | |
| | 3 级 | 1500 | |
| | 4 级 | 2000 | |
| | 5 级 | 2500 | |
| | 6 级 | 30000 | |

（8）录入系统资料要求

首先必须录入常规性定损信息，另外应该提供下列信息：

1）提供出险时间的气象证明资料。

2）提供出险现场环境的资料。

3）对重要的电器配件必须以文字材料说明并待检处理。

4）用文件形式说明对配件进行除水、除锈的方法及过程。

5）对录入更换配件必须张贴"零件标签"，并编号排列。

（9）汽车配置核对

定损汽车的水淹损失时，要对被淹汽车的配置情况进行认真记录，并与原厂配置表进行比对，特别注意电子器件的配置情况，如 ABS、ASR、SRS、PTS、AT、CVT、CCS、CD、GPS、TEMS 等。对水灾可能造成的受损部件，一定要做到心中有数，主要对真皮座椅、高档音响、车载 DVD 及影视设备、导航设备等配置是否为原车配置进行确认，如果不是原车配置，要确认车主是否投保了"新增设备险"，受损配置是否不属于保险标的。这些情况对于理赔会造成差别很大结果。

2. 水淹事故处理及保险索赔程序

（1）事故报案

水淹事故发生后，将车辆停在原地，保护好事故现场，并立即向保险公司报案。

常见引起索赔争议的原因：车辆被水淹后，未经清洗便发动车辆，不论是有意还是无意，或已知前方积水，但抱侥幸心理强行涉水行驶，致使发动机在进水的情况下强行压缩作功，造成机件损坏，如连杆弯曲、活塞拉伤、缸体爆裂等，这两种情况均不属于保险责任。保险公司只赔偿清洗费用，发动机部分的损失则由被保险人承担。

（2）车辆驾驶人员现场处理

1）水淹高度到轮胎 1/4。当水淹高度到轮胎 1/4 时，如图 4-2 所示，待水退后起动发动机，关闭冷气等电气设备，打入低速档，慢慢驶离淹水地区，并立即轻踩制动数次将水分蒸发排除，使制动系统恢复正常运作，此种情形应无须特别维修。

2）水淹高度到轮胎1/2。当水淹高度到轮胎1/2超过车底板时，如图4-3所示，水退也不要起动发动机，因部分车辆可能发动机控制单元（ECU）已泡水（一般发动机控制单元（ECU）放置于车底板附近），为避免损失扩大，应尽可能以推或拖吊方式离开积水区域，联络服务厂拖回检修。

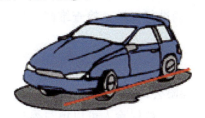

图4-2　水淹高度到轮胎1/4　　　　图4-3　水淹高度到轮胎1/2

3）水淹高度至整个轮胎与仪表板之间。水淹高度至整个轮胎与仪表板之间（中度损害），如图4-4所示，水退后千万不要起动发动机，以避免发动机进水受损。拔掉蓄电池正负极桩头线，以防止车辆电器线路引起短路，联络服务厂拖回厂检查维修。此时发动机、变速器、制动液等各类油品及滤清器需全部换新，并尽快检查各项电器及电路系统，加以清洁防锈，以降低损失。

4）水淹高度超过发动机舱盖以上时。水淹高度超过发动机舱盖以上时（严重损害），如图4-5所示，待水退拔掉电瓶正负极桩头线，绝对不要起动发动机，联络服务厂拖回维修。

图4-4　水淹高度至整个轮胎与仪表板之间　　图4-5　水淹高度超过发动机舱盖以上

（3）查勘人员现场处理

1）保险公司派查勘员到现场查勘，并出具查勘报告。

2）请拖车将车辆拖至修理厂检查清洗，切勿发动车辆。

（4）定损修理

1）车主携带事故单证（查勘报告、当事驾驶人驾驶证、车辆行驶证、被保险人身份证、保单正本）将车辆送到修理厂维修，修理厂对车辆损失进行估价并制作估价单，然后通知保险公司派人到修理厂定损。

如查勘人员现场已出具定损报告，修理厂对车辆损失进行复核，如无异议，在定损报告中盖章确认即可，无须再次定损；如有异议，则需制作估价单，并通知保险公司派人到修理厂再次定损。

2）保险公司定损人员到达修理厂之后，根据查勘报告、估价单对损失项目进行核定。

3）残件回收：为了保证维修质量，维护客户利益，保险公司对某些更换的配件要求回收，一般定损人员到修理厂之后会确定回收配件。修理厂将需要回收的部件更换之后，可通知保险公司的残件回收人员到修理厂进行回收。

4）损失复勘：为了保证维修质量，维护客户利益，对损失较大的事故（超过三万元），保险公司一般会在车辆修理完毕之后对车辆进行复勘，检查维修项目是否与事故损失一致。

（5）提交单证

1）被保险人将收集齐全的事故相关单证交保险公司办理索赔手续。

2）委托索赔：如果修理厂愿意代办索赔手续，被保险人可以填写委托书、索赔通知书，并将相关单证交修理厂，由修理厂办理索赔手续，保险公司将赔款直接赔付给修理厂，被保险人无须支付修理费。

（6）损失理算

保险公司收到被保险人提交的索赔单证进行损失计算，并制作赔款计算书交保险公司核赔人员。

（7）核损赔付

保险公司核赔人员核定损失无误后，转财务人员划款赔付。

### 3. 争议处理

（1）争议处理

在定损过程中与客户产生纠纷无法达成一致时，可以采取以下措施：

1）对事故经过和保险责任有异议，应先定损再定责。

2）对维修方案和车损金额无法协商的，必须先到指定的定损中心进行损失确定。

3）在非定损中心进行损失确定的，必须安排专职定损人员并全程现场处理跟踪。

4）对疑难案件和需要聘请公估公司以及技术资质的鉴定部门的情况，必须事前上报总公司审批（特殊情况的可以电话请示后补充书面资料）。

（2）加装产品理赔管理

当汽车被水淹时，进水的可能不只是发动机，其他部件也可能因进水而损坏，其他的损失都是包含在机动车辆损失险内的，只要不是人为造成的损失都可以赔付，例如，如果因车内进水造成音响损坏可要求赔偿，前提是原厂产品，而不是自己加装的产品。

## 三 典型案例分析

此案例为某保险公司于2012年受理的一起碰撞事故，案情受理及鉴定过程如下：

2012年7月某天，某公司投保的一辆奥迪车辆在高速行驶过程中连杆突然断裂，打裂缸体、油底壳等，造成车辆抛锚。保险公司接到报案立即调派人员赴现场查勘，查勘人员及时到达现场了解情况、拍照取证，并协助施救。

现场经过对发动机拆解发现，导致该故障的根本原因是发动机进水。由于水的不可压缩性，导致发动机连杆弯曲，连杆弯曲后，抗交变负荷能力下降，在发动机高速、高负荷运转情况下，连杆发生断裂，打裂缸体、油底壳。

对于进水当时出现的连杆断裂故障，由于进水现象比较明显，容易判断；对于进水当时连杆未断裂，行驶一段时间后发生的连杆断裂故障，判断方法如下。

检查空气滤清器下壳体是否有进水痕迹，如图4-6所示；检查进气道是否有过水痕迹，如图4-7所示。

图4-6 空气滤清器下壳体进水痕迹

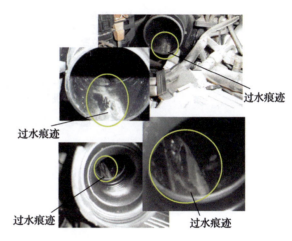

图4-7 进气道过水痕迹

分解发动机，发现3缸燃烧室及活塞顶部积炭比其他缸严重。分析发动机进水后，由于水的不可压缩性，导致发动机连杆弯曲（如进水量较大，当时连杆就会断裂），连杆弯曲后，造成该缸燃烧室容积增大，压缩比变小，该缸燃烧不好，造成气门、燃烧室及活塞顶部积炭比其他缸严重。如图4-8所示。

检查发现3缸孔上的活塞环上止点痕迹低于其他缸，如图4-9所示。

该事故现场及分解结果说明：导致该故障的根本原因是发动机进水后导致发动机连杆轻微弯曲，在上一次的水淹事故车维修中没有做到彻底检修（后经过了解该车在两周前因涉水发动机熄火救援过）。由于连杆弯曲后，抗交变载荷能力下降，在发动机高速、高负荷运转情况下，连杆发生断裂，打裂缸体、油底壳。该案例告诫大家在日后的发动机涉水案件中要明确清洗费包括的项目，要求修理厂做到彻底检修，以防类似案例再次发生。

图4-8 发动机3缸积炭严重

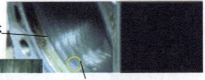

图 4-9　3 缸活塞环上止点痕迹

## 任务二　火灾事故车的查勘与定损

### 学习目标

**知识目标**

1. 能够描述引发汽车火灾的各种原因。
2. 能够描述火灾事故车查勘重点。
3. 能够描述火灾事故车的受损特点及损失核定方法。

**技能目标**

1. 能够熟练完成火灾事故车查勘工作。
2. 能够熟练完成火灾事故车定损及理赔工作。

### 任务描述

汽车火灾鉴定是较为复杂的鉴定类型。一般来讲，起火点和起火原因是委托方关注的焦点，同时也会关注助燃物。火灾鉴定最终是要解决汽车起火与事故之间关系的问题。道路交通事故中的汽车火灾鉴定是指寻找起火原因与事故关系的鉴定，火灾现场的查勘对于汽车火灾鉴定非常重要。了解汽车火灾损失的理赔规则，无论对车主还是对保险公司的查勘定损人员，都具有十分积极的意义。

## 一 汽车起火类型与原因

引发汽车火灾的原因多种多样，一般可以分为自燃和外界作用造成的燃烧两种，其中自燃或者自发燃烧是一个专门术语，用于描述因材料自身的放热性引发的着火过程。自燃的原因一般有，由于自然力作用和内部线路老化、接触不良、短路、超负荷等引起的电气故障火灾，或者汽车供油系统油品泄漏火灾、汽车排气系统火灾、汽车制动系统火灾、燃气汽车出现漏气点引发的火灾；而道路交通事故中碰撞、人为纵火等也会造成火灾。汽车火灾如果不能及时扑救，汽车会被烧得满目沧桑，转眼之间就会化为灰烬；若在行驶中起火，还会给驾乘者造成严重的人身伤害。

### 1. 汽车起火的分类

按照起火原因，汽车火灾大致可以分为5种类型，起火特征见表4-4。

表4-4 汽车火灾大致特征

| 起火原因 | 起火图片 | 起火特征 |
| --- | --- | --- |
| 自燃 | | 汽车自燃前一般会有较浓的焦烟气味或有较浓的油气味。老旧车辆在炎热的夏季极易发生自燃 |
| 引燃 | | 汽车引燃一般在车辆附近有其他可燃物，如干树枝、干草等易燃物 |
| 碰撞起火 | | 汽车碰撞起火会有车身较严重的撞击痕迹 |
| 爆炸 | | 汽车起火爆炸，车身会有较严重的爆炸痕迹。车辆附近散落有车辆部件、乘员等 |
| 雷击 | | 汽车被雷击后会在车身高处留下雷电进入的火花痕迹，车轮轮辋也会有雷电接地的电火花痕迹。车辆电控系统会有故障报警等 |

1）自燃：自燃是指在没有外界火源的情况下，由于本车电器、线路、供油系统等车辆自身原因发生故障或所载货物自身原因起火燃烧。

2）引燃：引燃是指车辆被其本身以外的火源引起的、在时间或空间上失去控制的燃烧（即有热、有光、有火焰的剧烈的氧化反应）。建筑物起火引燃、周边可燃物起火引燃、其他车辆起火引燃、被人为纵火烧毁等，都属于汽车被引燃的范畴。

3）碰撞起火：碰撞起火是指车辆与外界物体直接接触并发生意外撞击所引起的起火。当汽车发生追尾或迎面撞击时，由于基本不具备起火的条件，一般情况下不会起火。只有当撞击后导致易燃物（如汽油）泄漏且与火源接触时，才会导致起火。如果一辆发动机前置的汽车发生了较为严重的正面碰撞，散热器的后移有可能使油管破裂，由于此时发动机尚处于运转状态，一旦高压线因脱落而引起跳火，发生火灾的可能性就很大。

当汽车因碰撞或其他原因导致翻滚倾覆时，极易发生油箱泄漏事件，一旦遇上电火花或摩擦产生的火花，就会起火。

4）爆炸：爆炸是指由车内所载物品或车体上安装的爆炸物本身发生爆炸所引发的汽车爆炸。如果车内装载、搭载有易爆物品，或者被恐怖分子在车上安装了爆炸物品，爆炸物品自身的爆炸肯定会引起汽车的起火，甚至导致油箱爆炸，从而引发更为严重的燃烧。

5）雷击：雷击是指在雷雨天气，露天停放的汽车因遭遇雷击而引发的击穿或燃烧。由于雷击的电压非常高，完全可以在正在流着雨水的车体与地面之间构成回路，从而将汽车内某些电气电子设备击穿（如车用计算机），严重者可以引起汽车起火。

### 2. 汽车自燃的原因

（1）汽车起火的基本要素

燃烧的三大基本要素：第一，火源；第二，可燃物；第三，充足的氧气。在汽车火灾损失的查勘过程中，查勘人员在分析、判断起火原因时，就是要围绕这三大基本要素展开。汽车自燃的原因涉及油路、电路、装载、停车以及违章作业等方方面面。

（2）汽车起火常见原因

1）漏油。严重的汽车自燃一般都是燃油系统出现了问题，燃油的泄漏可以说是引发严重汽车自燃的罪魁祸首。油箱中泄漏出来的汽油是汽车上最可怕的助燃物，漏油点大多集中在管件接头处、橡胶管接触体外易摩擦处、固定部位与非固定部位的结合处等薄弱地方。

无论是行进还是停驶，汽车上都可能存在火源，如点火系统产生的高压电火花，蓄电池外部短路时产生的高温电弧，排气管排出的高温废气或喷出的积炭火星等，当泄漏的燃油遇到了电火花，就会造成起火。

2）漏电。汽车上的漏电分高压漏电和低压漏电两种类型。

①高压漏电。发动机工作时，点火线圈及高压线工作在高温环境中，加速了绝缘层软化、老化、龟裂，最终导致高压漏电。另外，高压线脱落引起跳火也是高压漏电的一种表现形式。由于高压漏电是对准某一特定部位持续进行的，必然引发漏电处的温度升高，引

燃泄漏出来的汽油、油泥等可燃物。

②低压漏电。低压线路搭铁短路是引发汽车自燃事故的另一主要原因。由于搭铁处会产生大量的热能，如果与易燃物接触，会导致起火。低压线路搭铁短路的主要原因有：导线老化、过载或磨损；导线断路搭铁；电路后期不规范改装等。

3）接触电阻过大。线路接点不牢或触点式开关接触电阻过大等会使局部电阻加大，局部电阻过大会产生热能，使导线接点发热引起可燃材料起火。

4）明火烘烤发动机油底壳。有的北方车主冬季没有及时更换防冻机油，就会出现发动机起动困难的现象。为了解决问题，某些驾驶人会在油底壳外用明火烘烤，如果明火预见油泥、泄漏的燃油等极易引起火灾。

5）明火烘烤柴油油箱。采用柴油发动机的汽车，有时冬季没有及时加注低温适用的冬季柴油，就会出现供油不畅的现象。为了解决问题，某些驾驶人会在油箱外用明火烘烤，极易引起火灾。

6）车载易燃物引发火灾。当车上装载的易燃物因泄漏、松动摩擦而起火时，导致汽车起火。

7）超载。汽车超载，从两个方面可能导致起火。一是汽车部件高温引起自燃，二是超载货物摩擦引起自燃。汽车的相关部件因汽车超载而处于过度疲劳和过热状态，一旦超过疲劳极限，就有可能发生自燃。

①制动器超负荷工作。制动系统是一种将动能转变为摩擦热能的机械系统，这种摩擦有利于汽车减速。制动系统的热量是由于固定在制动蹄片上的摩擦片与制动毂或制动盘之间的摩擦产生的。这种聚集的热量不因汽车的行驶而立即消失或制动毂的适当通风而散发，如果汽车超载行驶，频繁的制动会使产生的热量增多。制动毂的热量会传导到附近的可燃物（轮胎或制动液），增加了自燃的可能性。

②轮胎摩擦过热。轮胎摩擦过热有几种情况：一是气压不足，二是超载，三是气压不足与超载的综合效应。这些情况都会造成轮胎的侧壁弯曲。轮胎弯曲所产生热量的速度要比机动车行驶中散发热量的速度快得多，其结果是侧壁的温度升高，将侧壁纤维与橡胶材料的粘结破坏，所形成的分离又加剧了松散线绳与橡胶间的摩擦，从而产生了更多的热量。如果机动车停驶，失去了风的冷却作用，聚积的热量会很快使侧壁的温度上升而造成自燃。

轮胎起火以在高速公路上行驶的车辆居多，特别是双轮胎则危险性更大。当两个轮胎中有一个气压不足时就会发生这种现象，原因是相邻的轮胎承受了双倍载荷而形成过载，因此导致了轮胎的摩擦过热。

③超载货物摩擦自燃。货车严重超载时，在高速行驶时，车厢底部的货物会发生挤压、摩擦，从而产生局部高温，导致自燃起火。

8）停车位置不当。现代汽车一般都装有三元催化反应器。该装置因位于排气管上而温度很高，且在大多数轿车上位置较低。如果停车时碰巧将其停在麦秆等易燃物附近，会引燃可燃物。

如果驾驶人夏季将汽车长时间地停放在太阳下曝晒，会将车内习惯性放置在前风窗玻璃下的一次性打火机晒爆，如果车内恰巧有火花（如吸烟、正在工作的电气设备产生的电火花等），就会引燃车内的饰品。

9）维修保养不当。在汽车保养的过程中，部分用户只注意修理工是否将汽油滤清器更新，而根本没有在意他们是否对油管进行必要的检查。实际上，橡胶油管在经过长时期较高温度的烘烤之后，很容易老化而漏油。

另外，市场上假冒的汽油滤清器、劣质的汽油软管，及修理工不符合安装标准的操作方法，往往会留下汽车自燃的严重后患。

10）车主的故意行为。个别车主出于某种目的，故意创造条件，使汽车起火燃烧。

## 二 火灾现场施救与查勘

### 1. 火灾事故现场施救方法

（1）密切关注起火前兆

汽车自燃一般都有一个过程。如果是电器短路，驾驶室内会有较为严重的焦煳气味，这种情况应立即将车辆停靠在相对安全的地方，立即熄火，断开电瓶负极。如果是发动机起火，开始时可能仪表台会冒黑烟、有焦煳味儿，并伴随有异响、串火苗等，但在车前部一般是看不到的。如果驾驶人开着空调，在起火初期就可以闻到发动机舱内的焦煳味。如果是汽车尾部的行李舱起火，应该可以通过车窗及后视镜看到烟雾。

当发生汽车自燃征兆时，应该当机立断停车熄火，最好能将车停在避风处进行施救，避免产生更大的损失。

（2）起火后的施救

1）自行灭火。确认汽车起火以后，驾乘人员应头脑清醒，切忌惊慌失措。将车停靠路边后，取出灭火器，确认起火部位，实施扑灭作业。发动机舱起火后正确的灭火流程是：

第一步，准备好灭火器，打开保险销。

第二步，在驾驶室内拉开发动机舱盖拉索手柄，发动机舱盖会有弹起动作。

第三步，将准备好的灭火器喷口对准发动机舱盖弹起的缝隙喷射。

第四步，等待火势变小后应戴好手套把手探到里面打开付锁销。有些发动机的舱盖开启需要二次操作。发动机舱盖大角度打开后再次对准起火点根部喷射。

注意：要记住切不可马上打开发动机上盖，无论是前置发动机还是后置发动机，无论是柴油机，还是汽油机。因为此时火势仍然控制在发动机盖（罩）下燃烧，没有形成热对流可燃物也不多，火势燃烧较为缓慢，对扑救有利，这与"先控制、后消灭"的消防灭火作战原则异曲同工。如果两人协同灭火，可由一人手持灭火器，另一人打开车盖，在车盖打开的一刹那，对准起火部位猛喷。如果只有驾驶人一人灭火，应该一手持灭火器，一手去开车盖，车盖打开后迅速喷射；或者将灭火器放在身边，待车盖打开后立即拿起来喷射。

如果火势较大，灭火器不够用时，可借用往来车辆上的灭火器或用沙土扑救。

若火势危及车载易燃物时，应先将其卸下；如果是车载货物着火，应先把货物卸下扑救。

油料着火时，严禁泼水扑救，但酒精、酒类着火时，可用水泼救。

救火时，要防止烧伤，不要在灭火的同时张口喊叫，以免烟火呛伤呼吸道。

新能源汽车如果确认起火后，要远离起火车辆，立即报警。

2）报警求救。如果火势很大，或者经过初步施救后，仍然无法将火扑灭，则应尽快远离现场并及时拨打119报警。此时，不要急着抢救车内的财物，防止被意外烧伤。

（3）保险索赔

汽车起火后，车主在拨打119火警电话报警以后，应该拨打投保的保险公司的报案电话，在第一时间拿到报案号并熟记之，或要求保险公司出现场。在消防队灭火后，要及时地向他们索要出警证明，并让其开具起火原因的说明。在保险公司定损以后，根据其要求拖到相应的修理厂进行修复。汽车修好以后，凭维修发票在额度内报销。

### 2. 火灾事故现场查勘过程

（1）火灾现场查勘器材

1）防护器材：进行勘验时，应当在火灾现场周围设置警示路锥、牌、桶、警戒带等，将事故现场隔离，勘验人员最好穿反光衣、戴安全帽，以保障自身安全。

2）举升器材：千斤顶、车轮挡块、举升机、操作垫或地毯等。

3）拆卸器材：锤子、螺钉旋具、钳子、扳手等拆解器材和随车工具。

4）常用器材和装备：勘验箱、照相器材、绘图器材、清理器材、提取物证的仪器和工具、照明器材等。

（2）现场查勘及调查

1）向当事人了解火灾情况时间、地点、行驶状态、天气、最先起火点、起火前有无异常，采取了哪些措施等。注意甄别当事人可能提供的虚假证言。

2）静态勘验。静态勘验主要是在不移动车辆，不触动车辆零部件的情况下，对火灾汽车车身的外观，暴露在外的汽车零部件以及地面情况的勘验。

3）拍摄方位照和概貌照固定物证。

4）动态勘验。在静态勘验的基础上，鉴定人进入车内，移动车辆部件及物品进行检查。

5）分析评判。根据勘验的结果和物证检验的结果进行综合分析，对火灾的原因及与事故之间的关系进行评判，分析车辆起火原因，判断是碰撞事故引起燃烧还是车辆自燃引起燃烧。

（3）现场查勘重点

1）查勘路面痕迹。车辆着火现场路面和车上的各种痕迹在着火过程中会消失，或在救火时被水、泡沫、泥土和沙等所掩盖，查勘时首先对路面原始状态进行查看、拍照，并做好各项记录。施救后用清洁水将路面油污、污物冲洗干净，待暴露印痕的原状后再详细查勘。方法是以车辆为中心在双方车辆驶来方向的路面寻查制动拖印、挫划印痕，测量起始点至停车位的距离及各种印痕的形态。

2）查勘路面上散落物。查勘着火车辆在路面上散落的各种物品，伤亡人员倒卧位置以及碰撞后被抛洒的车体部件、车上物品位置，与中心现场距离，实际抛落距离，推算着火车辆行驶速度。

3）车体痕迹查勘。通过车体燃烧痕迹寻找车辆上的起火源。

4）动态状态下着火燃烧的查勘。

①碰撞车辆着火的一般规律是将外溢的汽油点燃，查勘重点是汽油箱金属外壳表层有无碰撞凹陷痕和金属质擦划的条、片状痕迹。车体燃烧后的接触部位痕迹容易受到破坏，查勘时对残留痕迹部位查勘其面积及凹陷程度并进行对比，以求判断碰撞力大小、方向、速度、角度等。

②动态状态下发生车辆自燃主要是电器、线路、漏油原因造成，车体无碰撞损伤痕迹，但路面上一般都留有驾驶人发现起火本能反应的紧急制动痕；火势由着火源随着火势风向蔓延。火源大部分分布在发动机舱和车内仪表台附近，重点区分车辆自燃和车内人员放火。

5）静态状态下车辆着火。重点要注意检查现场有无遗留维修、作案工具，有无外来火种、外来可燃物或助燃物，如干草、树枝、油桶等；有无目击者，同时调查报案人所言有无自相矛盾之处，如事故现场周围环境、当时的天气、时空等有无可疑之处。

（4）起火点及起火原因分析

1）起火点判断。在汽车火灾鉴定中，确定起火点是确定起火原因和事件性质的关键，也是火灾鉴定中的一个难点。由于火灾本身的损毁、救火时破坏、自然力的破坏、证人作伪证等因素，要确定起火部位较为容易，但要确定起火原因，且取得充分的证据，往往极为困难。

①根据火灾烟熏痕迹确定。火灾烟熏痕迹是指物质燃烧过程中产生的游离碳及其他灰烬附着在物体的表面或侵入物体孔隙中所形成的一种形态。根据火灾现场烟熏痕迹所在的部位和方向来确定起火点所在的位置，主要是通过火灾产生的烟雾遗留在承痕体上的痕迹来进行分析。火灾中最能表明起火点的烟熏痕迹为V形烟熏痕迹，V形痕迹底端一般为起火点。

②根据燃烧程度确定。燃烧程度严重的地方，大多是起火点的地方。原因在于：燃烧的时间相对比较长，可燃物多或有助燃引火物，有时要通过微量物证分析的方法来进行分析。判断燃烧程度的方法是根据常见的不同材料的燃烧特点来进行分析，在汽车火灾中常见的几种材料分别是金属、玻璃及木材等。

汽车火灾中金属表面油漆层被烧后变化为：变色→裂痕→起泡→炭化→脱落。金属本身的变化为表面氧化变化，主要反映在颜色变化上，一般为红色。强度变化反映为倒塌；弹性变化反映为失去弹性；熔化变化反映为变形、熔化；组织结构变化反映为金相显微镜中晶格变化。

汽车火灾中玻璃的热变形。玻璃不是晶态固体，而是固体液体，无固定熔点，其内部的原子无序排列。将玻璃慢慢升温，玻璃一般在470℃左右开始变形，740℃左右软化，但不流淌，随着温度升高，黏度降低，则开始出现流淌现象，大约在1100~1300℃，完全熔化成液体状态。

汽车部件中使用木材的一般是内饰，也有可能是遗留在现场的木质助燃物。由于着火原因复杂，有明火、辐射、传导受热等，基本规律是看炭化层的形态和厚薄。一般情况下，燃烧时间长，炭化层的裂纹较深、较宽，炭块呈波浪状，形成馒头状炭化痕迹。

③根据火灾蔓延方向确定。火由起火点向外部空间扩展称之为蔓延，也遵循热辐射、传导、对流的三种方式，由温度高处向温度低处扩展。火的蔓延方式是由中心向四周扩展和一端向另一端扩展。

④根据物体烧损的程度确定。一般来讲，物体烧损重的是迎火面，轻的是背火面。因为迎火面直接与火相接触，而背火面往往通过热的传导产生性状的变化。

⑤根据物体的倒塌方向确定。火灾现场物体倒塌规律是：上下一样大的可燃物向迎火面倒塌，因为受热均匀，首先受损；上大下小的向背火面倒塌，重力学原理可以解释这一现象；可燃物先烧的地方先塌陷，先塌陷的地方先烧。

⑥根据短路的熔珠确定。在汽车电器火灾中短路是最常见的故障形态，短路会在电线的端点及地面上形成熔珠。

除短路外，高温燃烧也会形成熔珠。要区分不同熔珠的特点，确定是否为一次短路熔珠。一次短路熔珠的部位为短路起火点。

⑦通过对火灾残留物的检验确定。对疑为起火点位置的火灾残留物或疑为引火物的物质进行检验分析，主要是对残留物进行实物提取、蘸取、刮取等，要注意提取对照样本。

2）起火原因分析。

①道路交通事故引起的汽车火灾。在道路交通事故中，汽车发生碰撞、侧翻、侧滑、旋转等情况，易于导致电器线路发生短路起火，特别是夜间电气系统中灯光装置在使用情况下更易于发生此类火灾；易于导致车体油箱、油管破裂，当燃油遇到发动机高温或电火花时可以起火，甚至可以造成爆炸起火。

②电气故障引起的汽车火灾。电气系统是汽车火灾的主要火源。一般情况下电器线路因汽车的长期使用会出现磨损、开裂及其他形式的损坏，在遭受较强撞击或者行驶过程中，由于与金属导体发生接触或者液体泄漏致使接插部位绝缘性能下降，遭受挤压导致插件松动或者断裂，特别是蓄电池火线和起动机电缆等没有线路保护装置的线路都容易产生电弧，导致起火；因非法改装导致的电器线路接入额外功率过大的电气设备使导线高温过热而引发火灾；蓄电池与发电机并联共同向汽车用电设备供电，当其发生内部故障和外部故障时容易引起火灾。一般来讲蓄电池故障是指蓄电池过度充电、蓄电池外壳破损、蓄电池过热、电解液冰冻膨胀、活性物质在蓄电池底部沉积过多，或者蓄电池上放置金属物质、金属导电物落入正负极极板之间短路等。

③机械故障引起的汽车火灾。发动机、制动系统及汽车轮胎是汽车火灾的主要起火

点。当发动机高温后接触可燃物易于引发火灾。而制动系统拖滞故障时，易于造成部件之间因摩擦而过热，高温可能会引燃泄漏的润滑脂、轮胎或者制动液。当汽车轮胎由于充气不足、超载或者两者同时综合作用时，造成轮胎散热过慢，在汽车不间断高速运行过程中，易于造成轮胎自燃。

④供油系统故障引起的汽车火灾。汽车在使用过程中，由于老化、腐蚀、振动、碰撞等原因会出现供油管路接头松动，油路破裂或油箱开关关闭不严等情况，使燃油泄漏，在遭遇明火或电弧火花时易于造成火灾，特别是泄漏黏性较高的机油、润滑油，粘附在高温部件，如排气管、三元催化转化器上也容易引发起火。

⑤排气系统引起的汽车火灾。排气系统主要由排气管、消声器、三元催化转换器及尾管构成。当法兰松动或者受到腐蚀、破损时，造成高温废气喷出，高温废气与可燃物发生接触易于造成燃烧形成火灾。而点火系统故障导致三元催化转化器过热，与泄漏的油液或者地面可燃物发生接触，是造成火灾的重要原因。

⑥遗留火种或者纵火引起的汽车火灾。汽车内饰大部分都是可燃物或者助燃物，也可能有潜在引燃物、自燃物，如打火机、放大镜、发胶、香水等，当车内有明火或者有车外侵入的火种都可能造成火灾。还有一种情况属于人为破坏纵火行为，用火源点燃助燃剂、助燃物等造成汽车火灾。

⑦其他原因引起的汽车火灾。电动汽车在充电过程中或者汽车在维修过程中，不当操作易于引起汽车火灾；而以燃气作为燃料的汽车由于燃气的泄漏也易于引起爆炸起火。

（5）收集相关信息

1）车辆基本信息。购车发票、车辆使用说明书、车辆行驶证、驾驶证、车辆维保记录或手册、保险凭证等。

2）视频、监控资料。小区监控系统、城市道路监控、目击者的手机摄像或照片等与火灾信息有关的资料。

3）其他相关资料。车主、驾驶人、报警人的陈述，生产厂家或经销商的车辆技术资料，维修厂（店）的车辆维修记录等。

## 三 火灾事故车损失核定

### 1. 火灾对车辆损坏情况的分析

火灾对车辆损坏一般分为整体燃烧和局部烧毁。

1）整体燃烧。整体燃烧一般情况下损坏较严重，主要是指发动机舱内线路、电器、发动机附件、仪表台、内装饰件、座椅烧损，机械件壳体烧熔变形，车体金属（钣金件）件脱碳（材质内部结构发生变化），表面漆层大面积烧损。

2）局部烧毁。局部烧毁分三种情况：一是发动机舱着火造成发动机前部线路、发动机附件、部分电器、塑料件烧损；二是轿车壳或驾驶室着火造成仪表台、部分电器、装饰件烧损；三是货运车辆货厢内着火。

### 2. 火灾车辆的定损处理方法

汽车起火燃烧以后，其损失评估的难度相对大些，对于明显烧损的进行分类登记。对机械件应进行测试、分解检查，特别是转向、制动、传动部分的密封橡胶件；对金属件（特别是车架，前、后桥，壳体类）考虑是否因燃烧而退火、变形。对于因火灾使保险车辆遭受损害的，分解检查工作量很大，且检查、维修工期较长，一般很难在短时期内拿出准确估价单，只能是边检查边定损，反复进行。

（1）局部过火案件的定损

如果汽车的起火燃烧被及时扑灭了，可能只会导致一些局部的损失，损失范围也只是局限在过火部分的车体油漆、相关的导线及金属管路、过火部分的汽车内饰。只要参照相关部件的市场价格，并考虑相应的工时费，即可确定出损失的金额。

如果汽车的起火燃烧持续了一段时间之后才被扑灭，虽然没有对整车造成毁灭性的破坏，但也可能造成比较严重的损失。凡被火"光顾"过的车身的外壳、汽车轮胎、导线线束、相关管路、汽车内饰、仪器仪表、塑料制品、外露件的美化装饰等可能都会报废，定损时按需更换件的市场价格、工时费用等确定损失金额。

（2）整车过火案件的定损

如果起火燃烧程度严重，外壳、汽车轮胎、导线线束、相关管路、汽车内饰、仪器仪表、塑料制品、外露件的美化装饰等肯定会被完全烧毁。部分零部件，如控制单元、传感器、铝合金铸件等，可能会被烧化，失去任何使用价值。一些看似"坚固"的基础件，如发动机、变速器、离合器、车架、悬架、车轮轮毂、前桥、后桥等，在长时间高温烘烤作用下，会因退火而失去应有的精度和强度，无法继续使用，此时，推定全损处理。

## 任务三　盗抢案件的查勘与定损

### 学习目标

**知识目标**

1. 能够描述盗抢案件查勘方法。
2. 能够描述盗抢案件定损方法。

**技能目标**

1. 能够完成盗抢案件查勘现场的照片拍摄、询问笔录制作等现场查勘基本工作。
2. 能够完成盗抢案件后期的定损理赔工作。

### 任务描述

近年来，随着人民生活水平的提高，小轿车、摩托车已日渐成为人们日常出行的主要交通工具。随着小轿车、摩托车的日益增多，盗窃机动车案件也随之增加，特别是盗窃摩托车案件增加尤为突出。本任务主要学习机动车盗抢案件查勘方法、盗抢案件定损方法。

## 一 盗抢案件查勘

接报案后理赔员应立即赶赴第一现场查勘，对当事人进行询问并做好询问笔录，进行现场拍照并检查现场有无盗抢痕迹，有无遗留作案工具。注意调查报案人所言有无自相矛盾之处，如停车场周围环境、当时的天气等有无可疑之处。

1）走访、调查现场有关人员，调查车辆停放、保管、被盗抢的情况，做好询问笔录，应特别注意了解车辆被盗前的使用及停放情况。对车辆在停车场被盗的，要求取证停车记录及停车场看车人员的有关书面材料，特别注意停车场收费情况，要求被保险人提供停车收费凭证；如该地点有人看管收费，应向保安、管理人员或物业了解情况，要求其出具相关证明并写明收费看管情况（由被保险人协助办理），了解车辆丢失后追偿的可能性。

2）如果发现案件中存在某些疑点，牵涉到经济纠纷、非法营运等行为，应做进一步调查，取得可靠证据。可以通过公安部门进一步了解案件性质，也可向有关的个人或单位负责人了解情况。

3）在做询问笔录时应注意的事项。

①当事驾驶人与被保险人关系，车辆为何由当事驾驶人使用。

②保险车辆丢失或被抢的详细经过，对案件发生有何线索可向公安机关或保险公司提供。

③是否存在营运行为或经济纠纷，以及这两种情况是否与此车被盗（抢）有直接联系。

④该车手续是否齐全。

⑤丢车地点是否有人看管收费，有无收费票据。

⑥车况如何，是否进行过修理。

4）对被保险人的财务状况进行调查，防止被保险人因财务状况恶化或利用价差进行保险诈骗。

5）调查车钥匙及修车情况。调查被盗车辆近期维修情况，被盗车辆的钥匙配备情况，对钥匙进行鉴定，判断是否曾经配过。

6）调查车辆购置情况。调查被盗抢车辆的购置、入户上牌及过户等情况，如被盗抢车辆发生转让，应请被保险人及时提供有关转让证明。

7）了解车辆档案。到公安车辆管理部门，核实档案记载的车牌号、车型、生产及上牌时间、车架及发动机号码等资料，核对被盗抢车辆是否已经挂失、封存档案。

8）调查报警情况。走访接报案公安部门的值勤民警，了解、记录接报案的详细情况。

9）调查案件侦破情况。调查人员应经常与公安机关刑侦部门联系，积极协助破案。

在保险车辆被盗抢三个月后,应及时了解被盗抢车辆的侦破情况。

## 二 盗抢案件的定损

1)对全车被盗抢,在规定期限内公安机关没有破获的案件,根据合同约定直接在考虑折旧和免赔因素后计算赔款。

2)对全车被盗抢后在合同规定期限内公安机关破获或找到,车辆完好的,车辆直接交被保险人,案件结案处理。

3)对被盗抢或抢夺期间所造成的车辆的损失,按照损失金额,参照一般车损案件定损处理办法定损,在盗抢险项下计算赔款。

## 三 盗抢案例分析

此案例发生于 2010 年 12 月,现场查勘及定损过程如下:

2010 年 12 月 30 日 8 点 15 分,保险公司查勘员刘××接到调度中心调度,黄州益民路移民小区便民副食店门口,发生车辆盗窃事故。刘××紧急赶往现场。据了解,发生盗窃事故后,被保险人王××向邻居询问未果,打电话到 110 进行报案。派出所民警出警到现场,对现场进行了调查(询问客户及邻居),并拍照、做询问笔录。查勘员到达现场后对客户了解具体情况,对现场进行拍照。提供给被保险人机动车辆商业保险索赔单证一览表,并要求被保险人提供相关证明,然后告知被保险人按照盗抢险条款内容准备相关证据,并做询问笔录。

### 1. 现场查勘照片

车辆丢失方位及车辆停放现场如图 4-10 和图 4-11 所示。

图 4-10 案发现场

图 4-11 车辆停放现场

### 2. 现场查勘资料

现场拍照结束后,对车主进行了询问笔录,完成了事故现场查勘记录,查阅了保单信息,出具了机动车商业保险出险通知书。相应单证如图 4-12~图 4-15 所示,其他单证图片略。

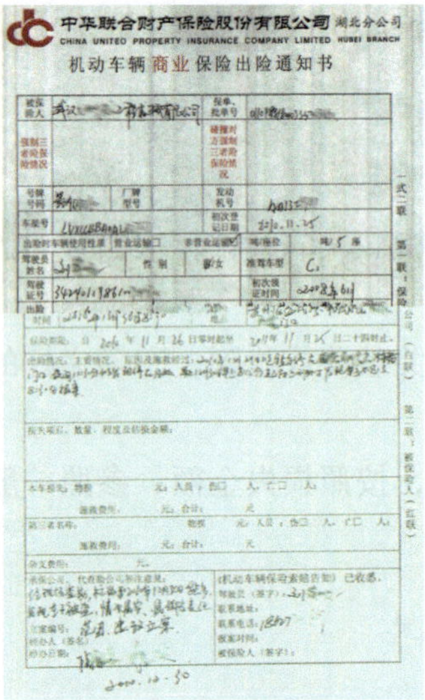

图 4-12 出险通知书 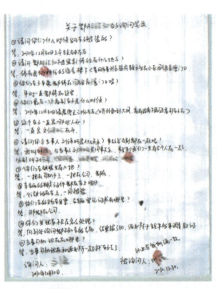 图 4-13 询问笔录

图 4-14 事故现场查勘记录

图 4-15 保险单

### 3. 鄂 A×××××的询问笔录

1）请问你们是什么时候车子被盗的？

答：2010 年 12 月 30 日上午 8 点左右。

2）请问鄂 A××××× 被盗前停放在什么地方？

答：停放在我们租住的宿舍楼下（黄州市 贵州区 益民路 移民小区 ×××× 门口）。

3）你们的车子平常都停放在 ×× 副食店门口吗？

答：平时，一直都停放在这里。

4）你们最后一次看到车子是什么时候？

答：2010 年 12 月 30 日凌晨零点 30 分左右，听见外边刮大风，看看有没有下雨，当时还看到车停放在那里。

5）这部车一直由哪些人开？

答：一直由王××在开。

6）请问你与当事人王××是什么关系？事发时都在一起吗？

答：我叫叶×，与当事人王××是同事关系，事发时我们5个人在一起，分别叫孙×、张×、王××、叶××、吴×。

7）你们车钥匙共有几把？

答：一把在驾驶人王××手上，一把在公司，都在。

8）车辆的相关证件都在车上吗？

答：行车证在车上，一同被盗。

9）你们车的购车发票，车辆登记证书在哪里？

答：都在公司。

10）你们发现车辆丢失后是怎么处理的？

答：到处询问，不知去向，报了110，派出所8点半来调查取证。

11）当事人驾驶人现在哪里？

答：当事人驾驶人现在去派出所了。

询问人：刘××　　　　被询问人：以上内容已经确认，与我阐述内容一致

叶××

4. 理赔流程

公安机关立案侦查60天未果后，保险公司进行赔偿。

## 任务四　骗赔案件的查勘与防范

### 学习目标

**知识目标**

1. 能够描述车险理赔欺诈骗赔的类型，了解其产生的原因。
2. 能够描述车险理赔欺诈骗赔的防范方法。

**技能目标**

1. 能够具备常见车险理赔欺诈骗赔案的防范技能。
2. 能够具备一定的科技防欺诈骗赔技能。

### 任务描述

保险欺诈骗赔是指投保人或被保险人通过虚构保险标的，或伪造、虚构保险事故，或

故意扩大、夸大责任事故损失程度等手段,以骗取保险赔款为目的,欺骗保险人,以假象致使保险人错误地支付赔款,获取不当利益的行为。

随着社会机动车辆的大量增加,交通事故数量与日俱增,利用交通事故涉嫌保险欺诈骗赔的案件也时有发生。涉嫌欺诈的人员日益专业化、团伙化、手段智能化、资金巨额化。而且这种倾向在部分地区、个别领域呈高发态势,越演越烈,导致车险赔付率逐年增长且居高不下。因此,有专家分析指出,保险欺诈造成的损失可与大型灾害事故的损失并列,堪称影响保险行业可持续发展的两项最大风险。从业人员了解机动车辆保险欺诈行为的特征与反制措施尤为重要。

## 一 骗赔特征与防范措施

### 1. 骗赔特征

保险欺诈骗赔者为达到骗取赔款的目的,常通过伪造的事故形态迷惑保险公司的查勘人员,其行为往往具有很大的隐蔽性。但是,在真理面前,假的就是假的,造假者百密总有一疏。对欺诈骗赔的方式进行分析,让查勘定损人员掌握欺诈骗赔案件的特征,可以有效遏制、减少欺诈骗赔行为的发生,提高保险公司规避、防范道德风险的能力。下面将车辆保险欺诈骗赔的常见形式与特征分为7个方面进行阐述。

(1)先险后保

这种欺诈方式在业内俗称"倒签单",指车辆发生事故时投保人尚未投保,出险后补投保险,并将出险日期向后推,报案时谎称是在"保险期内"出险。此类案件的特点有:出险时间距保单生效时间很接近,且投保的险种一般均保全保足。采取先险后保的保险欺诈形式时,通常有两种手段:一是伪造出险日期,二是伪造保险起止日期。由于近年来保险公司的出单系统全部改为计算机管控,保险起止日期已经不可能伪造。所以,只有出险日期存在虚假的可能性。这类案件一般在出险后暂不报案,待投保后再按正常程序报案索赔。

(2)谎报出险

本来没有发生事故,投保人或被保险人却无中生有,臆造事故,谎称发生了险情。这类情况往往投保人需要采用证人做伪证,制造虚假事故现场,提供伪造的证明材料等手段。

(3)一险多赔

这类诈骗方式在机动车保险理赔工作中是比较常见、比较普遍的现象。通常是一次事故先由事故责任者给予赔偿,然后再向保险公司索赔。还有就是一次事故向多个保险人索赔。

(4)冒名顶替

这类保险欺诈可以分为两方面的冒名顶替行为:一种是驾驶人的冒名顶替,另一种是保险标的的冒名顶替。

驾驶人冒名顶替的欺诈行为在机动车辆保险事故中最为常见。广为熟知的现象是肇事驾驶人酒后驾驶或者驾车人属于无照驾驶发生事故时，为了获得保险公司的赔偿，谎称是其他驾驶人驾车肇事。

保险标的的冒名顶替是指未投保的车辆发生交通事故，诈骗人采取偷梁换柱的手法，假借其他投保车辆的名义，顶替未保险的车辆向保险公司索赔，企图骗取赔款。

（5）真撞骗赔

这类欺诈行为多为不良修理厂的惯用手法。欺诈者将机动车辆上未损坏的零部件拆下，使用同型号的损坏件进行替换，再故意制造交通事故，以获取高额赔偿。

（6）虚假理赔

这种类型的骗赔案件不同于前面所说的谎报出险，主要是保险公司内部的工作人员或者是保险代理机构利用职务之便，勾结投保人，故意编造未曾发生的保险事故，伪造事故单证材料，包括伪造事故照片，以此骗取保险赔款。

（7）假险骗赔

假险骗赔指利用实际价值不高的老旧车型高额投保，再人为制造全损的事故。例如坠崖、自燃或火灾、严重碰撞导致全损等，以此虚假手段向保险公司骗取高于实际价值的赔款。

这类案件往往具有车型陈旧、低值高保，出险时间、地点精心选择，且标的损失金额一般较高的特征。此类案件查处的难度较大，有的时候，尽管已经怀疑这是一起骗赔案件，由于证据不足难以定性，保险公司如果再怠于深入调查，很可能使欺诈者的骗赔行为实施成功。

### 2. 防范措施

针对保险欺诈骗赔日益增多的趋势，整个保险行业都加大了反欺诈工作的力度。通过对欺诈骗赔现象产生原因的分析，根据各类骗赔案件不同的特点，再加上以往赔案中的经验和教训，分别制定出台了很多行之有效的防范措施。归纳起来，主要有以下几方面。

（1）加大正面宣传力度，普及保险知识，争取社会舆论支持

过去较长一个时期以来，由于保险公司主动宣传力度不足，致使社会公众不能正确地认识保险的作用。因此，保险公司应该加大保险知识和相关法律法规的宣传，增强公民的保险知识和法制意识，使广大公民充分认识到保险不是福利事业，减少对保险认识的误区。同时，通过新闻媒体将部分典型的欺诈骗赔案例予以曝光，分析欺诈骗赔的社会危害性，明确实施保险欺诈应该承担的法律责任，以达到提高全民保险意识，有效遏制欺诈犯罪的目的。

（2）加强与有关部门的合作

保险公司应该加强与警方、政法部门、司法鉴定部门的合作。保险公司作为社会经营

实体，面对欺诈行为，只有与上述部门联手合作，发挥各自的特长，配合有关部门对涉嫌欺诈的行为进行查处，才能实现对于保险欺诈骗赔行为的实质性的打击。对于构成犯罪的，要一抓到底，绝不姑息迁就。

（3）加大反欺诈工作的投入

保险公司要提高对反保险欺诈骗赔工作的认识，加大对反欺诈工作的投入，既要在人员、物质上加大投入，同时也须注意对反欺诈骗赔方面的专业人才的培养。对反欺诈人员进行专业技能培训，例如，在人伤知识、车辆知识、痕迹鉴定知识等方面，聘请相关专家授课，以提高反欺诈的技能水平。从国内保险行业中得到的数据看，反欺诈投入的力度越大，得到的反欺诈效果就越好。根据国外保险业统计的数据看，通常反欺诈的投入最终可得到 3~6 倍的回报。

（4）加强承保管控，提高承保质量

防止保险欺诈，要从承保抓起。提高承保质量要从多方面入手：加强对承保人员素质和业务能力的培训；加强承保实务标准的执行力度，严格按照承保业务操作规程对投保车辆进行风险评估；严格执行标的检验与标的核保工作，不能流于形式。

（5）加强理赔环节管理，提高理赔人员技能

理赔环节是反欺诈工作的关键岗位，理赔人员的水平是反欺诈工作的保证。培养一支高水平的理赔队伍是做好理赔工作、识别保险欺诈的基本保证。加强查勘定损、核损人员的专业技能培训，应该是所有保险公司常抓不懈的一项工作内容。还可以组建车险方面的专家组，以提高对疑难案件、专业程度高的案件的处理能力。

（6）加快对索赔案件的反应速度

切实遵循"主动、迅速、准确、合理"的原则。由经验可知，很多保险欺诈骗赔案件的当事人并未做特别充分的准备，保险公司理赔人员如果反应迅速，有些骗赔案件是可以在现场发现疑点，当场揭穿其图谋，成功避免保险公司的损失。

（7）建立必要的共享信息数据库

各保险公司应该意识到反欺诈信息沟通的必要，各公司应该在不泄露商业秘密的前提下，在一定范围内进行反欺诈合作。在保险行业协会的框架下，建立必要的、可以共享的信息数据库。例如：为避免重复投保，可以在承保信息方面进行共享；为使涉嫌欺诈的车辆、人员在行业内曝光，可将欺诈骗赔信息进行共享等。

（8）发挥保险行业协会的纽带作用

保险行业协会应成为各保险公司信息交流的纽带。在加强行业监管的同时，定期提供相关信息，发布各公司的反欺诈工作状况，对反欺诈工作提供相应的指导等。

以上从 8 个方面对防范措施进行了分析。除此之外，还有诸如：完善保险公司内部监控机制，加强政府监管，规范市场行为，建立举报制度，实行奖励措施等保险公司内部与外部环节的行之有效的反欺诈防范措施。

## 二 欺诈案件识别方法

近年来，部分公司加大了反欺诈工作的培训与投入，有的保险公司采取拒赔案件奖励制度，赔付率大幅降低。同时制定严格的管理规范，实行有效的管控措施，加强对员工进行法制教育，减少不必要的赔付。

下面介绍火灾事故骗赔的特征与识别方法，并重点介绍现场查勘环节和定损环节的部分反欺诈成功的案例，供学习借鉴。

### 1. 火烧车骗赔的特征及识别方法

（1）火烧车骗赔的特征

火烧车骗赔者要想达到骗取巨额赔偿金的目的，总要挖空心思地在投保、火烧车、报案、索赔等各个环节进行欺骗和伪造。一般说来，火烧车骗赔行为有以下特征（简称"十看"）。

1）从车辆运营条件看。被保险人近期经营效益较差，被火烧车辆多为个体运输的轿、客、货车，获得保险利益者多为个人。如果被保险人财务状况、经营情况不好，被保险人可能因经营不善等情况而进行保险欺诈。

2）从车况看。车辆焚毁前多为破旧不堪（使用年限在5年以上，或行驶里程在10万km以上），经营不力，却低值高保、私车公保，甚至向多家保险公司巨额投保。

3）从起火的季节看。虽然从理论上来说，任何一个季节都有发生自燃的可能性，但是，根据火灾实际发生的情况统计，汽车夏季自燃的发生概率远远大于其他季节。这是因为夏季气温高，油气蒸发多，汽车的散热条件又相对困难，在同等条件下，更容易发生自燃。

4）从起火的时间看。出险车辆多在临近保险有效期满或迫近车辆年检截止日期前被焚，有的则在投保后不久即被焚毁。火烧车时间多在不利于有关人员及时到场查勘和进行现场保护的夜晚（夜晚9点至次日凌晨5点之间）、恶劣天气、节假日。

5）从起火的地点看。火烧车的地点不是在人口稠密的市区，也不是在车水马龙的主要道路上，而是在城乡接合部相对偏僻、人迹稀少的小路上，不易被他人发觉、发现，不利于消防扑救。

6）从起火点的位置看。汽车的烧损程度非常严重，整车呈现出面目全非的概貌，甚至出现不止一处的严重烧损地方，令人难以判断出最初的起火位置，不符合汽车自燃的一般规律。

7）从车上人员情况看。火烧车时车内一般无乘客，或驾乘人员神态自然，没有遭遇突发事件后的紧张、焦虑、恐怖感，也没有私人财务遭受重大损失后的心疼感。

8）从车上物品情况看。火烧车时车上一般无货，或者驾乘人员的个人物品，尤其是贵重物品均被及时地从燃烧着的汽车车厢内"抢救"了出来，没有造成任何损失，或者个人物品虽有个别损失，但无足轻重。

9）从被保险人活动表现看。火烧车前多有预谋准备，火烧车过程中多有同伙策应，火烧车后急迫索赔。车主或驾驶人随身携带保单，向保险公司索赔的资料基本齐全，而且未曾遭遇任何过火损失，对赔付规定和索赔流程基本熟悉。索赔过程中对知情人威胁恐吓，对保险理赔人员殷勤备至，伺机请客送礼。坚决反对查勘人员要以汽车的实际价值赔付，而要求按照投保价值进行赔付，态度坚决而强硬。

10）从驾驶人员看。属于车主亲自驾车的现象居多。起火以后，车主或驾驶人首先选择向投保的保险公司报案，而不是拨打110或119求救电话请求救援，有违常规。按照一般规律，人们记住110或119求救电话的可能性远比记住保险公司报案电话的可能性要大，发现火灾险情以后，会首先想到向110或119报案的做法也符合人们的常规思维习惯。

（2）火烧车骗赔的识别方法

火烧车骗赔的关键在于伪造火烧车现场，即变纵火火烧车为车辆"自燃"。现场伪造是否成功的关键取决于编造的"火因"是否合理。既然是伪造的现场，那么其现场痕迹必然在时间发展的次序和空间排列的条理性上与真实情况不相符。正常出险的现场，其发案经过顺理成章，痕迹物证的分布排列也符合客观规律。而骗赔案件，不仅出险情节反常，而且现场布设离奇，并常伴有顾此失彼的破绽出现。具体来说，查勘火烧车赔案现场时应特别留意以下几点。

1）当事人的叙述与已知的事实不相符，或证词相互矛盾。如果发现案件中存在某些疑点，牵涉到故意行为或人为失火情况，应作进一步调查，取得可靠证据。可以通过公安消防部门进一步了解案件性质、着火原因，也可向有关的个人或单位负责人了解情况。

2）注意车辆停放姿势和"肇事"前行驶的轨迹。车辆停放的位置与姿势反映了机动车行驶的最后状态。不同速度、不同路线行驶的汽车遇突然情况紧急停车后的状态是不同的。如果车辆行驶中突然起火，那么车辆应体现出慌不择路的随意停放并可能伴有较重的制动痕迹。而某火烧车案的车辆避开了可能被火损坏的建筑、运输线路、公路设施等，稳妥地停在路边又无制动痕迹；另一撞树"起火"的车辆选择了由地势平缓的岔道口驶下公路将小树撞倒的路线。上述情况均应视为诈骗疑点。

3）注意车辆的燃烧情况是否正常。从起火三要素即火源、可燃物、氧气的条件去分析判断起火原因是否合理，找出起火点，进而根据可燃物的燃烧速度看当时扑救的可能。

自燃事故的起火点，基本上都发生在仪表盘内、发动机舱电线处，主要由于电线短路引起火灾。电路短路的火灾会导致导线局部形成熔珠，可以通过显微镜下的金相分析加以判别。

车辆自燃事故无论何种状态起火，都反映出火势强度小、烧毁部位特定、燃烧程度浮表的特点。一般表现为车体两侧及后身玻璃窗完好，发动机、门锁、后排座位完好，油路无损，车内烟熏严重，有由前向后、由下至上、窗缝烟迹由内向外的火路走向现象；车内仪表板、发动机上部、正副驾驶座椅后背及座垫表面会烧毁。勘验时，在电路总成可寻找到短路电线，断头有触点，电线由于大电流通过发热，护皮有内焦现象，是由内向外烧。

纵火案件由于是外部引燃，其损坏特征是：可发现被烧毁的电线是焦煳状，电线护皮由外向内烧，特别是在尚未烧完的电线上更为明显。纵火案件的起火点，一般都在车辆底部或表面部位，如汽车底盘、车头发动机下部，车内的座垫等，并且有助燃物。

任何车辆上的可燃物的数量都是一定的、有限的。如果车内没有助燃物的话，那么出现一般的火灾现象后，由于其燃烧速度并不是很快，火势并不是很猛，完全可以马上扑灭，而不应迅速燃起不可救治的熊熊烈火。再说火势一般是以火源为中心向四外扩散的，如果有风，则随风的指向蔓延。由于车辆在定型设计时就已充分考虑到了防火的多种可行性，因此即便偶尔有个别部位电线短路引燃起火，也绝不可能没有主次地全部烧毁。

某案例在起火的车头部位烧损不重，而无电无油无火的两排驾驶座席却被严重烧毁，这种燃烧情况没有相当数量的高能燃料助燃是不能形成的，它说明该车在燃烧的轻重程度和火势蔓延方向上均有问题。

4）注意痕迹的形成有无反常，鉴别现场是否伪造。应当根据有关痕迹物证是否出现，以及它们出现的次序是否合理加以判定。例如，疾速行驶中焚毁的汽车驾驶台残骸中应当有点火钥匙，如果发现高温变形的车门烧结在车体门框上不能开启，车内又无点火钥匙时，现场无声的物证已揭穿了当事人"行驶中起火"和"一直从车门泼水救火"的谎言。

对于涉嫌火灾骗赔的案件可以抓住要害问题，运用不同门类的技术手段核实、甄别案情的真伪，及时发现破绽，突破疑难案件。如通过金相分析，判断现场物证受热时的燃烧强度和持续时间；通过热分析，确定起火部位；通过气相色谱分析，判定有无汽油助燃；通过文检鉴定，甄别单证材料真伪；通过识别编号检验，判断车辆来源等。

进行火灾检验样品采集要掌握要领、讲究方法。例如，现场采集油脂检材，一般应尽可能选择有可能附着油脂的部位；起火点在地面的纵火现场，要提取比较潮湿、有油气的下层土，特别是对汽油、煤油等极易挥发的油，表层干土和下层土要分别收集，做好标记；提取有可能盛装油品的可疑容器时应封好口尽快送检，以免挥发丧失检验条件。在查验涉嫌改变车架号码的火烧车案件时要注意，由于制造厂铭牌识别编号与车辆底盘识别编号两者相同，所以犯罪分子在改动车辆底盘识别编号的同时，会将车辆制造厂铭牌标志揭掉，因此被改动或锉掉了识别编号的机动车辆多无制造厂铭牌标志，而仅剩下另一类发动机编号。更改后的识别编号字迹在字体、位数、笔画、粗细凹陷度、间距、倾斜角度上均会有差异；改动部位无防锈底漆，其油漆表面光亮度、质感和颜色也有差异。由于承受客体原有编号部位被破坏，被打磨加工的部位表面粗糙，擦划痕迹杂乱。若将车辆识别编号用细砂纸磨光，借助不同角度的光线可以观察到被打磨掉的原号码。对打磨较深的车辆，可采用化学腐蚀法来显现被打磨掉的号码。

（3）对涉嫌焚车骗赔案现场查勘

1）对焚车骗赔案现场调查的要求。

①对调查时限的要求。现场查勘通常有两个主要的获取鉴定线索证据的来源和途径：现场勘验和现场调查。前者是以焚车现场为对象的调查；后者是以与出险事故有关的人为对象的调查。无论哪种现场调查，关键要把握住一个"快"字，现场调查的突出特点是时间性强。

②对调查人员的素质要求。焚车事故现场调查以其不确定因素多、随机性强而增加了调查取证的难度。要求保险理赔人员除了政治立场坚定、通晓保险法规、精通保险业务、具有渊博的知识和丰富的生活经验之外，还要熟练地掌握各种不同的调查策略和方法，善

于观察研究分析调查对象的个性、心理特征，积极做好思想疏导转化工作，化消极对抗因素为积极因素，要有敏捷的分析、判断、反应能力。

2）焚车骗赔案现场调查的对象和内容。

① 现场调查的对象。按知情范围和深度，应侧重对下列人员进行现场调查访问。

a. 发现人和报案人。发现人，通常是指最早发现出险事件的人；报案人，通常是指向保险公司报告出险情况的人。一般情况下，焚车出险事故的发现人、报案人多为同一人。

b. 出险事故发生时在现场周围，耳闻目睹焚车经过和作案者情况的人。

c. 出险时虽未在场，但了解内幕或发现过某些可疑人、可疑物、可疑事的人。

d. 知道被焚车辆来龙去脉，了解被焚车辆购置、存放、运营、保养、审验、维修情况的人。

e. 其他知晓有关涉案情况的人。

② 焚车事故现场调查的内容。

a. 出险登记调查。接受报案时，应对出险事故进行初步登记。其要点是：报案人的姓名、年龄、职业、住址、联系电话，与被保险人是何关系；什么时间、什么地点发生或者发现的焚车事故；发生或者发现焚车事故的简要经过和现场梗概情况；被焚车辆的品牌、车号、投保日期、投保金额；车主、驾驶人各自的姓名、性别、年龄、职业、住址、联系电话。

b. 对焚车情况的正式调查。现场调查访问工作的调查内容如下：确定焚车事故发生的时间、地点和详细经过，并核实是否与报案时的陈述一致；问明发案时在场的人及每个人的自然情况，他们的相互位置，在案发时各自所起的作用及分工情况，还有谁到过现场；查询装载的货物、乘员，载物的长宽高、质量、重心偏离程度及货物捆绑固定情况，车辆焚烧的详细经过，包括发现故障的时间、地段、发现人，故障表现征象，停车原因、停车位置、停车次数，故障检查人，故障检查方法，检查部位、检修工具及检修结果，车辆起火部位与方式，燃烧时的气味、形态、火势大小及蔓延方向，燃烧持续时间等。

c. 采取了哪些扑救措施，扑救人是谁，有无外援人员及车辆，所使用的工具、器械、物品及来源，扑救的方法及效果，车辆焚烧后的情况及损失程度。

d. 查勘人员到达之前，现场环境是否发生变动，变动的原因和情况。当时有哪些人到过现场，到达现场的哪些部位，触动过哪些物品，使现场发生了哪些变化。

e. 详细查询出车事由，包括：出车的阶段性目标和出险当天具体出车任务；出车人（驾驶人员、随车人员、搭乘人员）有哪几人；车辆平时停放和出车规律；出险这天车停放什么位置，何人何时由何地点出发去何处干什么，一路到过几处地方，停留多长时间，接触过谁，进行过什么活动；到达目的地的时间及活动情况；返程时间，沿途经由的路线，停留的地点；车辆最后出险时停车的具体时间地点，停车的直接起因及车上人员各自的活动情况。

3）焚车事故现场调查应注意的问题。

① 焚车后撤离现场的时间，撤离方法及先后顺序，撤离时搭乘何人的什么交通工具（问清单位、姓名、车型、车牌号），返回到什么地方去干什么，撤离时现场交由谁来保护，保护状态如何，有无新的破坏。

②出险报案的详细经过。包括：何人何日何时到何部门去报的案，被焚车辆所有权人有几个，公用还是私用，与保险登记申报人是否一致，肇事人与被保险人是否同一人。如不是，肇事人同被保险人属何关系，购置使用此车有无事先约定。

③被焚车辆的来源。包括：车辆型号、颜色、牌照号码、发动机号、使用性质、吨位或座位，购置时间及价格，购置目的、新旧程度，有无因故障、肇事使车辆损坏而修理的情况，重置价格、市场价格及实际价格各是多少，有何凭据。

④被焚车辆的保险情况。包括：此车以前由谁办理过且办理过几次投保，本次保险是谁于何时到哪个保险公司找谁办理的投保，投保金额、计交保费各是多少，有效期，此车以前是否发生过肇事，获得过多少保险赔偿金，此车是否存在一保多投、低值高保的情况。

⑤被焚车辆的审验情况。包括：本车有无牌照和行驶证，挂戴的号牌是否与行驶证相符，投保人与执证人名称是否一致，行驶证是何时由哪个交管部门核发，行驶证上是否依次有检验合格标记，进行货物运输或旅客营运活动有无合格证、许可证和增容管理费收据等。

（4）焚车赔案现场调查的方法

1）区分主次缓急。首先摸清被调查对象的身份和与案件的关系，确定询问的先后顺序。应先找出险事故的发现人、报案人，若能够提供现场情况的知情人和地址不确定，事后难以找到目击者、见证人进行询问。

2）选好调查询问的场所。为及时收集案件情况，询问地点不宜离现场太远，应尽可能在现场附近、当事人所在单位（如办公室或现场查勘车内）或住处进行，以便于报告和联络。要本着方便调查对象、有利于保密的原则，选择环境安静、无噪声干扰、便于谈话的场所。不要在大庭广众之下询问，防止泄露案情和给当事人造成心理压力。

3）因人因事发问。不同的被调查对象对待现场调查的态度是不同的，大体表现为积极、消极、对抗三种类型。积极型，不管其陈述内容与调查人员的主观想象是否合拍，都能按自己感受如实陈述；消极型，对如实陈述心存疑虑，吞吞吐吐，推脱回避；对抗型，拒不陈述或故意虚假陈述。

询问中，对于积极配合的，无须做思想工作；对于消极对抗的，需针对其心理状态，做好疏导工作；对有思想顾虑、缺乏正义感的人，要有的放矢地进行法制宣传，鼓励他放下思想包袱，如实反映情况。

询问少年儿童，最好选择他们熟悉和习惯的环境，鉴于少年儿童对客观事物表述简单、爱幻想，询问中切忌提示，防止其顺竿爬，造成证言失真；应着重了解事实情节本身，提问时要注意观察其表情是否自然，分析有无添枝加叶的虚构成分。

对于记忆力差的人尤其是老年人，询问时要由浅入深，由外围到重点，耐心启发，帮助回忆，引导陈述。

对于涉嫌伪造现场、谎报假案的人，询问中要以听为主，不宜急于交锋、过早公开揭露。要以了解情况为由，让他反复详细地陈述经过和情况，自行暴露漏洞。

（5）焚车现场调查的步骤与要求

每个现场调查组至少要2人组成，询问时一人负责提问，一人负责记录或录音录像。除个别情形外，对于同一个问题或同一个调查对象，原则上应由同一组调查人员进行询问。

现场调查一般分提问、陈述、发问、核对4个阶段。

1）恰如其分地提出询问事项。在要求调查对象如实陈述所知情况的时候，应当向他明确提出询问事项的主题，使对方把握询问意图，防止因问话不明确使人摸不着头脑，答非所问。

2）允许陈述人畅所欲言。调查中不要轻易打断被询问人的陈述，允许其按照询问事项的要求，根据自己所知道的事实和所掌握情况的思路进行自由陈述。这样可以保证所调查情况逻辑性强，内容连贯有序，因果关系清楚，有利于准确分析认定案情，避免或减少差错。听取被询问人自由陈述，有时还可意外获取到依靠提问无法知道的情况和信息。

3）有针对性地适时发问。对于陈述中未涉及的问题，或虽然讲到但一带而过，不详细、不具体的问题，或与其他情况相互冲突的某些细节向被询问人进行发问。发问要切中要害，突出重点，全面细致。根据每起焚车案件的具体情况，研究确定发问的重点问题，如出车事由、人员行址、出险经过、扑救及报险情况等，凡与此有关的情况，发问都要尽量周全、详细、具体，一步到位调查清楚。发问时必须首尾相顾，符合"七何"（即何时、何地、何人、何事、何故、何法、何果）要素要求。

4）认真核对询问笔录。调查对象询问结束时，必须将记写好的询问笔录交给调查对象过目或向其宣读，同时必须告知对方，如果认为笔录某处记载有遗漏或有出入，可以提出补充、修改、更正意见；如果事后又回忆起了新的案情内容，可以做补充陈述。笔录材料核对无误后，必须由被询问人签字确认，这样才能起到证据作用。

（6）焚车骗赔现场勘验取证

1）焚车现场实地勘验的内容。

①对焚车现场周边环境进行勘验。查明焚车事件发生的具体方位，是城市还是农村，是发生在道路上还是村屯大院或车库内。如果是在道路上，要查明被焚车辆所处的具体位置和性质环境；如果是室内，要查明停放车辆的具体部位，搞清进入现场作案的出入口及所处的环境情况。

②对被焚车辆进行勘验。查明被焚车车型、车号、颜色、轮距。如果是肇事后焚烧的车辆，还要查明前悬、后悬、接近角、离去角、车况、停车姿势、烧毁的部位、烧毁程度，以及车内物品、油箱、操作台情况。

③对被焚车辆行驶痕迹、燃烧痕迹及其他痕迹进行勘验。查明被焚车辆与现场路面、建筑物、路树相互作用所形成的碾压、撞击、刮擦等痕迹的形态及形成经过；查明焚烧机动车的火源、起火点、引燃物、助燃物、燃烧程度、火势蔓延方向；查明其他可疑痕迹的形成机理及与焚车事件的关系。

④对现场遗留物进行勘验。查明遗留在焚车现场的物质或物品来源、遗留时间、遗留方式，尤其要查明可疑物品的形态、特征、质量、气味、颜色、遗留缘由，与焚车事件之间的关系。

2）焚车现场勘验的步骤。对焚车现场的勘验，要按照整体巡视、局部观察、分别勘验3个阶段顺序进行。

①整体巡视。通过整体巡视，判明现场方位，确定现场范围，提出切实可行的勘验方案，包括勘验的范围、重点、顺序、方法、措施等。划定勘验范围应力求准确，以避免过大或过小。过小会遗漏重要的痕迹物证，过大会无端浪费人力。整体巡视阶段需要完成的工作有：进行现场方位、现场概览照录像，绘制现场方位图。

②局部观察。通过局部观察，了解车辆各部位焚烧后发生的变化，发现和记录各种痕迹物证的原始状况，分析研究各种痕迹形成的原因、特点，与焚车之间有何关系，现场状态、报案陈述、现场调查是否一致。这一阶段需要做好以下工作：一是要对有关痕迹做出明显标记和警示，划出通道，以便其他查勘人员进入现场；二是要按照要求，完成现场中心的照录像和现场平面草图的制作，详细记录现场情况；三是确定下一步分别勘验的重点目标和内容。

③分别勘验。分别勘验是指在局部观察的基础上对现场与焚车有关的痕迹和物体逐个地进行勘验和检查。通过分别勘验，力争发现细小隐蔽的痕迹物证，分析研究其形成过程、原因和与焚车的关系。

3）焚车现场实地勘验规则。

①先静后动。实地勘验时，对于任何痕迹物品都不要匆忙动手，要对现场首先进行一番宏观的静态观察，搞清楚痕迹物证的原始状态、形成原因和相互关系，在此基础上再翻转移动物品，进行详细的观察研究。在检查易损、易变形的物体时，要轻拿轻放，小心谨慎。为了不损坏痕迹物证，勘验时要戴好手套，使用镊子等专用工具接触物品。

②先照后提。在观察发现的基础上，对于焚车现场上比较有价值、能说明问题、需要提取的现场痕迹物证，要在动手之前先采用照录像方法固定记录好它的原始状况，然后再根据痕迹物证的属性、类型和明显程度，采用相应的技术方法加以显现、固定、提取。

③由表及里。为保证痕迹物证不损坏、不遗漏，必须按照一定的顺序，先近后远、先下后上、先表面后内部、先地面后空间、先左后右、先前再后，先接触一侧再接触其他侧进行勘验，以期取得较好的勘验效果。必要时可借助白炽灯、红外灯、紫外灯等特殊光源显现观察，并可进一步置于放大镜、显微镜下观察研究痕迹物证的细微特征。

④突出重点。要根据每个不同焚车现场的具体状况，本着重点突出、循序渐进的原则进行实地勘验。要先勘验重点部位、重点痕迹、重点车辆，从中发现关键的痕迹物证。

4）焚车出险现场勘验记录。现场勘验记录既是保险理赔人员履行查勘职责的客观记载，又是固定和保全现场痕迹物证的重要措施；既是正确研究分析案情、合理赔付的客观依据，也是揭露证实保险欺诈骗局、公正裁判的客观依据。制作现场勘验记录要遵循及时、全面、细致、客观的原则，符合一定的程序和规格要求。一份系统完整的现场勘验记录，应当由现场勘验笔录、现场照片、现场录像和现场图4个部分组成。

5）焚车赔案物证技术检验鉴定。焚车赔案物证技术检验鉴定的原则：合法原则、科学原则、求实原则。要求鉴定人员必须敢于坚持真理，实事求是，主持正义，秉公鉴定；要求鉴定人员必须防止和克服主观臆断、先入为主，在调查研究的基础之上认识证据的基本属性，掌握证据的一般特征和特定特征，得出符合事物发展规律和客观实际情况的鉴定结论。

6）焚车赔案物证技术检验鉴定的方法。

①化学分析鉴定。对焚车赔案现场不同的化学物质和易燃物质通过化学分析仪器化验分析，得出其成分、性质、闪点、自燃点等方面的确切数据，为分析认定火因提供依据。

②金相分析鉴定。利用金相显微镜等仪器，对金属组织进行分析，观察金属材料被烧后金相组织的变化状态，判定其加热、保温、冷却的条件，为认定火因提供证据。金相分析的原理是，火场上有熔痕的金属物证，其金相组织必然在一定的物理、化学条件作用下发生变化，可通过观察分析金相组织，判断提取的物证受热时的燃烧性质、燃烧温度、燃烧时间、冷却速度，导致熔痕形成的时间，进而对火因做出科学鉴定。

③热分析鉴定。通过检测被测样品在加热过程中的吸热和放热情况及热失重情况，鉴别出样品的热性能，为分析认定火因提供科学的依据。

对火场中某些受热后的物质进行试验分析，将其吸热、放热、减量等物理特征指标与标准样品进行比较，可推断出该物质的受热程度。把火场中各部位物质受热程度分布测出，能为分析判定起火点或剩磁检测鉴别起火部位提供参考依据。

7）肇事车辆性能鉴定。了解被焚车辆的结构、技术性能和使用状况，以及与发生焚烧案的关系，为分析焚车的成因及其可能性、确定保险责任提供客观证据。车辆鉴定必须围绕办案的需要有的放矢进行。除常规检验外，应针对具体情况进行特定内容检验，必要时还应进行车辆分解检验。

①车辆常规检查。根据车辆管理部门颁布的《机动车运行安全技术条件》，鉴定该车是否符合上路行驶的标准，并应着重检验车辆的灯光、转向、制动等部分是否符合规范要求，检查变速器档位和手制动器杆的位置、气压表的指针位置和各制动管的完好情况。

②特定内容检查。对车辆某些有疑义之处进行检验，为分析肇事成因提供依据。特定内容应根据需要确定，例如：对点火钥匙的状态、汽车油箱存油量及油箱盖情况的检查；对车内可燃物和助燃物的检查；对车辆识别信号的检查；对车辆结构及使用参数的检查，主要内容有长度、宽度、高度、前后、接近角、离去角及轮距、轴距、最小转弯半径和回转半径等，从动力学角度分析肇事成因；对车辆的制动效能，运用制动减速仪测定肇事车辆的制动减速度，分析制动与肇事的关系；检查车辆是否跑偏，测出跑偏角；检查驾驶人座位、视野、隔声、仪表盘设计、风窗玻璃的起落状态、眩光反差程度、后视镜的安装角度等与肇事有关的因素。

③分解检验。如果车辆焚烧严重，无法进行行走试验，或零部件的型号特征不清，检验困难，应进行分解检验，对其型号、品质、效能、痕迹进行鉴定。

8）道路鉴定。道路鉴定检验的内容包括道路宽度、路面状况、道路条件等。通过道路鉴定，可判定焚车赔案与道路通行条件的关系，为分析确定案情提供依据。

道路宽度指在一段路内的变化情况，如弯道加宽、路肩崩坍、隆起等；路面状况，包括道路面层材料（水泥、沥青、渣油、砂石等）、条件（干或湿、光滑或粗糙）以及路面损坏情况；道路条件，包括视距，用于计算制动距离和车辆受重力影响速度变化所必需的纵向坡度，决定车辆允许最大速度稳定行驶的弯道曲率半径、超高、弧长等，还有交通管理设施及路面障碍情况。

9）文件检验鉴定。文件检验是指运用文字、语言、生理、心理、物理、化学等各种技术方法，对与焚车赔案有关的笔迹和文件物证进行检验，例如，运用笔迹检验技术甄别保险单、出险通知书、事故证明、事故责任认定书、事故调解书、判决书、现场勘查记录、损失清单、结案报告、病历档案、单据凭证、驾驶证、行驶证等材料是否为原始书证，字迹是谁书写、几人书写，内容有无添加、涂改和伪造，运用印章印文检验技术鉴定印文是否为原始印章所盖印。

10）痕迹检验鉴定。运用痕迹学的专门理论和方法发现、提取、分析、研究、鉴别焚车赔案现场遗留的各种痕迹物证，根据遗留痕迹的部位、形态、方向、数量、距离、角度，推断造成事故客体的种类和痕迹形成的原因，分析作案的手段和过程，为准确认定案情提供依据。

### 2. 盗抢骗赔案件

盗抢案件，调查人员应立即赶赴第一现场查勘，对当事人进行询问并做好询问笔录，进行现场拍照并检查现场有无盗抢痕迹、有无遗留作案工具；注意调查报案人所言有无自相矛盾之处，如停车场周围环境、当时的天气等有无可疑之处等。如果发现案件中存在某些疑点，应走访、调查现场有关人员，调查车辆停放、保管、被盗抢的情况，做好询问笔录。对车辆在收费停车场被盗的，要求取证停车记录及停车场看车员的有关书面材料，特别注意停车场收费情况，要求被保险人提供停车收费凭证。如丢失地点为物业小区，应向保安、管理人员或物业了解情况，要求出具相关证明并写明收费看管情况（由被保险人协助办理），如牵涉到经济纠纷、非法营运等行为，应做进一步调查，取得可靠证据。

（1）盗抢骗赔特征

1）盗抢发生在一个不寻常的地方，环境、时间似乎没有发生盗抢的可能。

2）行驶证上车主与被保险人、使用人不一致。

3）单位车辆按私人投保或私人车辆按单位投保。

4）被保险人财务状况恶化。

5）与起保日期或保险终止日期接近，投保金额异常高。

6）报称车辆所有证件一起被盗抢。

7）交上来的车钥匙有配过痕迹或钥匙不齐。

8）当事人反对某种调查，行动反常，叙述与已知的事实不相符，或证词相互矛盾。

（2）盗抢骗赔案件调查方法

1）当事驾驶人与被保险人的关系。

2）保险车辆丢失或被抢的详细经过。

3）是否存在营运行为或经济纠纷以及这两种情况是否与此车被盗（抢）有直接联系。

4）该车手续是否齐全。

5）丢车地点是否有人看管收费，有无收费票据。

6）是否进行过钥匙匹配，是否进行过修理。

7）对被保险人的财务状况进行调查。

8）调查被盗抢车辆的购置、入户上牌及过户等情况，如被盗抢车辆发生转让，应请被保险人及时提供有关转让证明。

9）到公安车辆管理部门，核实档案记载的车牌号、车型、生产及上牌时间、车架及发动机号码等资料，核对被盗抢车辆是否已经挂失、封存档案。

10）走访接报案公安部门的值勤民警，了解、记录接报案的详细情况。

11）调查人员应经常与公安机关刑侦部门联系，积极协助破案。在保险车辆被盗抢3个月后，应及时了解被盗抢车辆的侦破情况。

（3）盗抢案件责任免除

1）非全车遭盗抢，仅车上零部件或附属设备被盗窃、被抢劫、被抢夺。

2）保险车辆被盗窃未遂造成保险车辆的损失。

3）保险车辆被诈骗、罚没、扣押造成的全车或部分损失。

4）全车被盗窃、被抢劫、被抢夺后，保险车辆肇事导致第三者人员伤亡或财产损失。

5）保险车辆与驾驶人同时失踪。

6）被保险人因民事、经济纠纷而导致保险车辆被抢劫、抢夺。

## 三 反欺诈技能及真假故障识别

### 1. 反欺诈技能

反欺诈工作伴随理赔工作流程的各个环节，包括接报立案、现场查勘、人伤跟踪、车辆定损、单证审核、核赔理算。由于赶赴现场的查勘人员是最早接触事故、最了解事故原始状态的理赔人员，很多问题、疑点都是现场查勘人员发现的，因此，从反欺诈的角度讲，现场查勘环节是非常重要的环节，其作用不可低估。

现场查勘的过程，实际上是一个事故原因、损失情况调查、核实、取证的过程。通常对现场查勘工作要求很多，例如将现场查勘、调查的过程归纳为"问、闻、看、思、摄"的五字基本方法。

在事故处理的实务中，从大量反欺诈案例积累的经验看，现场查勘最有利于发现问题的还是取决于理赔人员的反应速度，即对事故处理的时效要求，以及相应的查勘技能要求。

1）对时效的要求，突出一个"快"字。第一时间到达现场，及时查验现场痕迹，及时展开现场调查，通过拍照及笔录保存相关信息。现场查勘做到"快"即可掌握大量的原始事故信息。

2）对当事人的询问要求，注意一个"细"字，包括驾驶人、乘车人、装载货物、乘车人数、出车事由、行驶路线、往返时间等。

3）对现场痕迹的查勘要求，强调一个"思"字。"思"指思索、思考，即把了解到的、观察到的各种现象，包括状态、痕迹进行认真分析，通过各种现象的相互佐证，运用掌握的专业知识，分析事故形成的真实原因。

## 2. 真假故障识别方法

汽车诊断仪是一款专门针对汽车检测的专业仪器，可实时监控车辆的运行状态，并对车辆故障进行检测，是车辆检测维修必备的一种工具，也是查勘定损工作的重要辅助工具。

（1）汽车诊断仪类型

1）通用型诊断仪如X431、道通、金德等品牌，具有适用车型广泛、操作简单快捷特点，但读取信息的准确性、功能等与专用型诊断仪有差距。

2）专用型诊断仪是4S店内使用的、针对某一特定汽车品牌开发的诊断仪，如大众的5051/5052、通用的TECH-2等，具有读取信息准确、功能强大等特点。

（2）汽车诊断仪常用功能

汽车诊断仪常用功能如图4-16所示。

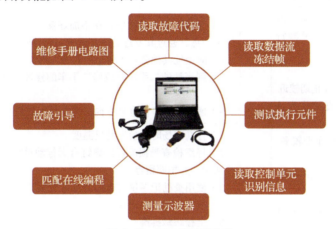

图4-16 汽车诊断仪功能

（3）汽车诊断仪在定损工作中的具体应用

1）汽车诊断仪可以获取一项很重要的信息就是故障发生时的里程数，所以对于有疑虑的定损案例，要注意查看故障触发时的里程数。

2）故障类型可分为存有故障记忆和控制项目无法通信两种，对于前者，要注意查看故障类型及与事故的关联性。

3）对于事故前就已存在的故障，修理厂通常会采用删除故障的方法来更新故障触发的里程，所以在查看诊断报告时，要注意查看是否存在其他的故障记忆。

4）使某故障现象出现，可以通过传感器、执行器及控制项目做手脚来实现，所以不能只依靠查看故障现象来判定需要更换部件的好坏。

5）部件激活及读取数据流是判断部件好坏的一个很好的方法，但是由于不同品牌的诊断仪操作方法不同而略有差异，所以在工作时尽可能找机会多运用汽车诊断设备，以做到熟练使用。

6）修理厂造假通常会在事故前或事故后，但是只要采用造假手段就一定会存在蛛丝马迹，入厂时的诊断报告会在一定程度上发现一些问题。

### 3. 故意撞车及驾驶人调包案件

（1）故意撞车案件的特征

故意撞车案件的特征及案件处理方法见表 4-5。

表 4-5　故意撞车案件特征及案件处理方法

| 案件特征 | | 案件处理方法 |
| --- | --- | --- |
| 1）夜间出险<br>2）地点偏僻<br>3）损失较大<br>4）无人伤<br>5）受损配件的螺钉有拧动过痕迹，损失配件有旧伤或灰尘<br>6）客户蛮不讲理，威胁、谩骂查勘员，或采取某些过激行为，影响正常查勘工作<br>7）不配合报警<br>8）出险时间距保险起止期较近<br>9）不配合定损，直接找物价局作价后起诉<br>10）老旧车型、高档车型较多<br>11）过户车辆<br>12）被保险人与驾驶人不是同一个人<br>13）标的车与三者在同一家维修厂维修<br>14）标的车与三者较为熟悉<br>15）受伤配件碎片不全<br>16）标的车与三者出险次数较多<br>17）驾驶人与承修厂比较熟悉<br>18）同一驾驶人或报案电话有较多次出险记录<br>19）报案比较熟练<br>20）车损险等损失类险种缺失<br>21）伤者首次就诊时间与受伤时间间隔较长，伤者回避保险公司询问或回答模糊不清<br>22）无法找到第三方或三者，无玻璃险但玻璃受损<br>23）高速公路出险的案件<br>24）刮底盘的案件 | 人 | 1）详细做询问笔录，核实出行事由，始、终点情况<br>2）调取驾驶人通话记录<br>3）观察驾驶人的体貌特征，判断驾驶人是否为修理厂工作人员，例如，借握手的机会察看驾驶人的手劲如何，是否粗糙有力，是否有油渍等，或从衣着上观察其是否有能力买得起标的车<br>4）查勘完毕后，换乘私家车辆，再次前往现场，观察当事人的动向<br>5）通过驾驶人的微信，在不加好友的情况下可以查看十条左右的历史信息，通过其发过的朋友圈来判断驾驶人的工作<br>6）向当地其他公司了解出险驾驶人有无多次出险情况<br>7）到当地的二手车行或修二手车的修理厂询问是否有人认识驾驶人<br>8）通过法人等信息来查询标的车与三者关系 |
| | 车 | 1）查勘现场时触摸发动机温度<br>2）仔细检查受损配件的螺钉有无拧动过痕迹，损失配件有无旧伤或灰尘，并拍照留存<br>3）使用查勘记录仪对查勘经过进行摄录<br>4）核实历史出险记录<br>5）全程跟踪拆解<br>6）对车辆登记证书进行拍照调查<br>7）核实二手车来源、购买价值、使用性质、出险记录等信息<br>8）要求到合作单位拆解<br>9）配件来源及车辆维修方式 |
| | 物 | 造痕体与承痕体痕迹是否吻合 |
| | 时 | 1）调取故障码，如气囊起爆时间，前照灯受伤时间等<br>2）核实修理厂的接车登记，核实标的车进场时间 |
| | 空 | 1）根据被保险人确认的行驶路线调取沿途监控<br>2）询问驾驶人出险前的活动轨迹，并调取沿途的监控 |
| | 力 | 1）车辆碰撞力度是否会造成该程度的损失<br>2）通过第三方来调查证据，如刑侦、调查公司、公估公司等 |

（2）驾驶人调包案件的特征

驾驶人调包案件的特征及案件处理方法见表 4-6。

表 4-6 驾驶人调包案件特征及案件处理方法

| 案件特征 | | 案件处理方法 | |
| --- | --- | --- | --- |
| 酒驾 | 1）午饭后或夜间出险<br>2）未及时报案<br>3）驾驶人对事故经过描述不清，但报案人或乘客却比较清楚<br>4）报案人与驾驶人不是同一个人<br>5）驾驶人找不到行车证、保单等相关证件<br>6）驾驶人对车辆操作不熟<br>7）客户蛮不讲理，威胁、谩骂查勘员，或采取某些过激行为，影响正常查勘工作<br>8）不配合报警<br>9）人员比较兴奋<br>10）通话比较频繁或与同一人通话比较多 | 人 | 1）详细做询问笔录，核实出行事由，始、终点情况<br>2）将报案人与驾驶人分开做询问笔录，核对两人笔录是否一致<br>3）调取报案人及驾驶人通话记录<br>4）核实驾驶人受伤情况，如左肩安全带伤、胸膜部转向盘伤、前臂转向盘伤、足踝部踏板伤、头部前风窗伤等<br>5）了解驾驶人与车主的关系，通过与驾驶人沟通事故车的性能、基本操作等，辨别驾驶人对该车是否熟悉<br>6）在短时间内找到车主，确认车主是否饮酒或无证<br>7）与三者驾驶人沟通，确认标的车驾驶人是谁<br>8）在非关键节点的时候把驾驶人的家属联系方式要来<br>9）走访群众，寻找目击证人<br>10）走访出险地点附近医院，调查有无因交通事故导致受伤住院治疗的病人，并核实其与标的车关系 |
| | | 车 | 通过观察驾驶室内的受损情况，分析驾驶人身体哪个部位有可能受伤 |
| 毒驾 | 1）夜间出险<br>2）未及时报案<br>3）驾驶人对事故经过描述不清，但报案人或乘客却比较清楚<br>4）报案人与驾驶人不是同一个人<br>5）驾驶人找不到行车证、保单等相关证件<br>6）驾驶人对车辆操作不熟<br>7）客户蛮不讲理，威胁、谩骂查勘员，或采取某些过激行为，影响正常查勘工作<br>8）不配合报警<br>9）车上有涉毒器具<br>10）人员比较兴奋<br>11）通话比较频繁或与同一人通话比较多 | 物 | 1）提取标的车上的血迹、纤维等，如气囊伤的血迹、风窗上的毛发、仪表台上的血迹及衣着纤维等<br>2）注意保护驾驶室内痕迹，必要时可以做指纹鉴定、DNA 检测等 |
| | | 时 | 1）标的车事故发生时间与报案所述出险时间是否相符<br>2）通过通话记录，确认标的车出险前后一段时间内的通话对象 |
| 无证更换驾驶人 | 1）未及时报案<br>2）驾驶人对事故经过描述不清，但报案人或乘客却比较清楚<br>3）报案人与驾驶人不是同一个人<br>4）驾驶人找不到行车证、保单等相关证件<br>5）驾驶人对车辆操作不熟<br>6）客户蛮不讲理，威胁、谩骂查勘员，或采取某些过激行为，影响正常查勘工作<br>7）通话比较频繁或与同一人通话比较多 | 空 | 1）根据被保险人确认的行驶路线调取沿途监控<br>2）询问驾驶人出险前的活动轨迹，并调取沿途的监控 |
| | | 力 | 1）通过标的车碰撞力度，分析驾驶人是否会受伤<br>2）通过第三方来调查证据，如刑侦、调查公司、公估公司等 |

## 四 典型案例分析

### 1. 现场查勘环节存在的欺诈案例

（1）事故简介

2010 年 6 月某天，某公司投保的一辆陕 SX4254NT294C 牵引汽车满载货物行驶在某山区路段时发生交通事故。

驾驶人报案称：车辆在下山时由于没有制动冲到减速坡沙堆上，本车前部及发动机受损，无人员受伤。车辆报损 176800 元。

保险公司接到报案立即调派人员赴现场查勘。查勘人员及时到达现场，了解情况、拍照取证，并协助施救。事故现场如图 4-17、图 4-18 所示。

图 4-17 事故车现场

图 4-18 事故车后部地面的油迹

车辆在冲向减速坡直到碰撞沙堆以前，没有与外界物体接触，却在事故现场后方的道路上发现了散落在后轮处的发动机内部零件，如图 4-19、图 4-20 所示。

图 4-19 地面油迹及遗留的配件

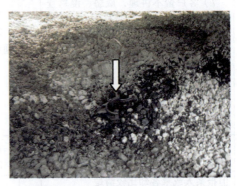
图 4-20 遗留在地面的发动机连杆

车辆经过拆解，抬下发动机后发现，发动机底部的油底壳并没有损坏，而两侧缸体的中下部呈现多处破裂，破碎痕迹均呈由内向外膨出，如图 4-21、图 4-22 所示。

进一步拆解发动机发现，曲轴严重烧蚀，活塞三个破碎，连杆三只折断。修理厂将发动机的损失一并提出 176800 元索赔要求，定损人员对发动机的损失提出疑问，如图 4-23、图 4-24 所示。

图4-21 发动机前部及油底壳没有碰撞

图4-22 发动机缸体右侧由内向外损坏

图4-23 活塞、连杆损坏状态

图4-24 曲轴严重烧蚀状态

（2）案件存在的疑问

1）该车辆为什么在沿途几十米长的路面留下机油喷洒痕迹？
2）发动机连杆为什么会遗留在车辆后方？
3）油底壳完好机油喷洒从何而来？
4）缸体两侧没有碰撞到为什么破裂？痕迹为什么呈现由内向外？
5）连杆、活塞为什么折断、破碎？

事故现场留下的移动状的机油喷洒痕迹非常重要，现场查勘时应该高度关注。因为根据现场机油喷洒痕迹，结合发动机的外观可以分析出发动机在碰撞以前的技术状态。

（3）事故经过分析

经过实地测量，此车辆总长度大约20m，地面喷洒的油迹长度大大超过车辆自身的长度，大约60m。

从现场拍摄的照片看，车辆在碰撞点（沙堆）以前的一段道路上，留有较长距离呈喷洒状机油痕迹，且在该车辆的后轮处留有已经折断残损的发动机连杆。这一现象说明该车发动机在距离停车点（沙堆顶部）以前已经出现故障，在距碰撞点（沙堆）60m以外机油已经向外喷洒，说明缸体已经破裂，发动机内部零件已经抛落在途中。

（4）事故分析结论

根据事故现场的遗留物、遗撒物等痕迹综合分析可以判断，该车辆在冲撞到减速坡沙堆以前，发动机即已发生杆缸（或称捣缸）的机件事故，发动机连杆折断、活塞破碎并非由碰撞事故导致。因此，发动机缸体及内部机件的损坏不属于保险责任赔付范围。

这个判断结果从现场照片中保险杠、拆解照片中油底壳均呈完好状态也可以得到验证，说明不是沙堆造成发动机的损坏。

在定损实务中，要识别这类发动机内部损坏的事故，保险公司面临两方面的困难。

一个是修理厂的不配合。在大多数情况下，修理厂的技术人员明知发动机杆缸的原因不是碰撞造成的，出于利益方面考虑，认为由保险公司赔偿比让车主自负容易，所以宁愿装糊涂也不愿讲真话。

再一个是查勘定损人员专业技能的欠缺。对于这类事故的原因没有相应的分析判断能力。

针对这类事故，最有力的识别手段就是现场查勘。现场查勘最关键的就是观察、拍照现场的状态。就像飞机上的黑匣子，通过分析现场的整体状态、遗撒物体能够如实地反映事故发生前车辆的状态。因此，查勘现场时，对事故车辆遗留在现场附近的痕迹尤其应引起注意。

### 2. 定损环节存在的欺诈案例

在对事故车辆的损失进行确认的过程中，也会遇到形形色色的欺诈骗赔现象。欺诈者的手段也是多种多样，例如使用损坏配件冒充本车配件的移花接木手法、将配件人为损坏的扩大损失手法、旧件喷漆冒充新件的欺骗手法等，其中尤以用损坏配件冒充本车配件的移花接木手法最为常见。

识别定损环节的骗赔行为要依靠扎实的车辆知识与丰富的定损经验，掌握事故碰撞损坏的规律并以此进行分析判断。车辆发生碰撞事故，受到碰撞的部位发生的损坏变形是有规律可循的，比如：根据事故车辆碰撞部位的塑性变形量可以推算出车辆行驶速度；车身若出现内凹应该在被撞物体上找到相对应的外凸点，且有相互关联性，如碰撞高度的一致特点等；应注意区分转动部件与非转动部件损坏痕迹的不同等。

在对车辆定损时，应询问车辆行驶的方向、轨迹、速度，观察被撞物体的变形情况，尤其要注意观察碰撞变形的痕迹特点。这些因素对于正确分析车辆的碰撞角度、准确推断碰撞力度，结合碰撞损坏变形的规律，合理确认车辆损失是十分有价值的。下面介绍在定损环节识别欺诈骗赔的两种行之有效的方法。

（1）案件简介

2011年6月19日22时30分，北京分公司承保的一辆2002年老款奥迪A8在河北省三河市与一辆长安微型面包车发生追尾事故，事故造成奥迪A8右前部损坏，三者微型面包车左后部损坏。奥迪A8报损8万元。损失如图4-25~图4-30所示。

图 4-25 奥迪 A8 右前部损坏

图 4-26 奥迪散热器向后移动变形不大

图 4-27 奥迪风扇造成散热器轻微变形，正常

图 4-28 奥迪发电机带轮变形，不正常

图 4-29 奥迪空调泵带轮变形，不正常

图 4-30 奥迪助力泵带轮变形，不正常

（2）事故疑点分析

碰撞事故造成车辆损坏是有规律可循的。针对此案中 3 个配件带轮的损坏情形分析，存在以下不正常损坏疑点。

1）旋转物体碰撞时，旋转表面（带轮）与被碰撞物体表面（散热器或风圈）通常应该留下转动摩擦的痕迹。此事故的损坏表面没有相应的转动痕迹。

2）较坚固的转动物体（带轮）与相对较脆弱物体（散热器或风圈）碰撞时，较坚固一方应损坏很轻或无损坏，多数情况会造成较脆弱一方损坏，且会在较脆弱一方留下凹痕。此事故损坏情形与上述损坏规律恰好相反。

根据碰撞损坏规律对此案进行分析以后，认定上述配件的损坏情形难以在本次事故中出现，存在人为故意扩大损失的可能。

由于虚报损坏金额较大，该案被列为存在重大疑点案件，立即通报并建议发起调查。

（3）总结分析

该案通过经侦部门调查后查明，此事故是修理厂人员伙同车主故意制造的一起交通事故，属于假险骗赔案件，已成功拒赔。涉嫌保险欺诈的人员也受到公安机关的处理。

### ➡ 课程育人

#### 案例4 法网恢恢疏而不漏

在项目四的任务二中，详细介绍了火灾事故的现场查勘流程，同学们要认真学习相关知识，在日后的工作中练就一身真本领，让别有用心的人无处遁形！在这里介绍一例保险诈骗案例。一位私家车主买了一辆二手奔驰高档轿车，为了骗取高额的保险赔偿金，竟设计演绎了一出自己焚烧奔驰轿车，造成因"交通事故"引发火灾的假象，企图事后向保险公司索取高额赔款的闹剧。据媒体披露，这辆二手奔驰轿车属于私家车，车主早就蓄谋用制造假事故的办法骗取赔款。他到保险公司投保了保额高达100万元的汽车保险，又找到一名懂汽车修理的电工，询问如何可以通过人为方式使汽车起火。这名电工被眼前的蝇头小利所诱惑，帮助其精心设计了作案方法，又先后两次实地试验，认为"万无一失"后开始选定某段高速公路如法炮制，很快使空无一人的车辆燃起火焰，不一会儿就烧成一辆毫无价值的报废车。之后，他到保险公司报案索赔。保险公司在查勘中发现了大量的可疑之处，立即向公安部门报案。公安部门在侦破过程中不被他制造的种种假象所迷惑，经过艰苦细致的调查取证和科学缜密的侦察，终于识破了这起精心策划的特大汽车保险诈骗案件，两名作案人受到法律的严惩，保险公司也避免了经济损失，维护了众多客户的利益。

## 思考与练习

一、选择题

1. 在做询问笔录时应了解当事驾驶人与（　　　）关系，车辆为何由当事驾驶人使用。

　　A. 被保险人　　　　　　　　　　B. 定损员
　　C. 领导　　　　　　　　　　　　D. 同事

2. 在做询问笔录时应对被保险人的财务状况进行调查，防止被保险人因财务状况恶化或利用价差进行（　　　）。

　　A. 保险诈骗　　　　　　　　　　B. 牟利
　　C. 二手车经营　　　　　　　　　D. 投资

3. 了解车辆档案。到公安车辆管理部门核实档案记载的车牌号、车型、生产及上牌时间、车架及发动机号码等资料,核对被盗抢车辆是否已经(    )。
   A. 挂失、封存档案                B. 报废
   C. 转让                          D. 拍卖

4. 调查案件侦破情况。调查人员应经常与公安机关刑侦部门联系,积极协助破案。在保险车辆被盗抢(    )月后,应及时了解被盗抢车辆的侦破情况。
   A. 3 个                          B. 4 个
   C. 5 个                          D. 6 个

5. 调查报警情况。走访接报案公安部门的(    ),了解、记录接报案的详细情况。
   A. 值勤民警                      B. 领导
   C. 门卫                          D. 刑警

6. 按照起火原因,汽车火灾大致可以分为(    )类型。
   A. 5 种                          B. 6 种
   C. 7 种                          D. 8 种

7. 燃烧的三大基本要素:第一,火源;第二,可燃物;第三,充足的(    )。
   A. 氧气                          B. 氢气
   C. 氮气                          D. 尾气

8. 高压线脱落引起跳火也是高压漏电的一种表现形式。由于高压漏电是对准某一特定部位持续进行的,必然引发漏电处的(    ),引燃泄漏出来的汽油、油泥等可燃物。
   A. 温度升高                      B. 水温升高
   C. 温度下降                      D. 压力升高

9. (    )着火时,严禁泼水扑救,但酒精、酒类着火时,可用水泼救。
   A. 发动机                        B. 油料
   C. 变速器                        D. 电路

10. 现代汽车一般都装有(    )。该装置因位于排气管上而温度很高,且在大多数轿车上位置较低。如果停车时碰巧将其停在麦秸等易燃物附近,会引燃可燃物。
    A. 发动机                       B. 三元催化转化器
    C. 变速器                       D. 消声器

11. 针对涉水熄火的车辆,告知客户千万不能在水中(    ),特别针对带有起停技术的车辆在第一次熄火后及时将电源切断,保持车辆处于断电状态。
    A. 二次起动                     B. 打电话
    C. 讲话                         D. 呼救

12. 水淹高度是确定车辆受损程度的一个重要参数,其不是简单以计量单位的米或厘米为参照,而是根据不同车型的具体位置作为参数(受损电器的多少、发动机受损的概率等)。以轿车为例,水淹高度通常分为(    )。

A. 6 级 B. 7 级
C. 8 级 D. 9 级

13. 水淹高度 1 级，水位达到制动盘或制动毂下沿以上，车身底板以下，车内未进水，损失率通常为（　　）左右。

    A. 0.1% B. 0.2%
    C. 0.3% D. 0.4%

14. 水淹高度 6 级，车身整体被水淹没，损失率通常为（　　）。

    A. 25.0% B. 30.0%
    C. 35.0% D. 70.0%

15. 在将整车拖出水域后，应尽快把（　　）线拆下来，以免车上的各种电器因进水而发生短路。

    A. 蓄电池的负极 B. 控制单元负极
    C. 传感器负极 D. 气囊插头

16. 自燃是指在没有（　　）的情况下，由于本车电器、线路、供油系统等车辆自身原因发生故障或所载货物自身原因起火燃烧。

    A. 外界火源
    B. 零部件因锈蚀、朽旧、老化、变形、裂纹等造成的
    C. 机械故障
    D. 驾驶人正常行驶时操作不当造成

17. 对全车被盗抢后在合同规定期限内公安机关破获或找到，车辆完好的，车辆直接交被保险人，案件（　　）。

    A. 结案处理 B. 立案处理
    C. 另案处理 D. 以上都不对

18. 汽车发动机捣缸时，连杆瓦座及瓦盖脱开的瞬间，向下的冲击作用会将瓦盖击向油底壳，将油底壳打漏造成机油泄漏，这种损失不属于保险责任，判别时会发现（　　）

    A. 油底壳破损处向外翻起 B. 油底壳破损处向内凹陷
    C. 油底壳破损处无规律 D. 以上都可能发生

19. 针对涉水熄火的车辆，告知客户千万不能在水中二次起动，特别针对带有起停技术的车辆在第一次熄火后及时关闭起停功能，保持车辆处于（　　）。

    A. 行驶状态 B. 停车状态
    C. 断电状态 D. D 档状态

20. 当汽车被水淹时，进水的可能不只是发动机，其他部件也可能因进水而损坏。其他的损失都是包含在机动车辆损失险内的，只要不是人为造成的损失都可以赔付，但（　　）不予理赔。

A. 自己加装的产品　　　　　　B. 原厂导航
C. 原厂 CD　　　　　　　　　 D. 原厂真皮座椅

## 二、判断题

1. 当汽车因碰撞或其他原因导致翻滚倾覆时，极易发生油箱泄漏事件，一旦遇上电火花或摩擦产生的火花，就会起火。（　　）
2. 自燃是指在没有外界火源的情况下，由于本车电器、线路、供油系统等车辆自身原因发生故障或所载货物自身原因起火燃烧。（　　）
3. 线路接点不牢或触点式开关接触电阻过小等会使局部电阻减小，局部电阻过小会产生热能，使导线接点发热引起可燃材料起火。（　　）
4. 轮胎起火以在高速公路上行驶的车辆居多，特别是双轮胎则危险性更大，当两个轮胎中有一个气压不足时就会发生这种现象。原因是由于相邻的轮胎承受了双倍载荷而形成过载，因此导致了轮胎的摩擦过热。（　　）
5. 采用柴油发动机的汽车，有时冬季没有及时加注低温适用的冬季柴油，就会出现供油不畅的现象。为了解决问题，某些驾驶人会在油箱外用明火烘烤，极易引起火灾。（　　）
6. 一般说来，海水比淡水的损害要大；浑水比清水的损害大；有的下水道倒灌有酸、碱性的污水，它和油性污水造成的损害状态各不相同。（　　）
7. 水淹高度达到制动盘和制动毂下沿以上，车身底板以下，乘员室未进水，被定义为一级水淹程度。（　　）
8. 水淹时间也是考量车辆水淹损失的一个重要参数（内饰、电器元件的耐受程度），计量单位为小时，通常分 5 级。（　　）
9. 如果是涉水熄火的情况，则需要先行观察空气滤清器是否潮湿。如果比较干燥，则证明发动机进水的可能性不大，若潮湿且空气滤清器壳体下部进水的应进行进一步检查。（　　）
10. 当汽车的被淹高度为 1 级，被淹时间也为 1 级时，通常不计损失。（　　）
11. 纵火案件由于是外部引燃，其损坏特征是：可发现被烧毁的电线是焦糊状，电线护皮由外向内烧，特别是在尚未烧完的电线上更为明显。（　　）
12. 自燃事故在查勘时，在电路总成可寻找到短路电线，电线由于大电流通过发热，护皮有内焦现象，是由内向外烧。（　　）
13. 由于夏季气温高，油气容易蒸发，所以在同等条件下，不容易发生自燃。（　　）
14. 如果发动机没有与外部碰撞、油底壳也没有损坏，而缸体呈现由内向外膨出的破损痕迹。根据这样的痕迹可以判断属于保险责任。（　　）
15. 汽车发生碰撞后，若悬架系统减振器没有发生弯曲，但外表有油泥，这种漏油现象说明碰撞之前已经漏油，不属于保险责任。（　　）

## 三、问答题

1. 简述水淹车辆分级方法。
2. 简述水淹事故定损原则。
3. 简述汽车起火的分类。
4. 简述火灾现场查勘重点有哪些?
5. 简述过火车辆案件的定损方法。
6. 简述自行灭火的正确流程。
7. 简述什么是保险欺诈?
8. 车辆保险欺诈骗赔的常见形式有哪几种?
9. 简述保险欺诈骗赔案件的特征。
10. 简述盗抢案件的定损方法。

# 项目五
# 事故车损失核定

## 任务一　事故车维修方案的确定

### 学习目标

**知识目标**

1. 能够描述事故车辆定损原则。
2. 能够描述事故车辆定损步骤。
3. 能够描述事故车维修方案的确定方法。

**技能目标**

1. 能够正确辨别事故车辆零部件受损程度。
2. 能够熟练确定事故车辆的维修方案。
3. 能够熟练把握常见损伤零件修与换的原则。

### 任务描述

对于事故车辆的损失评估，修理厂、物价评估部门、保险公司三方评估的结果往往差异较大，查勘定损人员应该掌握必要的汽车结构、原理知识，配件价格知识和修理专业知识，并且要有丰富的定损实务经验，才能准确认定车身结构、总成件和零部件的损伤程度，合理运用修理和更换的标准，并依照机动车辆保险条款所列明的责任范围，合理确认事故车辆的损坏范围和赔付金额。

### 一　车辆定损方式和原则

#### 1. 车辆定损方式

保险车辆发生事故以后，对事故损失的确认工作多数情况下是通过保险公司的理赔人员进行的，但也可通过其他与保险相关的专业机构进行损失评估。定损类型一般分为以下4种。

（1）协商定损

协商定损是指由保险人、被保险人以及第三方（指修理厂）协商确定车辆事故损失修理费用的过程。

（2）公估定损

公估定损是指由保险公司授权的公估机构，利用经保险公司培训过的公估人员承担部分保险事故车辆的损失评估的工作。保险公司对公估机构的评估报告进行核损后做赔款理算。这种方式一般在较大城市或较偏远地区作为保险理赔力量的补充而存在。这种方式因不向被评估方单独收取费用而有别于物价评估。

（3）聘请专家定损

聘请专家定损是指对个别技术性、专业性要求极高的案件，聘请专家进行定损，以保证全面、客观、准确地确定保险事故造成的损失费用，维护合同双方的合法权益。目前，在车险理赔实务中通常采用的是协商定损方式。

（4）定损软件定损

随着大数据的飞速发展，各种定损软件如雨后春笋大量涌现，精友科技是国内较先进的理赔定损平台服务商，自1993年公司成立以来，已服务全国60余家保险公司，20余家主机厂，数千家汽车经销商以及法院系统和司法鉴定机构等。该公司始终围绕保险业务，秉承敬业、创新、专业服务的理念，为保险公司、汽车厂商、汽车后市场及司法行业等相关产业提供全面的信息技术解决方案。定损软件的普及大大提高了定损效率，降低了理赔领域的道德风险，是理赔定损的发展方向。

**2. 事故车定损基本原则**

我国车险条款中规定：关于损失的确定，因保险事故损坏的被保险机动车应当尽量修复。修理前，被保险人应当会同保险人检验，协商确定修理项目、方式和费用，否则，保险人有权重新核定；无法重新核定的，保险人有权拒绝赔偿。

（1）车辆定损基本原则

1）修理范围仅限于本次事故中所造成的车辆损失。
2）能修理的零部件尽量修复，不得随意更换新件。
3）应该局部修复的不应扩大到整体修理（主要指车身喷漆）。
4）能更换零部件的坚决不能更换总成件。
5）根据修理工艺的难易程度，参照当地工时费水平，准确合理确定工时费用。
6）严格区别非事故原因导致的部分损失。

（2）事故损失配件修与换的原则

1）受损的配件必须具有以下3种情况之一方可更换。
①不可修复的。
②修复后影响使用功能，严重影响外观，影响安全性。

③对于中等价值的配件，修复价格超过新件价格 50% 的；对于总成的修理费用超过新件价格的 80% 的。

2）对于外观变形不明显的机械配件或外观无损的电器配件，应根据测量、检测结果或修理手册相关规定决定是否需要更换。

3）由于不提供单件原因而更换的总成件，必须提供维修站的文字说明及标准的配件关系图资料。

## 二 事故车常损零件损失评估

### 1. 结构钣金件定损

（1）钣金件变形特点

碰撞受损的车身结构件是更换还是修复的一个简单原则，即损坏以弯曲变形即弹性变形为主就进行修复，损坏以折曲变形即塑性变形为主就进行更换。

1）弯曲变形特点：损伤部位与非损伤部位的过渡平滑、连续；通过拉拔矫正可使它恢复到事故前的形状，而不会留下永久的塑性变形。

2）折曲变形特点：弯曲变形剧烈，曲率半径小于 3mm，通常在很短的长度上弯曲 90°以上，如图 5-1 所示。矫正后，零件上仍有明显的裂纹或开裂，或者出现永久变形带，不经过调温加热处理无法恢复到事故前的形状。

图 5-1 折曲变形图例

如果损伤发生在平面内，则矫正处理比棱角处的严重起皱和折曲可能容易得多。在轮廓分明的棱角处发生了折曲变形，只能采取更换的方法，如车门玻璃框折曲，就需要更换。如果损伤部位处于纵梁的端部附近，且压偏区未受到影响或变形的范围影响不大，通过拉拔可矫正的，则必须修复；如果压偏区已出现折曲，并将碰撞力传递到后部，造成后部也变形，则必须予以更换。如果损伤位置在发动机或转向器安装位置附近，重复性载荷会造成疲劳破坏（重复振动力或应力会加重并产生二次变形），这些安装位置发生折曲变形后，必须更换；由于严重冷作硬化而造成的严重折叠起皱变形，则必须更换。如果只有一个未曾完全修复的轻微折曲变形，应采取挖补法修复；如果已经更换某个配件一部分，且与其连接的相邻部分，在比较容易处理、费用也不大情况下，允许予以更换；变形周围部分均可矫正到适当尺寸，剩下折曲变形部分确实无法矫正好，且这部分形状复杂，无法采用挖补法修复的，则该部件应予以更换。

当车身决定更换结构钣金件时，应遵照制造厂的工艺要求。因为当需要切割或分割钣金件时，可能会降低乘客的安全性，对汽车性能或者一些关键尺寸会有负面影响。所以决定更换或修复结构钣金件时，应该采用"弯曲变形就修，折曲变形就可换，而不是必须更换"，从而避免可能产生更大的车身损伤。尤其要注意高强度钢在任何条件下，都不能用加热来矫正。

（2）覆盖钣金件的定损

覆盖钣金件又称非结构钣金件，车身的覆盖钣金件通常包括可拆卸前翼子板、车门、发动机舱盖、行李舱盖和不可拆卸的后翼子板、车顶等。

1）前翼子板定损。

①损伤程度没有达到必须将其从车上拆下来才能修复，如整体轮廓完好，只是局部凹陷，一般不考虑更换。

②损伤程度达到必须将其从车上拆下来才能修复，并且前翼子板的材料价格低廉，供应流畅，材料价格达到或接近整形修复工费，则应考虑更换。

③如果每米长度超过3个折曲、破裂变形，或已无基本形状，应考虑更换。一般来说，当每米折曲、破裂变形超过3个时，整形和热处理后都很难恢复尺寸。

④如果每米长度不足3个折曲、破裂变形，且基本形状还在，应考虑整形修复。

⑤如果修复工时费明显小于更换费用应考虑以修理为主。

2）车门定损。

①如果车门门框产生塑性变形，一般来说是无法修复的，应考虑以更新为主。

②部分汽车的车门面板可以作为单独的零件供应，如奥迪的部分车型，面板的损坏可以单独更换，不必更换门壳总成。

实际定损工作中，通常把损失程度分为3级，分别为轻微、一般、较重。下面以前叶子板、车门为例，列举相应损失程度图片。

"轻微"是指车辆损坏部位不太严重，覆盖件小碰小擦，稍有凹凸、漆痕不深、不需拆解，可在车上修复，如图5-2所示。

图5-2 轻微损伤

"一般"是指车辆覆盖件有凹痕，局部褶皱，且需拆卸修复，如图5-3所示。

"较重"是指车辆覆盖件损坏接近更换，但可以修复，如图5-4所示。

3）发动机舱盖和行李舱盖定损。目前在国内，大多数汽车的发动机舱盖和行李舱盖都是由两个冲压成型的冷轧钢板经翻边胶粘制成的。

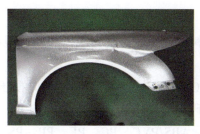

图 5-3 一般损伤

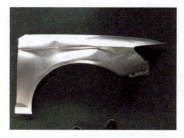

图 5-4 较重损伤

判断碰撞损伤变形时，主要看是否要将两层分开进行修理。如果不需将两层分开，则不应考虑更换；相反需将两层分开整形修理的，需要考虑修复成本和修复后的使用价值。如果修复成本超过更换的成本或者修复后无法满足使用要求的，则更换。相应损失程度图片如图 5-5~图 5-7 所示。

图 5-5 轻微损伤　　　　图 5-6 一般损伤　　　　图 5-7 较重损伤

4）三厢车的后翼子板定损。在汽车碰撞受损部位中，最常见的不可拆卸件是三厢车的后翼子板（图 5-8）。由于更换需要从车身上将其切割下来，这会导致车身的二次损伤，建议采用钣金修复的方案。但近几年来随着国内大多数修理厂切割和焊接工艺的成熟，以及对修复外观的考虑，后翼子板的切割维修已经非常普遍。

图 5-8 严重损伤的三厢车后翼子板切割维修

## 2. 塑料件的定损

1）塑料件定损的基本原则是热塑性塑料件损伤以修复为主，热固性塑料件损伤需更换，常用汽车塑料的名称及应用见表 5-1。

2）车身塑料件鉴别方法主要是查看 ISO 识别码，此码常在注射时模压在塑料件上，通常需要拆下该零件，常标在注模号或零件码前面。

3）常用热塑性汽车塑料有 AAS、ABS、ABS/PVC、PC、PE、PP、PS、TPUP、PVC 等，以上配件在不影响外观的情况下可以修复。

4）常用热固性汽车塑料有 ABS/MAT、PA、PPO、PUR、SAN 等，玻璃钢件在变形破损不严重的情况下可以修复。

表 5-1 常用汽车塑料的名称及应用

| 符号 | 化学名称 | 应用举例 | 属性 |
| --- | --- | --- | --- |
| AAS | 丙烯腈–苯乙烯 | — | 热塑性 |
| ABS | 丙烯腈–丁二烯–苯乙烯共聚物 | 车身板、仪表板、护栅、前照灯外罩 | 热塑性 |
| ABS/MAT | 玻璃纤维–强化硬质–丙烯腈–丁二烯–苯乙烯共聚物 | 车身板 | 热固性 |
| ABS/PVC | 丙烯腈–丁二烯–苯乙烯共聚物、聚氯乙烯 | — | 热塑性 |
| EP | 环氧树脂 | 玻璃钢车身板 | 热固性 |
| EPDM | 乙烯–丙烯二烯共聚物 | 保险杠冲击条、车身板 | 热固性 |
| PA | 聚酰胺 | 外部装饰板 | 热固性 |
| PC | 聚酰酸酯 | 护栅、仪表板、灯罩 | 热塑性 |
| PPO | 聚苯醚 | 镀铬塑料件、护栅、仪表前板、前照灯外罩、装饰件 | 热固性 |
| PE | 聚乙烯 | 内翼子板、内衬板、阻流板 | 热塑性 |
| PP | 聚丙烯 | 内饰件、内衬板、内翼子板、散热器挡风帘、仪表板、保险杠、面罩 | 热塑性 |
| PS | 聚苯乙烯 | — | 热塑性 |
| PUR | 聚氨酯 | 保险杠面罩、前后车身板、填板 | 热固性 |
| TPUP | 热塑性聚氨酯 | 保险杠面罩、防石板、填板、软质仪表前板 | 热塑性 |
| PVC | 聚氯乙烯 | 内衬板、软质填板 | 热塑性 |
| RIM | 反应注模聚氨酯 | 保险杠面罩 | 热固性 |
| RRIM | 强化反应注模聚氨酯 | 外车身板 | 热固性 |
| SAN | 苯乙烯–苯烯腈 | 内衬板 | 热固性 |
| TPR | 热塑橡胶 | 帷幔板 | 热固性 |
| UP | 聚酯 | 玻璃钢车身板 | 热固性 |

### 3. 机械类零件的定损

碰撞事故中除车辆的车身板件外，其他机械零件在事故中也会损坏，如发动机、变速器、动力传动系统、悬架系统、制动系统、转向系统等部件。损坏原因则相对复杂一些，它们可能是在事故中损坏的，也可能是因为正常磨损或不当使用造成的，在定损时应当仔细辨别损坏原因，确认其修复费用是否属于保险理赔范围。下面简要介绍车辆机械类零件的定损知识。

（1）发动机的损伤情况

车辆发生碰撞、倾翻等交通事故，车身因直接承受撞击力会造成不同程度的损伤，同时由于波及、诱发和惯性的作用，发动机和底盘各总成也存在着受损伤的可能。但由于结构的原因，发动机和底盘各总成的损伤往往不直观，因此，在车辆查勘定损过程中，应根据撞击力的传播趋势认真检查发动机和底盘各总成的损伤。

在一般的轻度碰撞事故中，发动机本体基本不会受到损伤，顶多是车辆前端的散热器及其支架可能受到影响。但在比较严重的碰撞事故中，车身前部变形较严重时，发动机的一些辅助装置及覆盖件会受到波及和诱发的影响而损坏，如空气滤清器总成、冷却风扇、发动机正时盖罩、油底壳等。发动机支座也可能产生变形或移位。对于现代轿车，发动机舱内部都布置得十分紧凑，在碰撞事故中产生关联损伤可能性更大，例如蓄电池、发电机和起动机、空调压缩机、转向助力泵、正时带轮及传动带、风窗清洗装置等总成，管路和支架也可能受到损伤。更严重的碰撞事故会波及发动机的气缸盖、进排气歧管、凸轮轴、曲轴等零部件，致使发动机缸体的薄弱部位破裂，甚至致使发动机报废。

在对发动机损伤检查时，应注意详细检查有关支架以及发动机缸体部位有无损伤，因为这些部位的损伤不易发现。发动机的辅助装置和覆盖件损坏，可以直接观察到，可以采用拆卸、更换或修复的方法。若发动机支撑、正时盖罩和基础部分损坏，则需要将发动机拆下进行维修。当怀疑发动机内部零件有损伤或缸体有破裂损伤时，需要对发动机进行解体检验和维修。必要时应进行零件隐伤探查，但应正确区分零件形成隐伤的原因。

典型发动机损失包括：正面撞击导致的发动机损伤、托底事故导致的发动机损伤、翻车事故导致的发动机损伤、进水事故导致的发动机损伤、发动机超速导致的损伤等。

1）正面撞击导致的发动机损伤。正面撞击损伤多发生于冷凝器、散热器、冷却风扇、空气滤清器总成、发动机正时罩盖等。如果撞击导致正时机构损伤会导致发动机顶缸，可能导致气门、活塞、连杆曲轴等损坏。正面撞击导致的发动机损伤部件如图5-9所示。看似不太重的撞击，由于碰撞导致发动机配气机构损伤，最后导致发动机顶缸，造成发动机内部严重损伤。

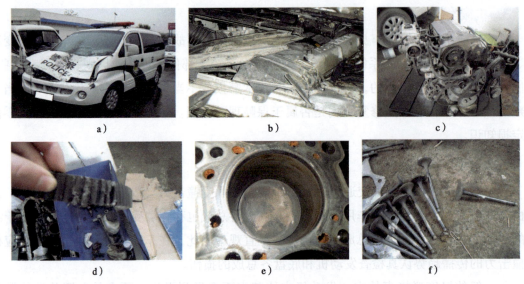

图 5-9　正面撞击导致的发动机损伤部件

2) 托底事故导致的发动机损伤。托底事故导致的发动机损伤多发生于油底壳、机油泵、机油液位传感器、曲轴轴承盖、曲轴等。如果撞击导致机油泄漏发动机没有立即停机，会导致发动机拉缸，连杆曲轴抱瓦等损坏。对于这类损伤要认真分析哪些损失是扩大的间接损失，托底事故导致的发动机损伤部件如图 5-10 所示。

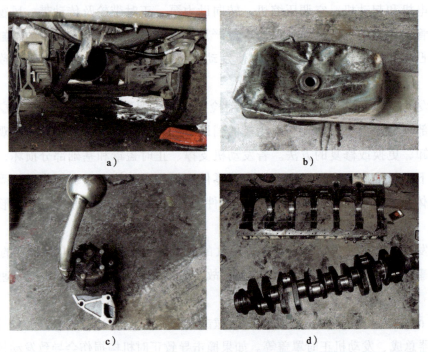

图 5-10　托底事故导致的发动机损伤部件

3) 翻车事故导致的发动机损伤。翻车事故后如果发动机持续运行，会导致发动机机油倒流到气门室，大量的机油会通过曲轴箱通风管路被吸进燃烧室，严重情况下导致发动机顶缸、曲轴瓦严重磨损等。翻车事故导致的发动机损伤部件如图 5-11 所示。

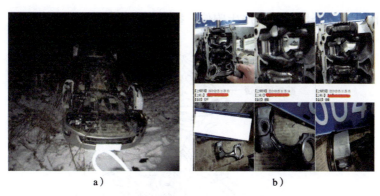

图 5-11 翻车事故导致的发动机损伤部件

4）进水事故导致的发动机损伤。车辆涉水行驶或水中熄火二次起动，会导致发动机进气系统进水，大量的水会通过进气系统管路被吸进燃烧室，严重情况下导致发动机顶缸、连杆断裂、缸体破裂等。进水事故导致的发动机损伤部件如图 5-12 所示。

5）发动机超速导致的损伤。车辆超速行驶或高速强制降档，会导致发动机突然高速运转，超高的发动机转速会导致发动机配气机构出现运动干涉，严重情况下导致发动机顶缸、连杆断裂、缸体破裂等。

图 5-12 进水事故导致的发动机损伤部件

（2）悬架的损伤情况

悬架是车架（或承载式车身）与车桥（或车轮）之间的连接和传力装置，其主要构件有减振器、上控制臂、下控制臂、弹簧或扭杆、横向稳定器等，如图 5-13 所示。它使车轮可以随着路面的起伏而上下运动，但传递到车身上的振动却很小。悬架系统各个机构的正确固定确保了车轮的正确定位参数，维持车辆正常的操纵性能。因此，悬架机构一旦在碰撞中受到损伤，往往会导致车辆产生跑偏、摆动等症状。

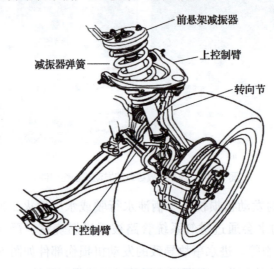

图 5-13 悬架的主要零部件

由于悬架直接连接着车架（或承载式车身）与车桥（或车轮），其受力情况十分复杂，而且其安装位置也决定了它在碰撞事故中很容易受损。在碰撞时，悬架系统由于受车身或车架传导的撞击力，悬架弹簧、减振器、悬架上控制臂、悬架下控制臂、横向稳定器、纵向稳定杆以及球头等零部件会受到不同程度的变形和损伤。对于承载式车身，翼子板裙板作为悬架的上支座也会产生变形，影响悬架的定位参数。悬架系统部件的变形和损伤往往不易直接观察到，在对其进行损伤鉴定时，应借助必要的测量仪器及检验设备（如四轮定位仪）。这些零部件的损伤一般不宜采用修复方法修理，应换新件，在车辆定损时应引起注意。悬架变形导致车辆轴距发生变换的案例较为常见，图 5-14、图 5-15 所示为下悬架控制臂变形导致车轮后移的状态。

图 5-14 悬架变形导致轮胎后移状态

图 5-15 下悬架控制臂变形状态

（3）转向系统的损伤情况

转向系统通过转向机和连杆机构将转向盘的转动力传递给转向车轮（一般是前轮），使转向车轮产生转动。转向系统的核心部件是转向机，其他重要部件有转向盘、转向柱、转向摇臂、转向拉杆、转向节等。转向系统的技术状况直接影响着行车安全，而且由于转向系统的部件都布置在车身前部，在前部碰撞中可能会受到损伤。在较轻的碰撞事故中，撞击力一般不会波及转向系统的零部件。但当发生较严重的碰撞事故时，碰撞力可能会传递到转向系统零部件上，造成转向传动机构和转向机的损伤。值得一提的是，现在的车辆上采用电动助力转向机（图5-16），车轮在严重碰撞事故中，会把力传递给转向机。电动转向系统容易受损伤的部件有转向横拉杆、转向梯形机构、力矩传感器等，转向系统部件的损伤不太容易直接查看到，在车辆定损时，应配合拆检进行，必要时做探伤检验。

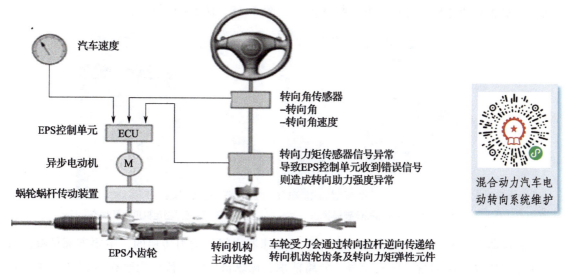

图5-16 电动转向系统受力图

（4）制动系统的损伤情况

制动系统的主要零部件有制动主缸、制动助力器、制动管路和软管、轮缸、制动钳或制动蹄、制动盘或制动鼓等，现在的很多车辆上都装有防抱死制动系统（ABS），电子驻车系统等，事故可能会导致相关系统电控系统受损，导致仪表报警。

制动性能的降低会导致交通事故，造成车辆损失。而车辆发生碰撞事故时，也可能会造成制动系统部件的损坏。对于普通制动系统，在碰撞事故中，经常会造成车轮制动器的元器件及制动管路损坏，这些元器件的损伤程度需要进一步的拆解检验。对于装有ABS系统的制动系统，在进行车辆损失鉴定时，除了查看制动元器件、ABS轮速传感器、ABS液压调节器、ABS计算机及相关电路是否有外观损坏之外，还要借助解码器等诊断设备对ABS系统进行电子诊断，查看是否存在故障码。ABS制动系统主要部件如图5-17所示。

（5）变速器和离合器的损伤情况

变速器有手动变速器（MT）、自动变速器（AT）、无极变速器（CVT）、双离合自动变速器（DSG）等几种，虽然结构不同，但都能起到降速增矩的作用，主要是采用齿轮传动或带传动的方式传递动力。变速器在低档时可以为车辆提供

图5-17 ABS制动系统的主要部件

较大的转矩，在高档时可以提供较高的转速和较好的燃油经济性，在空档时切断发动机的动力传输，为发动机起动和怠速停车提供条件。手动变速器的主要零部件有输入轴、中间轴、输出轴、各个轴的轴承、各个档位的齿轮及变速机构等。自动变速器主要由行星齿轮机构、液压系统和电子控制系统组成。

在保险事故中，当变速器受到碰撞时，最容易损坏的通常是变速器壳体、变速器固定机爪、变速器变速杆等部位。部分损坏情形如图5-18、图5-19所示。

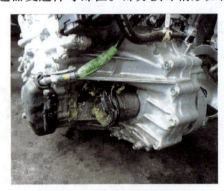
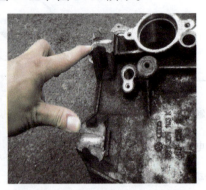

图5-18 变速器壳体破损状态　　　　图5-19 变速器固定机爪损坏状态

离合器是用来切断和接合发动机与手动变速器之间的动力传递的，主要零部件有离合器壳体、压盘、从动盘、压紧弹簧、分离轴承、操纵机构等。自动变速器和CVT车辆上没有离合器，取而代之的是液力变矩器。

对于典型的发动机前置前轮驱动型汽车，变速器（有时称为变速驱动桥）和离合器（或液力变矩器）总成与发动机组装在一起，并作为发动机的一个支撑点固定于车架（或承载式车身）上，变速器及离合器的操纵机构都布置在车身底板上。因此，当车辆发生严重碰撞事故时，由于碰撞力传递，可能会造成变速器及离合器的操纵机构受损，变速器支撑部位壳体损坏，飞轮壳开裂等。在对这些损伤进行评估鉴定时，有时需要将发动机拆下来进行检查。

在实际事故中，车辆上除了车身、发动机、变速器、转向系统、制动系统、悬架系统等主要总成可能会受到损伤之外，还有很多其他部件也可能受到损伤，比较常见的损伤有：车灯损坏，后视镜脱落，轮胎爆裂，风窗玻璃破碎，安全气囊膨开，仪表台损坏，座椅错位，内饰件损坏等。

**4．其他部件修与换的把握**

（1）前、后保险杠及附件

保险杠及附件由保险杠、保险杠饰条、保险杠内衬、保险杠骨架、保险杠支架、保险杠灯、雷达探头等组成。

常见轿车的保险杠绝大多数由塑料制成，对于用热塑性塑料制成的如果其破损处不多，并且可以表面做漆的，可用塑料焊机焊接。对于凹陷裂开、断裂、破碎、杠体穿孔且缺损的应给予更换。

保险杠饰条破损后基本以换为主。保险杠使用内衬的多为中高档轿车，常为泡沫制成，一般可重复使用。

冷轧板冲压成型的铁质保险杠骨架，轻度碰撞常采用钣金修理的方法修复，价值较低的中度以上的碰撞常采用更换的方法修复。铝合金的保险杠骨架修复难度较大，中度以上的碰撞多以更换修复为主。

保险杠支架多为钢质，一般价格较低，轻度碰撞常采用钣金修复，中度以上的碰撞多为更换修复。

吸能装置被挤压的不得矫正，应以更换修复为主。

（2）前护栅及附件

前护栅及附件由前护栅饰条、前护栅铭牌等组成。前护栅及附件的破损多数以更换修复为主。

（3）前照灯及示宽灯

前照灯及示宽灯由前照灯、示宽灯等组成。

目前汽车灯具表面多为聚碳酸酯（PC）或玻璃制成，支撑部位常用丙烯腈-丁烯-苯乙烯共聚物（ABS）制成。ABS塑料属热塑性塑料，可用塑料焊焊接。表面用玻璃制成的，如果破损，且有玻璃灯片供应可考虑更换玻璃灯片。对于价格较昂贵的前照灯，并且只是支撑部位局部破损的，可采取塑料焊焊接的方法修复。撞烂、撞穿灯面、灯壳破裂的给予更换处理。灯面擦伤深度达到抛光无法修复的给予更换。

（4）散热器框架

散热器框架又称前裙。常见轿车的散热器框架在承载式车身中属于结构件，多为高强度钢板。

由于散热器框架结构形状复杂，轻度的变形通常可以钣金修复，而中度以上的变形往往不易钣金修复。高强度低合金钢更是不易钣金修复，且修复后前部配合间隙很难保证，严重影响修复效果。变形超过1/3以上的撞扁、撞曲、撞折发动机舱盖锁位置的应给予更换。

（5）冷凝器及制冷系统

空调系统由压缩机、冷凝器、干燥瓶、膨胀阀、蒸发箱、管道及电控件等组成。目前汽车空调冷凝器均采用铝合金制成，中低档车的冷凝器一般价格较低，中度以上的损伤一般采用更换的方法处理；高档轿车的冷凝器一般价格较贵，中度以下的损伤常可采用氩弧焊进行修复。注意：冷凝器因碰撞变形后虽然未漏制冷剂，但拆下后重新安装时不一定就不泄漏制冷剂。

储液罐（干燥器）因碰撞变形一般以更换为主。如果系统在碰撞中以开口状态暴露于潮湿的空气中时间较长（具体时间由空气湿度决定），则应更换干燥器，否则会造成空调系统工作时"冰堵"。

压缩机因碰撞常见的损伤有壳体破裂，带轮、离合器变形等。壳体破裂一般采用更换的方法修复，带轮变形、离合器变形一般采用更换带轮、离合器的方法修复。

汽车空调管有铝管和胶管两种，铝管因碰撞常见的损伤有变形、折弯、断裂等。变形一般采取矫正的方法修复；价格较低的空调管折弯、断裂一般采取更换的方法修复；价格较高的空调管折弯、断裂一般采取截去折弯、断裂处，再接一节用氩弧焊接的方法修复。胶管的破损一般采用更换的方法修复。

汽车空调蒸发箱通常包括蒸发箱壳体、蒸发器和膨胀阀等，最常见的损伤多为蒸发箱壳体破损。蒸发箱壳体大多用热塑性塑料制成，局部的破损可用塑料焊焊接修复，严重的破损一般需更换。决定更换时，一定要考虑是否可以单独更换壳体。蒸发器的换与修基本同冷凝器。膨胀阀因安装的位置特殊，碰撞损坏的可能性极小。

（6）散热器及附件

散热器及附件包括散热器、进水管、出水管、副散热器等，如图5-20所示。

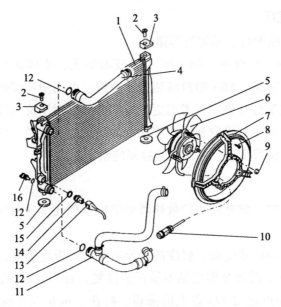

图5-20 桑塔纳散热器及附件

1—散热器 2—固定夹 3—固定橡胶 4—上部冷却液软管 5—橡胶垫 6—冷却风扇（V7） 7—风扇罩壳 8—紧固螺栓 9—螺栓（10N·m） 10—双头插式接头 11—下部冷却液软管 12—O形圈 13—连接接头 14—散热风扇（F18）的热敏开关（35N·m） 15—密封圈 16—排水螺塞（10N·m）

目前汽车散热器基本上是铝合金的，铜质散热器由于造价较高，基本已不再使用。判断散热器的修与换基本与冷凝器相似，所不同的是散热器常有2个塑料水室，水室破损后，一般需更换，而水室在遭受撞击后最易破损。

水管的破损一般以更换的方法修复。

水泵传动带轮是水泵中最易损坏的零件，通常变形后以更换为主，较严重的会造成水泵前段（俗称水泵头子）中水泵轴承处损坏。一般更换水泵前段即可，而不必更换水泵总成。

轻度风扇护罩变形一般以整形矫正为主，严重的变形常常采取更换的方法修复。

主动风扇与从动风扇损伤形式常为风扇叶破碎，由于生产时将风扇叶做成了不可拆卸式，也无风扇叶购买，所以风扇叶破碎后都要更换总成。

风扇传动带在碰撞后一般不会损坏,由于其正常使用的磨损也会造成损坏,拆下后如果需更换应确定是否是碰撞原因。

(7)车轮

车轮由轮辋、轮胎、轮罩等组成。

轮辋遭撞击后以变形损伤为主,多以更换的方式修复;轮胎遭撞击后会出现爆胎现象,以更换方式修复;轮罩遭撞击后常会产生破损现象,以更换方式修复。

(8)传动轴及附件

中低档轿车多为前轮驱动,碰撞常会造成外侧等角速万向联轴器(俗称外球笼)破损,常以更换的方法修复,有时还会造成半轴弯曲变形,也以更换的方法修复为主。

(9)发动机附件

发动机附件中凸轮轴传动机构及附件因撞击破损和变形以更换修复为主。注意事故导致发动机正时系统损坏导致的发动机内部顶缸。

油底壳变形以更换为主。

发动机支架及胶垫因撞击变形、破损以更换修复为主,但要注意区分是碰撞损坏还是老化导致。

进气系统因撞击破损和变形以更换修复为主。

排气系统中最常见的撞击损伤为发动机移位造成的排气管变形。由于排气管长期在高温下工作,氧化现象较严重,通常无法修复。消声器吊耳因变形超过弹性极限破损,也是常见的损坏现象,以更换的方法修复。

三元催化系统价值较高,在碰撞事故中容易导致其内部破碎,会导致排气异响。破损的以更换为主。

(10)发电机及蓄电池

发电机最常见的撞击损伤为传动带轮、散热叶轮变形,壳体破损,转子轴弯曲变形等。传动带轮变形以更换方法修复,散热叶轮变形以矫正修复为主,壳体破损、转子轴弯曲变形以更换发电机总成修复为主。

汽车用蓄电池壳体破裂、电解液泄漏的建议更换;如果损坏仅仅发生在正、负极桩,可以修复。

(11)前风窗玻璃及附件

前风窗玻璃及附件因撞击损坏基本上以更换修复为主。

前风窗玻璃安装有胶条密封式和粘贴式两种。胶条密封式,更换风窗玻璃不用更换密封胶条。对于粘贴式的风窗玻璃,更换风窗玻璃时涉及密封胶辅料及相应工时费。

因为许多车将内视镜粘贴在前风窗玻璃上,部分车型的雨量传感器集成在内视镜底座,所以将其与风窗玻璃归在一起,内视镜多为二次碰撞致损,破损后一般以更换为主。

（12）刮水系统

刮水系统中刮水片、刮水器臂、刮水器电动机因撞击损坏的，主要以更换修复为主。刮水器固定支架、联动杆中度以下的变形损伤以整形修复为主，严重变形的一般需更换。

一般刮水喷水壶只在较严重的碰撞中才会损坏，损坏后以更换为主。刮水喷水电动机、喷水管和喷水嘴撞坏的情况较少出现，若撞坏以更换为主。

（13）仪表台及内饰件

仪表台因正面的严重撞击，或侧面撞击常造成整体变形、皱折和固定爪破损。整体变形在弹性限度内，待骨架矫正好后重新装回即可。皱折影响美观，对美观要求较高的新车或高级车，以更换为主。因仪表台价格一般较贵，老旧车更换意义不大，少数固定爪破损常以焊接修复为主，多数固定爪破损以更换修复为主。

左右出风口常在侧面撞击时破碎，右出风口也常因二次碰撞被副驾驶人右手支撑时压坏。

左右饰框常在侧面碰撞时破损，严重的正面碰撞也会造成支爪断裂，均以更换修复为主。

杂物箱常因二次碰撞被副驾驶人膝盖撞破裂，一般以更换修复为主。

（14）座椅及附件、安全带

座椅及附件因撞击造成的损伤常为骨架、导轨变形和棘轮、齿轮根切现象，骨架、导轨变形常可以矫正，棘轮、齿轮根切通常必须更换棘轮、齿轮机构，许多车型因购买不到棘轮、齿轮机构常会更换座椅总成。

事故中安全带出现破裂、变形、空洞、腐蚀的必须更换。对于主动安全带，事故中电控自动收紧装置会点火，引爆收紧装置。安全带自动收紧装置工作后必整体更换。

## 三 典型案例分析

车身及车架在整车所占的比重较大，更换车身、车架总成件标准，可以参考下面的定损案例进行分析。

（1）更换车身标准

1）车身严重变形，无法采用修复工具矫正到标准数据，或单独部位损失严重无法修复，且只提供车身总成的车型，可给予更换车身。

2）对损坏车身进行维修的费用，大于更换车身的费用。如图 5-21 所示的车身前后损伤严重，修复费用大于更换车身的费用，采取更换的维修方案。

（2）更换车架总成件标准

货车车架在事故中撞坏的案例很多，因该维修

图 5-21 车身变形达到更换程度

项目价值较高,各地对货车车架的修与换的掌握不尽相同,容易引起定损异议,下面图片反映了常见更换主车架的三种情形。

1)左右弯曲超过30°,多处弯曲、开裂,如图5-22所示。

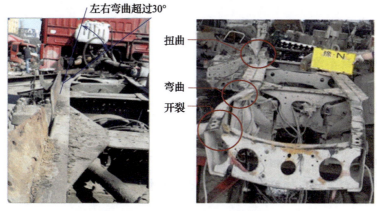

图5-22　左右弯曲超过30°,多处弯曲、开裂

2)上下弯曲超过30°,如图5-23所示。

图5-23　上下弯曲超过30°

3)一处以上开裂且裂口处为新痕迹,如图5-24所示。

 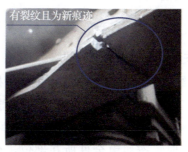

图5-24　一处以上开裂且裂口处为新痕迹

4)当车架发生严重变形,在承重部位发生歪曲、凹曲、皱褶和扭曲时,修复后无法恢复载重性能时,方可更换车架总成。

5)车架的修复费用接近新件价值时,方可更换车架总成。

总之,通过冷加工方法无法恢复车架外观尺寸的必须更换车架总成。凡需更换车身总成或车架总成的,必须报上一级核损部门审批,经同意后方可更换。

## 任务二　材料费/工时费的核定

### 学习目标

**知识目标**

1. 能够描述事故车维修成本的组成。
2. 能够描述事故车材料费的计算方法。
3. 能够描述事故车工时费的计算方法。

**技能目标**

1. 能够正确判别事故车的档次与品牌。
2. 能够熟练核定事故车辆维修的材料费及工时费。

### 任务描述

事故车在维修过程中所涉及的工种范围包括钣金喷漆、机电维修、外加工等。事故车辆除特大事故外，一般事故较多。从各个工种所占比重看，钣金、漆工所占工时较多，因此在事故车辆工时核定时，应认真做好钣金、漆工的工时核定。在确定事故车维修方案后，要准确掌握当地的和维修企业的材料费及工时费的标准，明确维修成本的构成及核算方法，最后制单上交。

### 一　事故车辆维修费用组成

事故车辆修复费用包括事故损失部分维修工时费、事故损失部分需更换的材料费（包含管理费）和残值。

#### 1. 维修工时费

（1）损失部分维修工时费分类

损失部分维修工时费包括事故相关部件拆装工时费、事故部分钣金修复工时费、事故部分配件修复工时费（含外加工费项目）、事故相关的机修工时费、事故相关的电工工时费、事故部分喷漆费（包含原材料费用）、事故修复所需的辅料费等。

1）钣金工时。按照钣金件所在部位进行划分，有轻度损伤、中度损伤、重度损伤，具体受损程度可参见本项目任务一中"覆盖钣金件的定损"。通常钣金部位超过3处时，钣金工时整体按照90%计算；钣金部位超过7处时，钣金工时整体按照80%计算；钣金部位超过14处时，钣金工时整体按照70%计算（注：部分钣金工艺包含焊接及内饰部分拆装）。

2）喷漆工时。以金属漆限价为例，如为实色漆，按照本标准下浮20%计算。各项喷漆价格均为整体喷漆，如前后杠及其他带有明显分隔线的部位可以进行半喷的，按照整体的 50% 计算。各喷漆部位支持部分补漆，补漆可按照整体喷漆金额的 30% 作为限价。喷漆部位超过 3 处的，喷漆金额整体按照 90% 计算；喷漆部位超过 6 处的（仅包含前杠、叶子板、车门、前机盖、后舱盖、后杠、大顶 13 块）喷漆费按实际喷漆面数 /13×全车喷漆价格计算。

3）拆装工时。拆装工时按照零部件所在部位进行大类划分。拆装部件超过 8 处的，拆装工时整体按照 90% 计算；拆装部件超过 15 处的，拆装工时整体按照 80% 计算；拆装部件超过 30 处的，拆装工时整体按照 70% 计算；拆装部件超过 50 处的，拆装工时整体按照 60% 计算。

4）机修电工工时。机修电工部件超过 3 处的，机修电工工时整体按照 90% 计算；机修电工部件超过 6 处的，机修电工工时整体按照 80% 计算；机修电工部件超过 9 处的，机修电工工时整体按照 70% 计算。

（2）事故汽车修理工时核定参考标准

事故汽车修理工时主要包括钣金（包含拆装）项目工时、喷漆项目工时、机电修理项目工时和辅助作业工时。工时费的确定是根据损失项目的确定而确定的，可以从当地的《汽车维修工时定额与收费标准》中查到相应的工时数量或工时费标准。各大保险公司内部也有相应的工时标准。

在汽车修理作业中除包括更换件工时、拆装件工时、修理工时外，还应包括作业工时。通常包括：把汽车安放到修理设备上并进行故障诊断；用推拉、切割等方式拆卸撞坏的零部件；相关零部件的矫正与调整；去除内漆层、沥青、油脂及类似物质；修理生锈或腐蚀的零部件；松动锈死或卡死的零部件；检查悬架系统和转向系统的定位；拆去打碎的玻璃；更换防腐蚀材料；修理作业中当温度超过 60° 时，拆装主要电控单元模块；拆卸及装配车轮和轮毂罩。

上述各项作业虽然每项工时不大，但对于较大的碰撞事故，各作业项累计通常是不能忽视的一项重要工作。最后必须注意：将各类工时累加时，各损失项目在修理过程中有重叠作业，必须考虑将劳动时间减少。

（3）其他工时核定标准查询来源

对于事故车的估损和修理，工时定额和工时费率一般有以下几个来源，可供定损员参考。第一类是在事故车的车型《碰撞估损指南》或主机厂的《工时手册》和《零件手册》中查找工时定额。第二类是各保险公司或公估公司内部使用的工时费限额。第三类是使用各省市汽车维修行业协会及交通局和物价委员会制定的《汽车维修工时定额与收费标准》。《碰撞估损指南》或主机厂的《工时手册》和《零件手册》中提供的工时定额，是由专业的汽车估损数据公司或主机厂针对具体车型制定的，并且包括了各总成的拆装、更换工时、大修工时等，准确性高，针对性强，非常适合事故车的定损需要。第四类是使用事故车定损软件。当前各个保险公司均使用本公司开发的或第三方专业定损软件，大大提高了定损效率，降低了人为定损偏差，降低了道德风险，是定损理赔的发展方向。

## 2. 材料费

汽车维修材料费是指在汽车维修过程中更换、修理的零配件以及消耗的原材料（含材料、漆料、燃润料）费用。维修中发生的辅助材料不另行计费。材料费由外购配件费＋自制配件费＋辅助材料费等组成。

（1）外购配件费

目前，配件市场上主要有 3 种价格形式。

1）由汽车生产厂家对其特约售后服务站规定的配件销售价格——厂家指导价。

2）当地大型配件交易市场上销售的原装零配件价格——市场零售价。

3）符合国家及汽车厂家质量标准，合法生产及销售的装车件、配套件（OEM）价格——生产厂价格。

保险公司确定事故车辆修复中需更换的配件价格一般以市场零售价为基础，再加一定的管理费。

（2）自制配件费

汽车维修企业在保证质量的前提下可以自制配件。使用自制配件时，事先应征得托修方同意，自制配件收费也应与托修方协商，可按市场价格或实际制造成本计算。另外，结算时承修方必须在材料清单中注明。

（3）材料费标准

1）原则上按照车辆承修地购置其适用配件的最低价格为标准，其上限不得超过系统内规定的配件价格。

2）涉及车辆的安全系统、行驶及转向系统的配件，其价格可按照市场上 OEM 配件价格确定。

在汽车维修中，材料费常常占了维修费用较大的比例，判断修理厂材料费是否合理的方法有：

①查询法。目前大部分车型的零件价格都能在相关网站上查询到。

②比较法。大部分 4S 店都会将主要零部件的最终用户价公示出来，这个价格可以作为预估材料费的参考。

在预估材料费时，要特别注意原厂配件、副厂配件和修复配件的价格差异是很大的。国家的相关法规明确规定，修理厂对原厂配件、副厂配件和修复配件要分别标识，明码标价。如果修理厂告诉你使用的是原厂配件，你有权要求修理厂在开具结算清单时注明。

（4）事故损失部分需要更换的配件费

$$配件费 = 配件进货价 \times (1 + 管理费比例) - 残值$$

配件进货价：以该配件的市场零售价为准。

配件定价的原则：

1）配件报价以该配件的市场零售价为准。

2）配件价格严格按照总公司关于配件核价的相关规定执行。

3）老旧车型更换配件以换型替代件或通过与被保险人协商按照拆车件价格定价，原车损坏时是副厂件按副厂件价格定价。

（5）配件管理费确定的原则

配件管理费是指保险公司针对保险车辆发生保险责任事故时，保险人对维修企业因维修需要更换配件在采购过程中发生的采购、装卸、运输、保管、损耗等费用，以及维修企业应得的利润和出具发票应缴的税金而给出的综合性补偿费用。事故损失部分需要更换的配件费（包含管理费），根据维修厂技术类别、专修车型综合考虑进行确定，维修站没有配件管理费。残值以维修当地行业通行标准为计算基础。

1）所有残值归被保险人所有，保险人在维修费用中扣减。

2）事故车辆更换的配件由保险人收回后不计入残值之内。

3）零配件材料管理费按更换零配件材料进货价格的一定比例收取。

①一、二类综合类型修理厂，一般为10%~15%。

②4S店、特约维修站可适当上浮，最高不超过20%。

③资质较差的修理厂应适当下浮。

4）当事故车零配件材料费金额较大时，应按如下比例适当降低管理费标准。

①材料费在1万~3万元的，管理费应不超过10%。

②材料费在3万元以上的，管理费应不超过8%。

5）零配件扣除残值标准。残值处理是指保险公司根据保险合同进行了赔偿并取得受损标的的所有权后，对于这些受损标的的处理。通常情况下，对于残值的处理均采用协商作价归被保险人的做法，并在保险赔款中予以扣除。如协商不成，也可以将已经赔偿的受损物资收回。这些受损物资可以委托有关部门进行拍卖处理，处理所得款项应当冲减赔款。一时无法处理的，则应交保险公司的损余物资管理部门收回。

①扣残原则：残值必须从维修总费用中扣除。对于更换项目中存在可变卖（如金属制品）或可回收利用（如部分车身贴纸，一般只需更换一部分，剩余部分仍可继续使用）的零件时，需要扣除残值。

②扣残的标准：残值的数额可依照更换件的剩余价值（废品回收或可继续使用）来折算。一般标准如下：

a. 车价在30万元以上（含30万元）的，按更换配件材料费的2%计提。

b. 车价在30万元以下的，按更换配件材料费的3%计提。

单件价格超过200元以上的高价电子元器件，一旦确定更换，因其残值很低，但道德风险较大，必须回收残件。

## 二 施救费用

### 1. 确定施救费用应遵循的原则

施救费用是在发生保险事故之后，被保险人为了减少损失而支出的额外费用，所以施救费用是一种替代费用，其目的是用一个相对较小的费用支出，减少一个更大的损失。定损人员在确定施救费用时应遵循以下原则。

1）施救费用应是保险标的已经受到损失时，为了减少损失或者防止损失的继续扩大而产生的费用。在机动车辆保险中主要是倾覆车辆的起吊费用、抢救车上货物的费用、事故现场的看守费用、临时整理和清理费用以及必要的转运费用。

2）被保险车辆出险后，雇用吊车和其他车辆进行抢救的费用以及将出险车辆拖运到修理厂的运输费用，按当地物价部门颁布的收费标准予以理赔。被保险人使用他人（非专业消防单位）的消防设备，施救被保险车辆所消耗的费用及设备损失可以列为施救费用。

3）在进行施救过程中，由于意外事故可能造成被施救对象损失的进一步扩大、造成他人财产的损失以及施救车辆和设施本身的损失。如果施救工作是由被保险人自己或他人义务进行的，只要没有存在故意和重大过失，原则上保险人应予赔偿。如果施救工作是雇佣专业公司进行的，只要没有存在故意和重大过失，原则上应由专业公司自己承担。同时，被保险人还可以就进一步扩大损失的部分要求专业施救公司承担赔偿责任。但在施救时，抢救人员物品的丢失，一般不予赔偿。

4）被保险车辆发生保险事故后，需要施救的受损财产可能不仅仅局限于保险标的，在这种情况下，施救费用应按照获救价值进行分摊。如果施救对象为受损保险车辆及其所载货物，且施救费用无法区分，则应按保险车辆与货物的获救价值进行比例分摊，机动车辆保险人仅负责保险车辆应分摊的部分。

5）车辆损失险的施救费用是一个单独的保险金额，但是如果施救费用和保护费用、修理费用相加，估计已达到或超过保险车辆的实际价值时，则应作为推定全损案件处理。同时，一般情况下保险公司不要接受权益转让。而第三者责任的施救费用与第三者损失金额相加不得超过第三者责任险的保险赔偿限额。

### 2. 在确定施救费用时应注意的几个问题

1）目前，施救费用的处理仍然存在一定的行业垄断问题，较为突出的就是受损车辆的施救问题。有的地方对于受损车辆采用统一施救的方式，这种方式本身是无可厚非的，但是如果利用这种垄断的优势，收取不合理的费用，甚至借以牟取暴利则应予以抵制。

2）保险车辆出险后，被保险人赶赴肇事现场处理所支出的费用不予理赔。

3）如果被保险车辆为进口车或特种车，发生保险责任范围的事故后，在当地确实不具备修理能力，事先经保险公司书面同意可以移送外地修理，对相应的移送费保险公司将予以赔偿。但是应当明确该项费用属于修理费用的一部分，而不是施救费用。

在确定施救费是否"合理""必要"时，首先应当看是否发生了保险事故，施救费用必须以发生保险灾害事故为前提。其次看是否以减少保险财产损失为目的。第三看是否以"直接""必要""合理"为原则。支付的费用必须是为施救、保护保险财产支出的直接费用。

## 三 全损及增项定损

### 1. 推定全损

推定全损是指车辆损失已经达到一定程度，估计修复费用高出车辆修复后的市场价值，或者施救难度大，施救费用高于车辆价值，对于此类车辆的定损。

（1）车辆全损或推定全损的条件

1）事故车辆无法施救。

2）保险车辆的施救费用达到或超过保险事故发生时车辆的实际价值。

3）事故车辆的修理费用达到或超过保险事故发生时车辆的实际价值。

4）当事故车辆的修理费用与施救费之和，达到或超过保险事故发生时车辆的实际价值时，可以与被保险人协商采取推定全损处理。

（2）车辆全损或推定全损操作注意事项

1）详细拍照。详细拍摄事故现场、施救过程、车辆水淹深度的照片，准确反映车辆损失的状态。由于此类车辆残值均通过拍卖处理，所以车辆不宜解体。

2）残值估价。对推定全损车辆残值估价，遵照如下原则。

①要考虑残值的实际市场价值。这类车辆虽然水淹严重，但部分总成还可以利用，应充分考虑其剩余价值、修理后价值等因素，以利准确估价。公开拍卖残值有利于残值的再利用，降低保险公司的损失。

②要考虑对残值的施救成本。如果施救成本大于或等于残值的市场价值，残值应按照零计算，但多数情况下车辆是有价值的。

3）对推定全损案件，一定要确认损坏零部件的项目与金额。采取与实际价值进行比较的方式编写损失项目确认书，并将损失项目确认书附加在案卷中。

4）注意定损权限。因推定全损案件一般涉及金额较大，在定损中一定把握好定损权限，超权限案件应及时上报，并跟踪落实回复意见。

（3）车辆实际价值的计算

车辆的实际价值根据投保时的新车购置价减去折旧金额后的价格决定。

1）新车购置价：根据保险事故发生时保险合同签订地同类型新车的市场销售价格确定；无同类型新车的，由保险人和被保险人协商确定。

2）车辆折旧按月计算，不足一个月的部分，不计折旧。最高折旧金额不超过新车购置价的 80%。

3）计算公式：

折旧金额 = 投保时的新车购置价 × 被保险机动车已使用月数 × 月折旧率

①家庭自用车：9 座以下客车月折旧率为 0.6%，10 座以上客车月折旧率为 0.9%。

②非营业用车：9 座以下 0.6%，低速货车或三轮车 1.1%，其他车辆 0.9%。

## 2. 增补定损

1）受损车辆原则上采取一次定损。如在修复中发现确属定损时遗漏的项目，需要增加修理的，在修复或更换前，由被保险人立即通知保险人。增项后如损失金额超过定损原机构权限的应履行逐级核定程序，经核实审批后，可追加修理项目和修理费用。

2）增补定损项目时，应注意区分零部件损坏是在拆检过程中、保管过程中、施救过程中发生的，还是保险事故发生时造成的损失。

3）修车过程中检验的待检项，应在检验结束后填制保险车辆增加修理项目申请单，上报核审后方可增补定损。

4）由于承修方在修理时造成的损失扩大部分，不予做增项处理。

## 四 竣工复勘与核损

### 1. 竣工复勘

对损失较大的事故车辆，在其修复完工并客户提取车辆之前，可选择安排车辆复勘，即对维修方案的落实情况、更换配件的品质和修理质量进行检验，以确保修理方案的实施，零配件修理、更换的真实性，复勘照片的拍摄如图 5-25 所示。复勘工作是防范道德风险的发生，保证被保险人利益的有效手段。复勘的结果应在定损单上注明。如发现未更换定损零部件或未按定损价格更换正厂件，应在定损单上扣除相应的差价。

图 5-25 复勘照片的拍摄

### 2. 事故车辆的核损

核损是对事故损失的真实性、损失项目及金额的合理性等相关内容进行审查核定的一项工作。核损是保险事故车理赔中技术性最强的一部分工作，是保险事故理赔减损防欺诈核心部分，其工作的主要内容是负责审核案件真实性，审核定损项目及维修工时，审核查勘、定损上报案件的相关信息，对查勘、定损人员进行管理和技术支持。

（1）核损工作内容

1）单证的审核。审核的内容包括审核被保险人提供的单证照片是否齐全、真实，审核查勘定损照片是否符合现场查勘拍摄的要求，审核查勘定损报告填写是否符合规范与要求，审核完成后对资料不齐的、存在疑难问题的案件及时反馈给查勘定损岗位，督促及时进行复勘和调查。

2）定责的审核。定责审核主要根据保险条款、相关法规、现场资料、被保险人、三者信息等相关资料，对案件保险责任进行审核。内容包含：保险利益是否存在，出险车辆是否为保险标的，驾驶人是否合格，案发时间是否特殊，出险原因是否属于保险责任，事故责任划分是否准确合理，是否真实反应各项信息。

3）定损的审核。主要对损失项目和程度、损失费用等进行审核。根据审核现场记录、损失照片痕迹记录，核对与出险原因、经过及大概损失情况是否相符，有无扩大损失部分。核损时必须注意各个部位变形痕迹的关联性，同时又要注意传导损失和非事故损失的区分（例如：车顶褶皱、弯曲与车顶平面凹陷，发动机减振胶块、悬架、转向、底盘等部位机件机械磨损、老化与外力撞击损伤）；确定损伤是否限制在车身范围内，是否还包含功能部件、元件或隐藏件（如车轮、悬架、发动机、仪表台内藏件等），根据碰撞力传导范围、损伤变形情况和损失配件拆解照片区分事故损伤与拆装损伤。

（2）核损流程

核损流程。应当严格按照规定的流程进行，该流程的控制目标是准确负责、合理赔付。流程中的关键控制点有：

①是否在保险责任期内：审核事故是否在保险有效期内。

②是否属于保险财产：核对受损财产是否属于保单列明的财产。

③是否属于保险责任：审定发生损失是否由保险条款规定的自然灾害或意外事故所致，应以保险合同条款为准绳，特别要注意审核被保险人是否履行了义务。

④是否是合理费用：审核费用应考虑是否"必要"和"合理"，施救费用与损余残值能否互相抵消。

⑤是否属第三者责任：根据交强险的规定，保险事故由第三者责任造成的，应由保险人先行赔付。商业三者险相关法律和条款也规定，应被保险人要求，也可由保险人先行赔付。同时由被保险人填写授权书，将追偿权转移给保险人，并积极协助追偿。如第三者因经济困难或其他不可抗力原因无法履行赔偿责任的，保险人赔偿后结案。

（3）核损鉴定的原则

1）核损范围只限于本次事故所造成的车辆损失（包括车身损失及各种机械件损失）。

2）能局部修复的不能扩大到整体（主要是对车身钣金和面漆的处理）。

3）损坏零部件的更换，按照零件编号查看，有单件的不能更换总成件。

4）根据修复工艺的难易程度准确核定维修工时（按照当地行业管理和物价部门制定的工时取费标准并参照当地的工时费用水平核定工时费）。

5）准确掌握各种车辆的 4S 店及市场原装的配件价格。

(4)核损定价的技术依据

1)熟悉事故车辆的总体结构及整体性能。
2)受损部位及零部件拆装及整修的难易程度和相关的作业量。
3)掌握受损零部件的检测技术及标准,熟悉修理工艺和维修、检测所需的设备及工具。
4)掌握修理过程中所需的其他辅助材料和用量。
5)掌握和了解事故车辆维修竣工后检查鉴定的技术标准。

(5)核损的具体方法和步骤

1)确定本次事故损伤的具体部位,并由此判断和确定此次事故由于撞击和振动产生的纵向和横向分力,可能引起的其他部件的损伤,并确定远离撞击部位的损坏件与此起事故有无因果关系。
2)制定维修方案。首先对损坏的零部件按类别,由前至后由表及里进行登记,确定可以修复无须更换的部位及配件。
3)根据已制定的维修方案以及修复工艺的难易程度,准确地核定工时。
4)根据所掌握的主机厂4S店和市场原厂配件价格,确定事故车的损坏配件价格和修复过程中所需的其他耗材价格。
5)对损坏后无法修复,或修复后影响使用功能、影响外观、影响安全性,或修理费达到零件价格的80%时,以换为主;对不提供单件的总成件和隶属关系复杂的更换配件,需提供维修站的文字说明及标准的配件关系图资料,更换项目的确定由核损岗负责。

(6)修理工时的核定

目前在事故车辆修复工时的确定问题上,各个部门大多数是凭经验对修复工时进行大致的估算。事故车辆由于碰撞的轻重不同其各个部位的变形程度也千差万别,尤其是钣金的工作量差异更大,很难有一个统一标准,不像4S店的主机厂对维修保养更换配件,有一个明确的收费标准,但对事故车辆的修复截止到目前各部门均无一个统一的标准。因此要对事故车辆的定损、估价准确合理,就要求核损估价人员不但要精通汽车维修技术,而且要熟悉事故车辆修复的整个工艺流程,还要掌握各种汽车零部件的维修标准和检验技术及修复方法。

事故车辆修理工时的确定,一般按工种分类,确定它所涉及的工种范围,包括机修、电气、漆工、铆焊、塑焊、皮件、空调等。但现在的修理厂及4S店,基本将工种分为3大类:钣金、机电、漆工。事故车辆除特大事故外,一般事故较多,从各个工种所占比重看,钣金、漆工所占工时较多,因此在事故车辆工时核定时,应认真做好钣金、漆工的工时核定。

## 五 定损案例分析

### 1. 案情及精友系统简介

本案例是一个单方事故,一辆奇骏牌轿车与路边护栏撞击导致前部损伤。查勘员现场查勘后到定损点拆解定损，后期定损采用精友定损系统。精友车险业务辅助平台是精友公司利用提供给保险公司的整车及配件标准数据，深入研究保险公司内部车险业务流程，参考和借鉴公司理赔系统和定损工具系统产品功能，利用互联网技术和其他先进技术，打造的一个为保险公司车险业务开展提供辅助服务第三方公共平台。

车险业务辅助平台之定损辅助子平台，是集成了提供给保险行业的整车及配件标准数据，参考专业定损工具功能设计，借助远程视频摄像头技术，建立的一个公共的定损业务操作辅助平台，并提供方便的录入、审核和沟通功能，是保险公司和修理厂之间业务沟通的桥梁和纽带。

该平台主要解决问题：

1）提高理赔定损工作效率，避免了行业监管风险。

2）利用专业平台，管理好合作修理厂，拓展更多承保业务。

基本特点：

1）独立的第三方平台。

2）辅助定损录入、审核，完成定损理赔过程。

3）实现任务流程管理（双方）。

4）视频辅助、监控功能。

5）可以和保险公司系统无缝对接。

### 2. 现场查勘图片

现场查勘图片如图 5-26 所示。

图 5-26　现场查勘图片

### 3. 拆解定损图片

拆解定损图片如图 5-27 所示。

1散热器冷凝器受损（1）　1散热器冷凝器受损（2）　2前杠骨架受损（1）　2前杠骨架受损（2）　3右前轮眉受损（1）　3右前轮眉受损（2）　4前杠受损

5前照灯受损（1）　5前照灯受损（2）　6中网受损（1）　6中网受损（2）　7冷凝器受损（1）　7冷凝器受损（2）　8散热器受损（1）

8散热器受损（2）　9玻璃水壶受损　10散热器框架右前纵梁受损（1）　10散热器框架右前纵梁受损（2）　10散热器框架右前纵梁受损（3）　10散热器框架右前纵梁受损（4）　10散热器框架右前纵梁受损（5）

11右前翼子板受损（1）　11右前翼子板受损（2）　11右前翼子板受损（3）　11右前翼子板受损（4）　11右前翼子板受损（5）　合影

图 5-27　拆解定损图片

### 4. 复勘图片

复勘图片如图 5-28 所示。

1合影　2标的车前照　3标的车后照　4S店维修　4前杠更换

5中网更换（1）　5中网更换（2）　6玻璃水壶更换　7前杠骨架更换　8右前照灯更换（1）

8右前照灯更换（2）　9散热器冷凝器更换（1）　9散热器冷凝器更换（2）　9散热器冷凝器更换（3）　9散热器冷凝器更换（4）

图 5-28　复勘图片

## 5. 采用定损系统报价

由定损系统调取的损失配件报价如图 5-29 所示，维修工时费报价如图 5-30 所示，定损单如图 5-31 所示。

图 5-29　损失配件报价

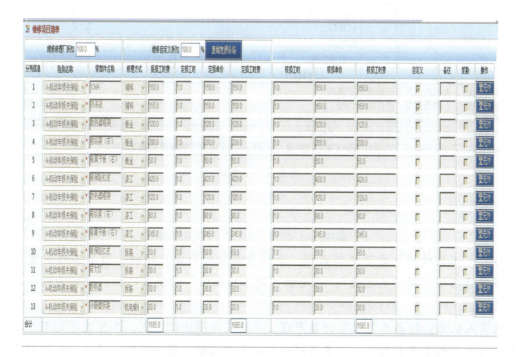

图 5-30　维修工时费报价

| 报案号： | | | 承保机构：沈阳 | | |
|---|---|---|---|---|---|
| 交强险保单号： | | | 交强险被保险人： | | |
| 商业险保单号： | | | 商业险被保险人： | | |
| 号牌号码：辽 | | 厂牌型号： | 受损车辆属性：标的车 | | |
| 车架号： | | 发动机号：2 | | | |
| 初次登记日期：2010-08-08 | | 联系人： | 联系电话：13 | | |
| 出险时间：2014-01-22 20：00：48 | | 修理厂名称：东风 | | | |

| | 序号 | 更换项目 | 数量/件 | 单价/元 | 金额/元 |
|---|---|---|---|---|---|
| 更换零部件清单 | 1 | 前保险杠皮 | 1 | 1206.0 | 1071.6 |
| | 2 | 前照灯（右） | 1 | 1302.0 | 1161.8 |
| | 3 | 中网 | 1 | 539.0 | 485.1 |
| | 4 | 前翼子板轮眉（右） | 1 | 147.0 | 132.3 |
| | 5 | 前风窗刮水器水壶 | 1 | 187.0 | 168.3 |
| | 6 | 前保险杠骨架 | 1 | 1067.0 | 968.3 |
| | 7 | 散热器 | 1 | 1441.0 | 1266.9 |
| | 8 | 冷凝器 | 1 | 2723.0 | 2440.7 |
| | 更换项目损失金额合计/元 | | | | 7715 |

| | 序号 | 修理项目名称 | 工时费/元 |
|---|---|---|---|
| 修理项目清单 | 1 | 134A | 150.0 |
| | 2 | 防冻液 | 150.0 |
| | 3 | 散热器框架 | 120.0 |
| | 4 | 前纵梁（右） | 200.0 |
| | 5 | 前翼子板（右） | 50.0 |
| | 6 | 前保险杠皮 | 420.0 |
| | 7 | 散热器框架 | 120.0 |
| | 8 | 前纵梁（右） | 90.0 |
| | 9 | 前翼子板（右） | 245.0 |
| | 10 | 前保险杠皮 | 50.0 |
| | 11 | 前照灯 | 30.0 |
| | 12 | 散热器 | 30.0 |
| | 13 | 冷凝器拆装 | 30.0 |
| | 工时费合计 | | 1685.0 |

残值扣除金额（人民币大写）伍拾叁元捌角整　　　　　　　　　　（￥：53.8元）
定损金额总计（人民币大写）玖仟肆佰元整　　　　　　　　　　　（￥：9400.0元）
施救费（人民币大写）陆佰元整　　　　　　　　　　　　　　　　（￥：600.0元）

1. 经各方协商，完全同意按本定损单确定的价格修理。
2. 承修单位应按本定损单确定的项目保质保量进行修理，且履行本定损单确定的修理及换件项目。

图 5-31　定损单

## 课程育人

### 案例 5　信息化时代下的工匠精神

当前"工匠精神"成了热门名词，全社会都在讨论工匠精神，财务工作人员也不例外。不做急功近利的"毛毛匠"，而要做"慢工出细活"的能工巧匠，应成为财务人员的基本共识。

很多人认为，财务工作讲究的是严谨，要遵守各项法律法规，不可能有创新。其实严谨与守法并不代表不能创新，并不是说一定要墨守成规、因循守旧。随着社会的发展，财务也在发展，如骏丰频谱财务人员创新性地提出来并运用到实践中的日报表系统、NC 系统、预算系统、供应链系统等，不但促进了公司信息化的建设，而且与时俱进地满足了公司发展需要。这说明在学习前人的基础上，只有充分发挥主观能动性，才能在技能上有所提高，有所创新，有所突破。

明朝理学家朱熹用"月印万川"这一通俗易懂的现象解释了月亮只有一个，可是倒映在江河湖海中的月亮倒影却有一万个，而且一万个都不相同。是不是天上的月亮本来就不同呢？不是的，天上的月亮只有一个，只不过江河湖海各自的形状特征都不一样，导致了月亮倒影的不一样，而且它们仅反映了月亮的一部分，而不是月亮的全部。这种独到、独运的心思，显得独具匠心、别具一格。

也许有人会说，财务实行的是统一的会计法律法规与准则，怎么可能独具匠心呢？其实不然，财务人员可以运用统一的会计法律法规与会计准则，在财务分析、财务处理、方式方法的选择与运用方面，都可以根据实际情况有自己的选择。这种匠心体现于财务人员的职业判断与独特的财务个性。如考核利润表在市场分析中的运用，费用项目管理在财务管理中的实践，合法纳税前提下的充分利用国家优惠政策，降低现金收款用于控制资金风险等，这些匠心在公司管理中得到普遍运用，为提升公司经营管理起到明显的作用。公司每个市场的情况千差万别，每个市场不同时期的情况又各不相同，财务人员在处理管理业务时，不会两次踏入同一条河流，也不会处理两片相同的叶子，这就是匠心在财务中的运用。

## 思考与练习

一、选择题

1. 下列（　　）不是机动车辆现场查勘的主要内容。
   A. 查明出险车辆情况　　　　　　　　B. 施救整理受损财产
   C. 查明事故原因　　　　　　　　　　D. 确定车辆损失金额
2. 确定事故车辆修复的工时费时，主要依据（　　）。
   A. 修复的难易程度和当地工时费水平　B. 汽车生产厂家规定
   C. 公司规定　　　　　　　　　　　　D. 以上都可以
3. 如果车身左前门壳产生了中间局部损伤，车门各关键性控制尺寸没有明显变化，门壳损伤仅限于局部很微轻的凹陷、剐蹭等，制定维修方案时（　　）。
   A. 需拆下左前门进行钣金维修并喷漆
   B. 需拆下门壳进行钣金修复并喷漆
   C. 可以不拆解车门和玻璃，直接进行钣金修复并喷漆
   D. 需拆下左前门玻璃后再进行钣金修复并喷漆
4. 张师傅说：热塑性塑料件损伤可以塑焊修复。李师傅说：热固性塑料件损伤不能塑焊但可粘接修复。（　　）谁说得正确。
   A. 张师傅　　　　B. 李师傅　　　　C. 两人都对　　　　D. 两人都不对
5. 如果撞击导致发动机正时机构损伤会导致发动机（　　），可能导致气门、活塞、连

杆曲轴等损坏。

　　A. 顶缸　　　　　　B. 拉缸　　　　　　C. 过热　　　　　　D. 过度磨损

6. 对于事故车辆的损失评估，修理厂、物价评估部门、保险公司三方评估的结果往往差异较大。这是因为上述三方的（　　　）所致。

　　A. 定损标准不同　　B. 利益取向不同　　C. 定损人员不同　　D. 收费标准不同

7. 对于非本次事故的损失或者非事故原因造成的损坏应该予以（　　　）。

　　A. 赔付　　　　　　B. 调整　　　　　　C. 剔除　　　　　　D. 重新确认

8. 车辆损失险的施救费用是一个单独的保险金额，但是如果施救费用和保护费用、修理费用相加，估计已达到或超过保险车辆的实际价值时，则应作为（　　　）案件处理。

　　A. 推定全损　　　　B. 加急　　　　　　C. 普通　　　　　　D. 立案

9. 事故车定损应当严格按照规定的流程进行，这个流程的控制目标是准确负责、合理赔付。下面不是流程中的关键控制点的是（　　　）。

　　A. 是否在保险责任期内　　　　　　　B. 是否属于保险责任

　　C. 是否属于保险财产　　　　　　　　D. 是否属于保险内部人

10. 由于承修方在修理时造成的损失扩大部分（　　　）。

　　A. 不予做增项处理　B. 可以理赔　　　　C. 可以部分理赔　　D. 可以变通理赔

## 二、判断题

1. 事故车辆损坏项目要坚持"以换为主，以修为辅"的原则。　　　　　　　　　　（　　）

2. 常见轿车的保险杠绝大多数由塑料制成，对于用热塑性塑料制成的如果其破损处不多，并且可以表面做漆的，可用塑料焊机焊接。对于凹陷裂开、断裂、破碎、杠体穿孔且缺损的可给予更换。　　　　　　　　　　　　　　　　　　　（　　）

3. 钣金部件在损失严重不能修复或修复后不能恢复原样并明显影响外观或修复后无法按原标准装配的，可给予更换。　　　　　　　　　　　　　　　　　（　　）

4. 保险车辆出险后，被保险人赶赴肇事现场处理所支出的费用不予理赔。（　　）

5. 根据保险赔偿原则，车辆事故损失应该仅限于本次事故造成的、直接的、非人为的、非磨损原因导致的损坏。　　　　　　　　　　　　　　　　　　　（　　）

## 三、问答题

1. 简述事故车辆定损的原则。
2. 简述事故车维修工时费确定过程。
3. 车辆全损或推定全损的条件具体包括哪些？
4. 请简述发动机进水后的检查与处理的方法？
5. 托底事故导致的发动机损伤有哪些？

# 项目六
# 新能源汽车查勘与定损

## 任务一　新能源汽车现场查勘安全与防护

### 学习目标

**知识目标**

1. 能够描述新能源汽车高压安全防护方法。
2. 能够描述新能源汽车突发事故的应急处理方法。
3. 能够描述新能源汽车安全操作规程。

**技能目标**

1. 能够正确使用新能源汽车个人安全防护装备及工具。
2. 能够正确指导新能源汽车突发事故的应急处理。

### 任务描述

新能源汽车与传统的汽车不同，电动汽车使用电力驱动，混合动力汽车使用电能和发动机来提供驱动力。同样维修保养、事故查勘的程序和传统的车辆也不同，需要特别注意。在处理事故中被损坏的混合动力汽车和电动车时，同样要求按照特殊的程序，否则会导致严重的人身及财产损失。

### 一　安全警示与操作规程

#### 1. 高压安全

（1）高压安全警示

纯电动汽车及混合动力汽车的动力电池组及其高压部件具备一定的高压危险，维修保养操作具备一定的危险性。如果你的手没有任何保护措施就触碰这些车辆的高压部件，可能会有严重烧伤甚至死亡的危险！所以，在相应车型的维修手册里，车身修理手册的导言部分或碰撞损伤维修手册中可以找到高压安全的相应规定。

### (2) 识别高压电路

为了方便辨别，所有连接高压回路部分的电线和接头均为橙色，高压回路及其他回路和车身绝缘。高压组成部分包含 HV 电池、驱动桥、变频器、转换器和维修塞等，如图 6-1 所示。

警告标签类似图 6-2 所示，一般贴在 HV 电池和变频器上，它们提供了基本的警告、操作说明和回收信息。

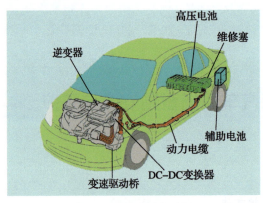

图 6-1　高压组成部分　　　　　　图 6-2　警告标签

> **警告**：无安全防护状态下触碰高压会导致严重烧伤甚至死亡！

### 2. 操作规程

混合动力汽车高压安全防护

1）高压部件的调试、检修及带电组装作业，建议设立专职监护人。由监护人监督作业全过程（包括人员组成、工具、劳保用品、器材是否符合要求），并对作业结果进行检查，指挥上电。

2）监护人要认真负起责任，确保作业安全。否则在发生安全责任事故时要承担责任。

3）监护人需有丰富电器维修经验，经考核合格后方能上岗。

4）在进行较复杂或较危险的作业时，监护人要按流程指挥操作，作业人在完成一个操作后要告知监护人。监护人要在作业流程单上作标记确认。

5）操作人员必须佩戴必要的劳保用品，如绝缘手套、绝缘胶鞋等，其电压等级必须大于需要测量的最高电压。用前需检查其是否完好无损，确保安全。特殊情况下建议戴防弧面罩、绝缘手套（耐压 600V 以上），穿绝缘胶鞋。

6）操作人员在组装、调试、检修高压部件时，必须两人以上并由监护人监督作业。

7）操作人员进行作业时必须单手操作，原则上不允许带电操作。例如：保证所使用的测量仪表至少有一根表笔线上配备绝缘鳄鱼夹，测量时一只手把夹子夹到电路的一个端子，另一只表笔接到另一个端子测量读数。每次测量时只能用一只手握住表笔线或车的地线。

8）操作人员在作业中，对所拆除的高低压系统电线要妥善处理，包好裸露出的电线头，以防触电或酿成其他事故。

9）更换高压回路器件，一定要按原车设计要求容量更换。

10）在检修高压系统时，车辆必须处于 OFF 档，必须亲自妥善保管，直至检修完毕。使用万用表检测高压电路（如高压电容及其回路）时，需确保无电。在操作时，应当严格遵守电气作业操作规程及相应检测工具使用要求，以防高压系统内器件损坏而带电，造成触电事故。

11）高压系统在调试或检修完毕后，需由监护人检查确定能否上电。该监护人要仔细检查电路是否符合要求，并且检查现场工作人员是否在安全距离以外，然后在专用检查单上签字确认，指挥通电。

12）发生异常事故和火灾时，操作人员应立即切断高压回路，其他人员立即使用干粉灭火器及黄沙扑救。

### 3. 安全防护用具

（1）手套必须有两种独立的性能

1）在进行任何有关高压组件或线路的操作时，需要使用橡胶制成的绝缘手套，这些手套通常被认为是电工手套，并被设计为符合国家相关标准，能够承受 650V 的工作电压。

2）抗碱性的合成橡胶手套同样需要，当工作中接触钾氢氧化物时，对人的组织有极其严重的伤害。

操作者戴绝缘手套，单手操作；操作最好指定专人负责，避免多人误操作，常见的两种手套如图 6-3 所示。绝缘手套要定期检验，在戴绝缘手套前，必须要确认手套是干燥的、无损坏、大小合适，检查方法如图 6-4 所示。

图6-3 手套　　　　　　　　　　图6-4 绝缘手套漏气检验

（2）护目镜

穿戴上合适的眼部和足部的防护，以防止电池液的飞溅，面罩应该将所有的面部皮肤裸露部分覆盖。外观如图 6-5 所示。

（3）绝缘安全鞋

绝缘安全鞋的作用是使人体与地面绝缘，防止电流通过人体与大地之间构成通路，对人体构成电击伤害。绝缘安全鞋应符合 GB 21146—2020 国家标准，电阻范围应为 100KΩ~1000MΩ，具有透气性好、防静电、耐磨、防滑等功能，如图 6-6 所示。

图6-5 护目眼镜　　　　　　图6-6 绝缘安全鞋

（4）电解液稀释剂

对于丰田普锐斯装备的高碱性的 HV 蓄电池电解液（氢氧化钾），有电解液溢出时，可将 800g 的电解液稀释剂（图6-7）硼酸溶解在 20L 自来水中，中和所有溢出的 HV 蓄电池电解液。如果飞溅到皮肤上，应尽快就医。

图6-7 电解液稀释剂

（5）吸水毛巾布

用充足的吸水毛巾布，吸收事故中溢出的电解液是有必要的。然而，在使用这些布之前，先要使用试纸去检查，确保所有溢出液已被中和，如图6-8所示。

图6-8 吸水毛巾布与试纸

（6）灭火器类别选择

起火材料不同，应采用不同类别的灭火器。如果是 PRIUS 车辆着火，使用常规的 ABC 干粉灭火器灭火，这种灭火器用于油或电路火灾；然而如果只是 HV 蓄电池着火，则推荐使用二氧化碳灭火器，如图6-9所示。

图 6-9　灭火器

（7）绝缘胶布

使用绝缘胶布覆盖所有的高压电线或端子，在维修塞被拔出后使用绝缘胶布包住维修塞槽。绝缘胶布如图 6-10 所示。

（8）CAT Ⅲ级数字万用表

混合动力汽车配备了电压超过 600V 的直流电压系统，需要用一个认证为 CAT Ⅲ级数字万用表（DMM）测量这些高压系统。

（9）绝缘工具和测量仪

绝缘测量仪用于测量高压电线与高压部件及车体之间的电器连接，任何能够破坏高压部件绝缘的碰撞或腐蚀均会导致高压漏电，危及人员安全，必须使用绝缘测量仪加以确认。

维修高压类车辆时，必须使用带有绝缘功能的工具，这些工具包括常用的套筒、开口扳手、螺钉旋具、钳子、电工刀等，如图 6-11 所示。

图 6-10　绝缘胶布　　　　　　　　图 6-11　绝缘工具

（10）非化纤材质的工作服

维修高压系统时，必须穿非化纤材质的工作服，一来防止静电，二来火灾发生时可以有效防止化纤服装高温粘连人体皮肤，导致维修人员受到严重的二次伤害。

## 4. 电动汽车及混合动力车进烤房前的风险防范

如果镍氢电池接触高温，会受到损坏。混合动力汽车上的警告标志明确标注电池温度不能超过 63℃，请在进入烤房前确认烤房温度。

### 5. 电动汽车及混合动力车的举升

用举升机或卧式千斤顶顶起车辆时，要注意举升点的选定，举升点要注意避开橙色高压电线，如图 6-12 所示。

图 6-12 电线位置

## 二 维修中常见的操作方法

### 1. 突发和重大故障应急处理措施

针对维修过程中发生突发紧急情况或重大事故（人力不可控制的），应按照实际情况进行应急处理。

1）车辆在维修过程中，突然出现异响时，应立即停止维修进行检查，查明原因并向相关责任人反馈检修。

2）车辆在维修试车过程中，突然出现爆胎或其他意外情况时，驾驶人员应保持清醒敏捷的头脑，在保证人身安全前提下操控车辆。

3）车辆在维修过程中，突然出现异味或冒烟时，应立即停止维修并关掉车辆所有电源（蓄电池和动力电池包），拿出随车灭火器材进行灾害控制，防止灾害事故扩大，并迅速报告相关责任人进行检修，解决事故隐患。

4）车辆在维修过程中，突然起火时，应在确保人身安全的情况下，立即停止维修，关掉车辆所有电源（蓄电池和动力电池包），拿出随车灭火器材尽量控制火灾局势，迅速向外部求救。发生大面积或大的火灾时，持续的浇水也同样适用熄灭 HV 蓄电池火灾。使用少量的水，如只用一桶，是危险的，实际上将加剧 HV 蓄电池火灾的程度。

5）车辆在维修过程中，发生突发性故障和其他重大事故时，在不能自行解除的情况下，迅速离开事故车辆，到安全距离外，并保护现场，立即向主管部门报告和向外部求救。

6）车辆在维修过程中，发生突发性事故和其他重大事故时，应立即抢救受伤人员，向主管部门报告。请求外部救护车或用任何交通工具将受伤人员送往医院做进一步的治疗。

### 2. 新能源车跨接起动方法

新能源车长期放置会导致辅助 12V 蓄电池亏电，此时可以用其他车辆跨接起动，正负端子连接步骤如图 6-13 所示。一定要使用正确的跨接方法，否则会导致短路，有起火危险。

1）第一步，红色跨接电缆一端连接被跨接车辆蓄

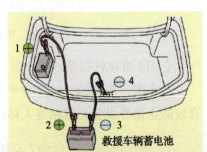

图 6-13 跨接起动正负端子连接步骤

电池正极。

2）第二步，红色跨接电缆另一端连接救援车辆蓄电池正极。

3）第三步，黑色跨接电缆另一端连接救援车辆蓄电池负极。

4）第四步，黑色跨接电缆另一端连接救援车辆车身可靠接地。

### 3. 新能源车移动和拖动方法

如果故障车需要短距离移动（如到路边），并且该车辆能够自行移动，最简单的方法是把变速器档位放到空档，手推汽车行驶。如果需要远距离移动到修理厂，则应呼叫拖车。如果没有拖车，应使用提高车轮的设备拖着汽车行驶，同时汽车驱动轮应离开地面。如果是四驱车，则只能用拖车，否则有重大危险。

### 4. 拆卸高压电池方法

对于高压电池有明显事故损伤的车辆，进场后应与其他车辆保持安全距离，评估车辆二次事故的风险，尽快由有相应资质的高压维修人员将高压电池与车辆脱离，并按厂家规定妥善保管高压电池。

## 任务二　新能源汽车现场查勘

### 学习目标

**知识目标**

1. 能够描述新能源汽车事故现场查勘前的准备工作内容。
2. 能够描述新能源汽车现场查勘基本流程。
3. 能够描述新能源汽车典型事故现场查勘方法。
4. 能够描述新能源汽车高压部件的损伤规律。

**技能目标**

1. 能够独立完成新能源汽车事故现场查勘前的准备工作。
2. 能够安全规范完成新能源汽车事故现场的查勘工作。
3. 能够正确核定新能源汽车常见高压部件损失。

### 任务描述

新能源汽车的结构与常规燃油车有较大区别，特别是动力电池受到撞击、水淹后有较大的起火爆炸风险。内部的电解液腐蚀性较强，极易对人体造成伤害。现场查勘及后期定损中要严格按照安全规范操作，以防二次事故的发生。本任务重点学习新能源汽车现场查勘基本知识。

## 一 新能源汽车事故现场查勘

### 1. 事故现场查勘前的准备

（1）确认被保险车辆信息

查勘员接到调度指令后，首先通过抄单信息了解被保险车辆信息，包括厂牌型号、车牌号码、使用性质、使用年限、VIN 码及保险期限等。通过厂牌型号或车牌号预先判断出险车辆是否为新能源车辆。新能源车辆厂牌型号后缀往往有 EV、HEV 等字符，如图 6-14 所示。

图 6-14 新能源车辆厂牌型号后缀

（2）了解事故状态

1）事故车辆是否能正常驾驶。
2）仪表是否有故障显示。
3）动力电池是否受损或漏液。
4）其他高压部件是否受损。
5）气囊是否膨开。
6）事故现场是否有人员伤亡。

根据了解的事故状态，预先做出查勘预案，携带好必备的查勘工具及救护用具，为现场查勘做好充分准备。

### 2. 现场查勘操作过程及要求

在查勘新能源汽车事故车辆前，按要求穿戴好防护装备。在现场查勘过程中，如果有起火、冒烟的紧急情况，请勿靠近，即刻拨打 119 火警电话，并尽快疏导附近围观人群。

1）在事故车辆周围设置警示标志。
2）外观检查是否有高压部件损坏。
3）用试电笔、万用表检查车辆损坏部位附近位置裸露的金属部位是否带电。
4）在确认安全的前提下，检查仪表信息，主要包括故障报警信息、行驶里程、SOC 值，并拍照。
5）对于不能行驶的车辆，尽快断开 12V 蓄电池负极，条件允许时断开维修开关。
6）拍照记录所有损伤。
7）协助施救人员将车辆运送到维修厂。
8）如果车主手机能够收到远程故障信息，及时将车主手机远程故障信息拍照，留存证据。

## 二 新能源汽车事故现场类型

不同事故类型对车辆的损伤略有不同，按照出险事故形态将新能源汽车事故类型分为碰撞事故、托底事故、水淹事故、火灾事故 4 种。四种事故可能导致的损伤范围见表 6-1。

表 6-1 四种事故可能导致的损伤范围

| 序号 | 事故类型 | 损伤范围 |
| --- | --- | --- |
| 1 | 碰撞事故 | 动力电池大多布置在车辆中后底部，在侧面碰撞及后面碰撞中有可能损坏动力电池，而正面碰撞一般不会导致动力电池损坏，但可能导致高压线束、电机控制器、驱动电机、DC-DC、充电口、高压配电项目等损坏 |
| 2 | 托底事故 | 动力电池大多布置在车辆中后底部，在托底碰撞中最有可能损坏动力电池，一般会导致动力电池壳体划伤、凹陷、破裂，严重的会导致内部模组损坏，甚至冒烟起火 |
| 3 | 水淹事故 | 水淹可能导致动力电池进水，报绝缘损坏故障，也可能导致高压线束插接件进水、电机控制器、驱动电机、DC-DC、充电口、高压配电项目等进水损坏，甚至冒烟起火 |
| 4 | 火灾事故 | 火灾会导致动力电池损伤，严重的会导致车辆全损，且全损的概率很高 |

### 1. 碰撞事故现场查勘

碰撞事故是最常见的事故类型，通常会导致充电口、电机控制器等部件损伤。碰撞现场查勘操作要求及基本流程如下。

1）事故车辆周围设置警示标志。
2）用试电笔、万用表检查车辆损坏部位附近位置裸露的金属部位是否带电。
3）仪表检查，重点检查以下信息：
①行驶里程。
② SOC。
③高压系统故障灯是否亮起。
④其他故障灯是否亮起，常见故障指示灯见表 6-2。

表 6-2 常见故障指示灯

| 故障灯标识 | 颜色 | 标识含义 | 故障灯点亮条件 |
| --- | --- | --- | --- |
|  | 黄色 | 动力电池充电提醒（电量不足报警） | 点火，当电量低于 30% 时，动力电池充电提醒灯点亮；高于 35%，动力电池充电提醒灯熄灭 |
|  | 红色 | 动力电池故障 | 点火状态下，动力电池故障 |
|  | 红色 | 动力电池切断 | 点火状态下，动力电池切断 |
|  | 红色 | 充电线连接 | 充电线连接（充电口盖开启） |
|  | 红色 | 动力电池绝缘电阻低 | 点火状态下，动力电池绝缘电阻低 |

4）对于不能行驶的车辆，如果高压部件损坏，应尽快断开12V蓄电池负极，条件允许时断开维修开关。

5）车辆外观检查内容包括：

①事故车辆是否有焦煳气味。

②事故车辆是否冒烟起火。

③外围的高压部件是否损坏，如充电接口，打开发动机舱盖后观察电机控制器、驱动电机、高压线束是否有损伤。常见高压部件损伤见表6-3。

表6-3 常见高压部件损伤

| 序号 | 部件名称 | 部件图示 | 常见损伤说明 |
| --- | --- | --- | --- |
| 1 | 充电口 |   | 1）外观是否损伤<br>2）线束端子/插接件是否破裂、破皮、断裂<br>3）充电口支架是否变形、褶皱、破裂 |
| 2 | 电机控制器 | 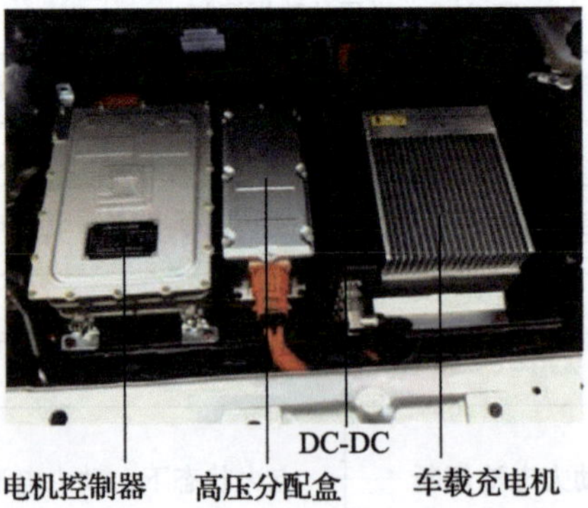  | 1）外壳是否损伤<br>2）固定支架是否变形破裂<br>3）线束插接器是否变形、破皮、断裂 |
| 3 | 车载充电机 |  | 1）外壳是否损伤<br>2）固定支架是否变形破裂<br>3）线束插接器是否变形、破皮、断裂 |
| 4 | DC-DC变换器 |  | 1）外壳是否损伤<br>2）固定支架是否变形破裂<br>3）线束插接器是否变形、破皮、断裂 |
| 5 | 高压分配盒 |  | 1）外壳是否损伤<br>2）固定支架是否变形破裂<br>3）线束插接器是否变形、破皮、断裂 |

| 序号 | 部件名称 | 部件图示 | 常见损伤说明 |
|---|---|---|---|
| 6 | 驱动电机 | 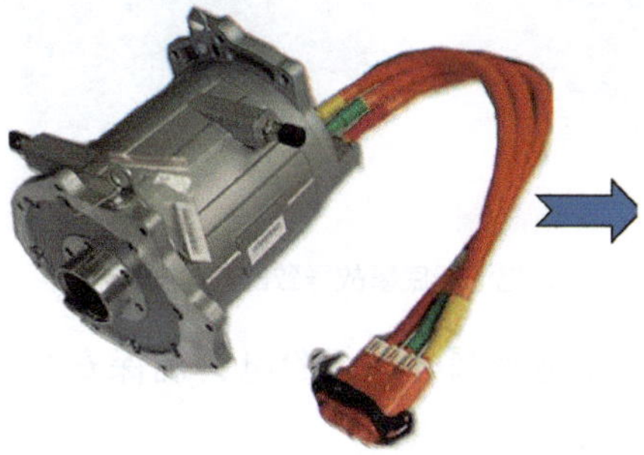 | 1）外壳是否损伤<br>2）固定支架和悬置是否变形破裂<br>3）线束插接器是否变形、破皮、断裂 |
| 7 | 电动空调压缩机 | 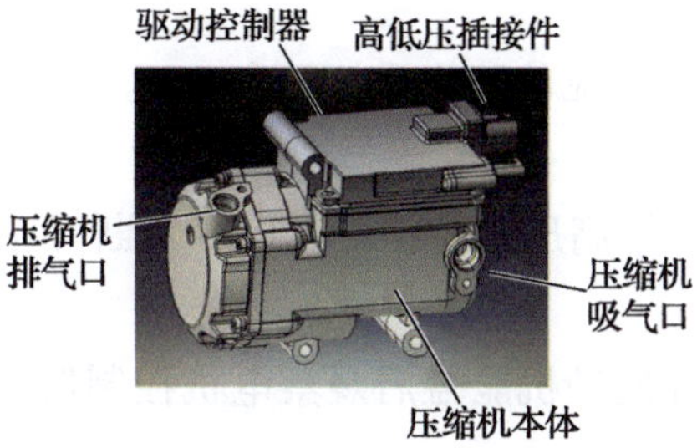 | 1）外壳是否损伤<br>2）固定支架是否变形破裂<br>3）线束插接器是否变形、破皮、断裂 |
| 8 | 高压线束 | 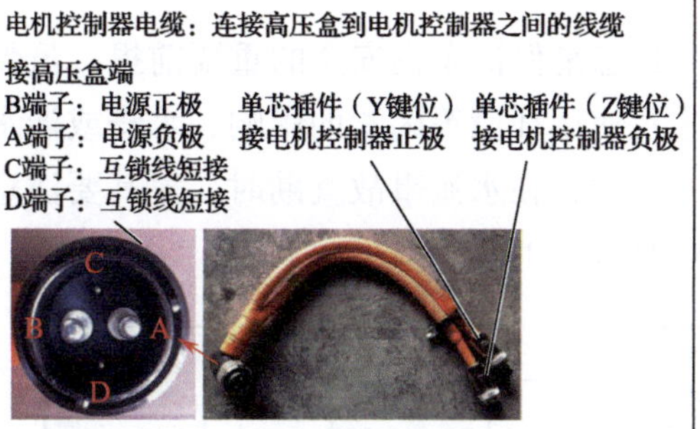 | 1）固定支架是否变形破裂<br>2）线束绝缘层、屏蔽线、线芯是否扭曲、破皮、断裂<br>3）插接件是否变形、破裂 |

### 2. 托底事故现场查勘

托底事故是碰撞事故的一种，但托底损伤会导致安装在底部的动力电池损伤，图 6-15 所示是动力电池托底事故导致的单个模组损坏。动力电池在整车的赔偿额占比巨大，赔付金额较大，道德风险较大，是查勘定损的重要内容。托底事故现场查勘操作要求及基本流程如下。

1）事故车辆周围设置警示标志。

2）对动力电池外观进行检查，如果有漏液、冒烟、起火等现象，应立即远离车辆，呼叫专业救援及消防119。如果无上述现象，可以进行后续检查。

图 6-15 动力电池托底事故导致的单个模组损坏

3）检查前应按要求对车辆车体是否漏电进行验电，确保安全。

4）检查仪表，重点检查下列信息。

①行驶里程。

②电池剩余电量 SOC 值。

③高压系统故障灯是否亮起。常见故障指示灯见表 6-2。

④其他故障灯是否亮起。

5）对于不能行驶的车辆，如果高压部件损坏，应尽快断开 12V 蓄电池负极，条件允许时断开维修开关。

6）检查其他高压部件。打开发动机舱盖后观察电机控制器、驱动电机、高压线束是否有损伤。

### 3. 水淹事故现场查勘

对于新能源汽车而言绝缘状态是保证车辆安全的重要前提。虽然动力电池的电器部件均有防水设计，但受制造工艺及使用环境等因素的影响，水淹或涉水行驶后动力电池的气密性会降低，导致车体带电。因此，在水淹事故查勘时，尤其要注意避免触电事故，事故现场查勘操作要求及基本流程如图 6-16 所示。

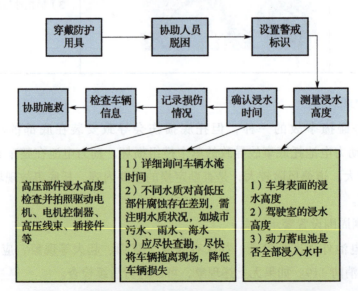

图 6-16 新能源汽车水淹事故现场查勘操作要求及基本流程

1)穿戴好防护用具,如绝缘手套、绝缘靴、绝缘服等。

2)观察车内是否有被困人员,如有,及时施救。

3)在事故车周围设置警示标志。

4)测量车辆水淹高度并拍照。

①车身表面水淹高度。

②驾驶室内的水淹高度。

③动力电池是否全部进入淹水中。

5)确认水淹时间及水质。

①详细询问车辆水淹时间。

②不同水质对高压部件的腐蚀程度不同,需要注明水质状况,如城市污水、雨水、海水等。

③应尽快查勘,尽快将车辆拖离现场,降低车辆损失。

6)记录损伤情况。

①高压部件水淹高度检查并拍照。

②重点查勘电机、电机控制器、高压线束、高压插接器等。

7)根据现场实际情况检查车辆信息。

①检查仪表,观察行驶里程、电池剩余电量 SOC 值,高压系统故障灯是否亮起。(常见故障指示灯见表 6-2),其他故障灯是否亮起。

②如果故障灯点亮,应尽快断开 12V 蓄电池负极,条件允许时断开维修开关,及时呼叫专业救援。

8)协助拖车。

①拖车时的注意事项。

a. 拖运车辆前,应将点火开关关闭,并等待 10min 以上。

b. 戴上绝缘手套,断开 12V 蓄电池负极和维修开关。

c. 拖运车辆时,建议采用平板拖车,避免车轮旋转造成车辆不必要的损失。

②停放时的注意事项。

a. 尽量选择室外场地停放并进行遮盖。

b. 与其他车辆和建筑至少保持 15m 距离。

c. 动力蓄电池应与车辆分离放置。

d. 车辆钥匙应远离车辆。

e. 车辆四周设立警示标志。

新能源车辆结构与传统车辆不同,由于水淹事故极易造成车辆和动力电池包内短路,热失控后会导致剧烈燃烧或爆炸,车辆存在极大扩大损失的潜在风险。

如果水淹深度较轻,达到如图 6-17 所示的红色线高度时,其事故现场查勘操作要求见图中文字。

图 6-17 水淹深度较轻现场查勘流程及操作要求

新能源汽车高压部件有一定的防水能力，可以保证一定时间和深度的防水性。动力电池按照 GB/T 4208—2017 标准"IP67"防护等级设计，即为完全防止外物及灰尘进入，水下 1m，30min 不能进水。

### 4. 火灾事故现场查勘

新能源车火灾大多是由于动力电池热失控引起的，导致热失控的原因包括过充电、收到外力冲击、使用环境温度过高、线路短路等原因。有的是外部火原导致车辆起火。电动事故车在停车场停放期间导致的整车烧损的案例如图 6-18 所示。火灾事故现场查勘操作要求及基本流程如下。

图 6-18 电动事故车停放期间燃烧的案例

1）穿戴好防护用具，如绝缘手套、绝缘靴、绝缘服等。

2）观察车内是否有被困人员，如有，及时施救。

3）在事故车周围设置警示标志。

4）查看车辆外观，根据烧损状态判断起火原因，确定燃烧位置。重点查看充电口是否烧损，动力电池是否冒烟、起火，及时对其状态进行拍照。动力电池受损的事故电动车应尽快把动力电池与车体分离，单独保存。

5）对于烧损较重的车辆，需要详细拍摄损坏的部件，重点对高价值的高压线束、电机控制器、驱动电机、高压配电箱、动力电池等部件的外观进行拍照。

6）消防灭火结束后索要起火证明。

7）检查车辆信息及驾驶人信息。

8）协助拖车。

## 三 高压部件定损方法

新能源汽车的高压部件在事故中损坏，会在控制单元（ECU）里存储相应故障信息。当事故车运抵维修站后，定损员首先要做的事情是锁定故障记录，为后期的定损做好准备。

### 1. 动力电池包定损

当前动力电池的维修方式主要有 3 种：返厂维修、厂家派人维修、厂家委托授权单位进行维修。

在送修前应进一步对电池包的损伤形态进行检查，如对外壳凹陷破裂、漏液等进行拍照取证。进站调取故障信息时应读取动力电池的单体电压数据，以便损伤模组号与碰撞部位相互印证。

（1）动力电池包碰撞损伤定损

1）确定故障码信息。在条件允许的情况下，读取并打印故障诊断信息，或者截屏拍照，确定故障发生时间、行驶里程等信息。

2）动力电池包定损。对动力电池包的损伤进行详细检查，根据动力电池包损伤程度并参考维修手册，三方协商制定维修方案。动力电池包碰撞损伤一般可分为 3 种类型，外壳轻微划痕或仅造成绝缘涂层破损、箱体轻微凹陷和箱体严重凹陷以及破裂。

①动力电池包轻微划痕：动力电池包箱体轻微划痕或涂层轻微受损，目测金属箱体没有变形、气密性检测正常的情况下，可判断内部的模组及其他部件未受影响。建议对箱体涂层做修复处理。

②动力电池包轻微凹陷：仅造成动力蓄电池包壳体轻度变形的情况下，需对动力电池包进行气密性、绝缘值及相关故障检测。经检测，如果动力电池包的气密性、绝缘值及各项参数均正常，可判断电池模组及其他部件未受损伤。建议对动力电池包箱体进行修复或更换。

③动力电池包严重凹陷以及破裂：如果动力电池包壳体出现严重凹陷或破裂，多数情况下会影响到电池模组，还可能影响动力电池包的气密性及绝缘值。定损时，需首先检查绝缘值是否正常。在确保安全的前下，对动力电池包开箱检修，视壳体损伤程度进行修复或更换，建议对受损模组及其他部件做更换处理。如果动力电池包内部模组损伤数量较多，综合考量维修成本及更换费用等因素，可采取更换动力电池包总成的方法

处理。

(2) 动力电池包水淹损伤定损

动力电池包具备一定的防水能力，短暂的涉水行驶不会造成动力电池包内部进水，但如果水淹时间过长，可导致内部进水，进而气密性和绝缘性失效。在处理这种水淹事故时，首先应对动力电池包的绝缘性能进行检测，穿戴防护装备，在确保人身安全的情况下，进行损失确认工作。

动力电池损伤判断方法如下。

1) 检查外观。水淹事故导致动力电池包进水的途径通常有以下几个方面。

①高压线束插接口。

②低压线束插接口。

③冷却水管结合处单向阀或通气孔（箱体接合部位）。

在动力电池包水淹事故定损中，应重点检查上述部位的水渍或污染状态。

2) 动力电池包性能检测。动力电池包进水会使绝缘性能下降，导致内部短路，造成人身伤害。对于水淹后的动力电池，可通过检测绝缘值及气密性的方法判断内部是否进水（检测方法见本任务内的绝缘值检测、动力电池包气密性检测和动力电池包损伤检测项目）。

3) 动力电池包未进水判断。经过外观检查，若高压插接件接线柱、低压线束接线端子干燥清洁，各接合位置及密封垫状态正常，且经性能检测各项指标未见异常，可判断动力电池包内部没有进水。

4) 动力电池包进水判断。经过外观检查，如果出现高压插接件接线柱、低压线束接线端子以及接合位置存在水渍痕迹，建议采取开箱检查的方式确定内部进水状态，根据内部损伤程度确定损失范围。如果模组、线束、控制器等部件多处浸水或存在锈迹，根据维修报价，综合考虑维修成本，可采取更换模组或更换总成的方法分别处理。

2. 充电口定损

充电口分为快充口和慢充口两种，如图 6-19、图 6-20 所示。

图 6-19　快充口

图 6-20　慢充口

充电口总成由插接件、线束和支架组成，大部分安置在车辆前部进气格栅的中部，由于位置点在碰撞事故中很容易损坏,因此成为定损环节关注的重点部件。

(1)充电口碰撞损伤

1)充电口及线束检查及处理方式。

①如果充电口座损伤或破裂,建议单独更换充电口座。

②如果高压线束受到挤压发生破皮、断裂,可予以更换。

2)检查充电口支架。充电口支架通常使用塑料或金属两种材质。对于塑料材质的支架一般予以更换,对于金属材质的支架可根据损坏情况采取矫正修复或更换。

3)检查故障码记录。碰撞事故如果导致充电口损坏及线束断路或短路,车辆会报出相应的故障码,定损时应注意采集相关数据。

(2)充电口水淹损伤

1)充电口检查及处理方式。

①充电口插孔内有明显水渍泥沙等痕迹,建议清洁、烘干处理,绝缘值检测应不低于直流 $100\Omega/V$(快充口)、交流 $500\Omega/V$(慢充口)。

②充电口插孔内有明显锈蚀,建议更换。

③充电口支架存在锈蚀,建议清洁除锈。

2)检查故障码记录。水淹事故可能会导致充电口短路或通信错误,车辆会报出相应的故障码,定损时应注意采集相关数据。

### 3. 高压线束定损

电动汽车高压线束均为橙色线束,由插接件、线束绝缘层(屏蔽线)、线芯、线束固定支架四部分组成。电机控制器电缆如图 6-21 所示,是指连接高压盒到电机控制器之间的线缆。

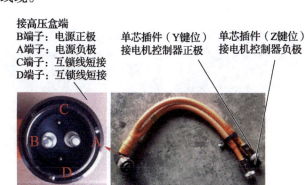

图 6-21 电机控制器电缆

(1)高压线束碰撞损伤

1)高压线束检查及处理方式。

①线束插接件固定爪折断或外壳发生轻微破裂,如图 6-22 所示。线束未损伤,建议采取修复处理。

②线束绝缘层破损或线芯损坏，予以更换。

③线束固定支架损坏，予以更换。

2）检查故障码记录。水淹事故可能会导致高压线束短路或绝缘失效。电控系统会记录相应故障码，定损员要注意搜集相关数据。

图6-22　线束插接件固定爪折断或外壳发生轻微破裂

（2）高压线束水淹损伤

1）高压线束检查及处理方式。

①高压线束插孔内有明显的水渍、泥沙等痕迹，建议清洁、烘干处理，处理后检测绝缘值应符合相关标准。

②高压线束有明显的锈蚀痕迹，建议更换。

③高压线束支架有明显的锈蚀痕迹，建议清洁除锈。

2）检查故障码记录。水淹事故可能会导致高压线束短路或绝缘失效。电控系统会记录相应故障码，定损员要注意搜集相关数据。

### 4. 其他高压部件定损

早期新能源汽车其他高压部件集成化很低，根据功能包括高压控制部件及执行元件，具体包括电机控制器、车载充电机、DC-DC变换器、高压分配项目/高压配电箱、驱动电机、高压空调泵和PTC加热器。

上述高压部件在很多车型上采用二合一或多合一的集成方式，例如：丰田普锐斯混合动力型的电机控制器和DC-DC变换器为二合一方式，如图6-23所示；北汽EV160的高压配电箱、电机控制器、DC-DC变换器和车载充电机为分别独立方式，如图6-24所示；比亚迪E6纯电动车型的高压配电箱、电机控制器、DC-DC变换器和车载充电机为四合一设计，降低了成本，还提高了可靠性，如图6-25所示。

图6-23　丰田普锐斯

图6-24　北汽EV160

图6-25　比亚迪E6

（1）高压控制部件碰撞损伤

高压控制部件一般由外壳、线束端子、插接件和内部元件组成。下面以比亚迪E6车型高压配电箱、电机控制器、DC-DC变换器和车载充电机四合一为例进行说明。

1）外壳检查及处理方法。

①外壳破裂变形：外壳材质大部分为铝合金，上下盖板材质为薄钢板冲压件。如果事

故仅造成外壳轻微损伤，如局部断爪、铝壳轻微破裂，内部无其他损伤，建议采取局部铝焊修复处理。

②线束插接件变形、破损断裂：线束插接件外壳大多为塑料材质，如外壳出现轻微破裂或断爪建议采取塑焊修复处理。如有插接件外壳配件供应，可予以更换。

③内部元件/电路板变形、破裂：内部元件和电路板损伤时，如有配件供应，可采取更换内部元件处理。综合考虑维修成本等因素，也可更换高压控制部件总成。

2）检查故障码记录。碰撞事故造成高压控制部件损伤，通常会出现车辆无法行驶、充电功能失效、仪表故障灯点亮等现象，车辆会报出相应的故障码，定损时应注意采集相关数据。

（2）高压控制部件水淹损伤

1）高压控制部件外观检查。如果高低压插接孔干燥无水渍、上下壳接合处密封良好，且绝缘检测结果符合标准，可以判定部件密封良好。绝缘检测标准直流不低于 $100\Omega/V$，交流不低于 $500\Omega/V$。

2）高压控制部件开盖检查。如果高低压插接孔有水渍、泥沙等痕迹，应进一步开盖检查；如果内部无水渍、泥沙等痕迹，应对插接件进行清洁、烘干、防腐处理；如果内部有轻微水渍，无锈蚀痕迹，应对控制器内部进行清洁、烘干、防腐处理后再次进行绝缘测试；如果内部水渍、泥沙、锈蚀痕迹明显，应更换控制器总成。

3）故障码诊断。应调取电控系统故障码，并截屏保存。

## 四 查勘定损常用工具使用

### 1. 现场查勘工具使用

1）处理新能源汽车水淹事故时，由于水淹情况复杂，且存在漏电风险，建议查勘人员穿戴以下防护装备，在保证自己人身安全的前提下开展工作。常用安全用具如图 6-26 所示。

a）穿戴类　　　　b）指示类　　　　c）工具类

图 6-26　常用安全用具

2)灭火器推荐使用水基灭火器、二氧化碳和干粉灭火器,不可选用泡沫灭火器;如动力电池着火,应立即拨打119。

灭火器的使用方法:

①拿起灭火器,拔下安全销,一手压下压把,另一手握住胶管,对准起火点根部喷射,直至火焰熄灭。

②人及所带的灭火器材与带电体之间应保持足够的安全距离,干粉、二氧化碳或水基灭火器喷嘴与带电体距离不得少于0.4m。

3)新能源汽车水淹后发生内部短路容易造成电解液泄漏,电解液泄漏接触皮肤需要按照以下办法进行处理。

①漏液处置方法:当电解液泄漏时,可能有大量有毒气体溢出,需注意安全,尽快撤离。有条件时佩戴呼吸防护装备,并控制外部火源,避免电解液被点燃。

②漏液救助方法:

a. 当与皮肤接触时,使用大量清水冲洗。

b. 当吸入气体时,需要大量新鲜空气。

c. 当与眼睛接触时,需要大量清水冲洗。

d. 紧急处置后尽快就医。

4)高压中断与检验。现场查勘人员必须掌握维修开关的操作方式。

①维修开关定义。为了保护在高压环境下操作人员的安全或应变某些突发的事件,可以快速分离高压电路的连接,使维修等工作处于一种较为安全状态的装置,结构如图6-27所示。

图6-27 维修开关

②维修开关的作用。

a. 维修高压系统部件时,切断动力蓄电池的输出电压,保护相关人员安全。

b. 动力蓄电池进行充放电时,如发生过充、过放或短路情况,维修开关会熔断,用于切断动力电池输入、输出。

### 2. 定损常用检测工具

(1)故障诊断仪

车辆故障码是车载诊断系统判断部件发生故障时的提示信息,包括故障发生时间、行驶公里数等,车辆送递承修单位后应在定损环节第一时间确认并保存车辆故障记录,如图6-28所示。

项目六 新能源汽车查勘与定损 195

丰田 GTS 诊断仪使用

图 6-28 故障诊断仪界面

新能源汽车普遍装备车载终端 T-BOX 诊断系统，可以不通过诊断仪读取故障码，但需要向承修单位与主机厂和客户索取，如图 6-29 所示。

图 6-29 车载终端 T-BOX 诊断系统

（2）绝缘测试仪

车辆发生水淹事故后，高压部件需要检测是否漏电，所以绝缘电阻值是判定车辆绝缘是否正常的重要指标。绝缘电阻值一般要求，直流 > 100Ω/V；交流 > 500Ω/V。绝缘测试仪如图 6-30 所示。

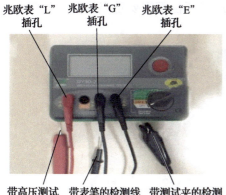

绝缘检测仪的使用

图 6-30 绝缘测试仪

高压控制部件的插接件连接处均具备一定的防水能力。水淹事故应重点检查通气孔、高低压插接件插孔、上下壳体接合处等部位的密封状态。如发现有水渍时，需进一步检查内部元件是否进水，如图 6-31 所示部位。

图 6-31　通气孔、高低压插接件插孔、上下壳体接合处等部位的密封状态

（3）电池包气密性检测仪

检测动力电池包气密性是判断动力电池包是否进水的重要依据。检测气密性需要专用检测设备对动力电池包进行加压测试，如高于规定泄漏量则气密性失效，如图 6-32 所示。

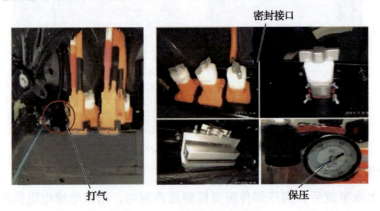

图 6-32　电池包气密性检测

定损人员在确保人身安全的情况下，应要求承修单位对电池包的绝缘性能和密封性能进行检测，初步判断动力电池包内部是否进水。这些部位都需要重点检查，如图 6-33 所示。

图 6-33　重点检查部位

## 五 典型案例分析

### 1. 案情简介

温州市分公司理赔中心连续接到两个长安纯电动车底盘碰撞的事故,造成动力电池损坏,修理厂提出都需要更换动力电池总成。为了弄清楚新能源汽车电池损坏情况,温州市分公司理赔中心车险定损员前往处理,对长安欧力威电动车的动力电池进行了全程跟踪定损。

### 2. 定损过程

(1)拆解前拍照

理赔中心车险定损员到达现场后对车辆外观、仪表、托底部位进行了拍照,如图6-34所示。

图6-34 拆解前照片

(2)拆解前的电控系统诊断

通过前期的联系,在承保部门的协助下和修理厂的配合下,联系上了长安欧力威电动车的电池厂家,要求厂家派人前往修理厂现场确定电池损坏情况,修理厂和车主一同参与现场拆解确定损失。电池厂家维修技师以及保险公司都到现场后,通过厂家带过来的专用设备对车辆动力电池进行检测。经过电脑检测发现数据流显示序号21后面电压只有5mV,和其他的电压不一样,其他的电压都在3700mV左右。厂家的技师说,里面有90组小电池,总电压应在330V左右,该案中序号21这个小电池电压偏低,已经存在故障,需要更换,如图6-35所示。

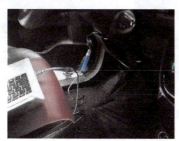

混合动力汽车动力电池检修

图6-35 电脑调取BMS内的数据流

(3)拆解电池包

拆解电池包,拔掉电源线,拆4个小螺钉,8个细牙的16M的螺钉,将电池包与车身分离,如图 6-36 所示。

图 6-36　拆解电池包

(4) 电池包分解

电池包分为上壳和下壳,用螺钉联接,中间有密封胶,起到对动力电池进行保护作用,还具有防水性能。根据新能源汽车相关的国家标准,动力电池在水深 1m 处,30min 保证不进水。分解电池包壳体需要拆解如图 6-37 所示的 75 个螺钉。

图 6-37　电池包分解

(5) 内部电池损坏情况检查

顺着外壳的损坏位置查看内部电池损坏情况,从图 6-38 可以明显判断电池已经损坏,按照保险公司定损员判断,图中有 5 小组电池,21 号只是其中一小组,是否可以仅换 21 号,但厂家说要换整组,如图 6-38 所示。

图 6-38　内部电池损坏情况

(6) 协商定损

损失部分都已经确定,厂家发了一份电池损坏的鉴定报告和配件报价清单,里面有详细的损失清单价格表和工时费用,报价清单报修金额为 23802.32 元。该案经过协商,最终确定的定损金额是 14020 元,报价清单如图 6-39 所示。

高等职业教育汽车类专业创新教材

# 事故车查勘定损实用教程 第2版
# 实训工单

明光星 主编

班级：_____

姓名：_____

机械工业出版社
CHINA MACHINE PRESS

# 目 录 Contents

实训一　交通事故责任认定　　　　　　　　　　...001
实训二　车险理赔现场查勘　　　　　　　　　　...004
实训三　车身测量及拆解　　　　　　　　　　　...007
实训四　水淹事故车的查勘与定损　　　　　　　...011
实训五　火灾事故车的查勘与定损　　　　　　　...013
实训六　事故车损失核定　　　　　　　　　　　...015
实训七　盗抢案件的查勘与定损　　　　　　　　...017
实训八　新能源汽车查勘与定损　　　　　　　　...019
实训九　人伤案件的查勘与定损　　　　　　　　...022
实训十　车险理赔欺诈案例分析　　　　　　　　...024

# 实训一　交通事故责任认定

| | | |
|---|---|---|
| | 训练情景 | 一台别克车与一辆丰田车在一个无灯路口相遇，因两辆车没有相互礼让，导致二者相撞，哪辆车要负事故的全部责任 |
| | 训练任务 | 任务1：查询有关事故负全部责任情形的规定<br>任务2：无灯路口相遇（包括其他情形），车辆未按规定相互礼让导致事故的定责 |
| | 训练目标 | 目标1：能够查询有关事故负全部责任情形的规定<br>目标2：能够对无灯路口相遇（包括其他情形），车辆未按规定相互礼让导致事故后全部责任方的判定原则 |
| | 训练时间 | 90min |
| | 注意事项 | 在校园路完成实训的，请注意选择部分封闭路段<br>注意车辆移动安全 |
| | 训练实施条件 | 车辆：实训车辆两台<br>部分封闭的校园路段一条 |

情景图片

# 训练任务

## 1. 查询有关事故负全部责任情形的规定

通过教材、网络和其他资料等查询有关事故负全部责任情形的规定。

（1）训练物品准备

请列举进行此项任务所需要的工具、设备、资料与辅料。
_____
_____
_____

（2）支持知识准备

请查阅合适的资料，写下与此项训练任务相关的支持知识。
_____
_____
_____

（3）记录本任务查询结果




## 2. 无灯路口相遇（包括其他情形），车辆未按规定相互礼让导致事故的定责

在安全的前提下，在校园路口用两辆实训车辆模拟几个常见的全责情形的交通事故现场，分别由实训学生分组进行事故责任划分模拟练习，如图所示。

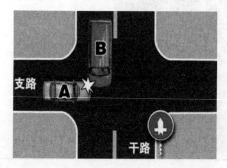 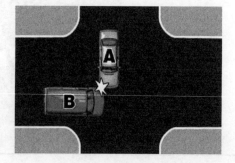

（1）训练物品准备

请列举进行此项任务所需要的工具、设备、资料与辅料。

_____

_____

_____

（2）支持知识准备

请查阅合适的资料，写下与此项训练任务相关的支持知识。

_____

_____

_____

（3）各组分别按照几个常见的全责情形的交通事故现场布置车辆

（4）各组分别按照支持知识准备的相应知识判定事故责任，并说明相关法规

# 实训二　车险理赔现场查勘

| | | |
|---|---|---|
| | 训练情景 | 一台丰田车因操作失误，与路边隔离墩相撞（或其他事故类型），车险理赔现场如何查勘 |
| | 训练任务 | 任务1：查勘工具准备<br>任务2：事故查勘出发前准备<br>任务3：事故现场照片拍摄<br>任务4：缮制查勘记录 |
| | 训练目标 | 目标1：学会查勘工具的使用方法<br>目标2：能独立完成事故查勘出发前准备工作<br>目标3：学会事故现场照片拍摄方法<br>目标4：学会编制查勘记录 |
| | 训练时间 | 90min |
| | 注意事项 | 在校园路完成实训的，请注意选择部分封闭路段<br>注意车辆移动安全 |
| | 训练实施条件 | 车辆：实训车辆两台（每组）<br>查勘工具一套（每组）<br>驾驶证、行车证各一套（每组）<br>部分封闭的校园路段一条 |

情景图片

# 训练任务

## 1. 现场拍照

| 车辆基本信息 | 基本信息 | | | | 说明 |
|---|---|---|---|---|---|
| | 车辆VIN码 | | 车牌号码 | | |
| | 厂牌型号 | | 登记日期 | | |

拍照要求：
1. 单方事故拍照
2. 双方事故拍照

要按照，现场方位→ 现场全貌 → 重点部位 → 损失细目 → VIN 码 → 两证，这六个步骤拍摄，并将照片导入下面表格

| 单方事故拍照 | |
|---|---|
| 双方事故拍照 | |

教师签字：　　　　　　　成绩：

## 2. 查勘报告（模拟事故现场查勘记录）

**保险单号：**　　　　　**报案编号：**

| 出险时间：年月日时 | | 出险地点：省　市　县 | 案件性质（□自赔□本代□外代） |
|---|---|---|---|
| 查勘时间：年月日时 | | 查勘地点： | 是否第一现场：□是□否 |
| 保险车辆 | 厂牌型号： | 发动机号： | 号牌底色： |
| | | 车架号（VIN）： | |
| | 号牌号码： | 驾驶证号：□□□□□□□□□□□□□□□□□□ | 初次登记日期： |
| | 驾驶人姓名： | 准驾车型： | |
| | 初次领证日期：年月日 | 性别：□男　□女 | 联系方式： |

（续）

| | | | | | |
|---|---|---|---|---|---|
| 三者车辆 | 厂牌型号： | | 号牌号码： | | 交强险保单号： |
| | 驾驶员姓名： | | 驾驶证号：<br>□□□□□□□□□□□□□□□□□□ | | 起保日期： |
| | 初次领证日期：年 月 日 | | 性别：□男 □女 | 准驾车型： | 联系方式： |

| | | |
|---|---|---|
| 事故信息 | 出险原因 | □碰撞 □倾覆 □坠落 □火灾 □爆炸 □自燃<br>□外界物体坠落、倒塌 □雷击 □暴风 □暴雨<br>□洪水 □雹灾 □玻璃单独破碎 □其他（ ） |
| | 事故类型 | □单方肇事 □双方事故 □多方事故<br>□仅涉及财产损失 □涉及人员伤亡 |
| | 事故涉及的第三方机动车数 | 第三者伤亡人数：伤人，亡人 | 车上人员伤亡人数：伤人，亡人 |
| | 事故处理方式：□交警 □自行协商 □保险公司 □其他（ ） | 是否需要施救：<br>□是 □否 |
| | 预计事故责任划分：□全部 □主要 □同等 □次要 □无责 | 核定施救费金额： |

注：上表"事故涉及的第三方机动车数"一行有三列，"事故处理方式"与"预计事故责任划分"各占两列合并。

| | | |
|---|---|---|
| 查勘信息 | 被保险机动车出险时的使用性质 | □家庭自用 □营业 □非营业 |
| | 被保险机动车驾驶人是否持有有效驾驶证 | □是 □否 |
| | 被保险机动车驾驶人准驾车型与实际驾驶车辆是否相符 | □是 □否 |
| | 驾驶专用机械车、特种车及营业性客车的人员是否有相应的有效操作证、资格证 | □是 □否 |
| | 被保险机动车驾驶人是否为酒后驾车 | □是 □否 |
| | 被保险机动车驾驶人是否为醉酒驾车 | □是 □否 |
| | 被保险机动车发生事故时的驾驶人是否为合同约定的驾驶人 | □是 □否 |
| | 出险地点是否发生在合同约定的行驶区域以外 | □是 □否 |
| | 是否存在其他条款规定的责任免除或增加免赔率的情形 ( 如存在进一步说明 )： | □是 □否 |
| | 查勘意见 ( 事故经过、施救过程、查勘情况简单描述和初步责任判断 )： | |
| | 案件处理等级： | 理算顺序： | 询问笔录 张，现场草图 张，事故照片 张 |

| | | |
|---|---|---|
| 责任判定及损失估计 | 涉及险种 | □交通事故责任强制保险 □商业车损险 □商业三者险<br>□车上人员责任险 □自然损失险 □盗抢险<br>□玻璃单独破碎险 □车上货物责任险 □其他（ ） |
| | 立案建议 | 交强险：□立案 □不立案（注销/拒赔） □待确定（原因：）<br>商业保险：□立案 □不立案（注销/拒赔） □待确定（原因：） |
| | 事故估损金额 | 总计： | □本车车损： | □第三者车辆损失： |
| | | □本车车上人员伤亡 | □第三者人员伤亡 | □本车上财产损失 |
| | | □第三者车上财产损失 | □第三者其他财产损失 | □其他： |

| | |
|---|---|
| 查勘人员签字： | 被保险人 ( 当事人 ) 签字： |

# 实训三　车身测量及拆解

| | | |
|---|---|---|
| | 训练情景 | 一辆标的车因操作不当与路边路灯杆相撞，外观损失包括前保险杠外皮、前照灯、雾灯等部件，事故还会导致哪些可能的损伤 |
| | 训练任务 | 任务1：车身覆盖件面积测量<br>任务2：车身结构尺寸测量<br>任务3：拆解图片拍摄 |
| | 训练目标 | 目标1：掌握车身覆盖件面积测定方法，为后期喷漆面积核定打下基础<br>目标2：掌握车身结构尺寸测量方法，为后期钣金工时核定打下基础<br>目标3：掌握车身前部的拆解方法，学会拆解图片的拍摄流程 |
| | 训练时间 | 90min |
| | 注意事项 | 实训车辆替代标的车实训，请做好漆面保护<br>拆解实训车辆前部请遵守维修手册的规范拆解流程 |
| | 训练实施条件 | 车辆：实训车辆一台（每组）<br>车身测量尺、卷尺、世达成套工具（每组）<br>相机一台（每组） |

情景图片

# 训练任务

## 1. 车身覆盖件面积测量

| 序号 | 板件名称 | 面积 | 备注 |
|---|---|---|---|
| 1 | | | |
| 2 | | | |
| 3 | | | |
| 4 | | | |
| 5 | | | |
| 6 | | | |
| 7 | | | |
| 8 | | | |
| 9 | | | |
| 10 | | | |
| 11 | | | |
| 12 | | | |
| 13 | | | |

## 2. 车身结构尺寸测量

| 序号 | 车身尺寸名称 | 测量结果 | 备注 |
|---|---|---|---|
| 1 | 前轮距 | | |
| 2 | 后轮距 | | |
| 3 | 车宽 | | |
| 4 | 轴距 | | |
| 5 | 车长 | | |
| 6 | 前悬架减振器支座间的尺寸 $a$ | | |
| 7 | 前轮罩上纵梁的尺寸 $b$ | | |
| 8 | 步骤6~7中的4个测量点对角尺寸 | | |

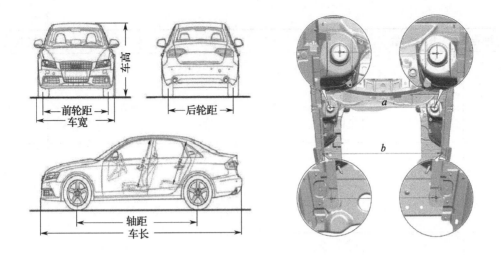

## 3. 拆解图片拍摄

| 序号 | 图片属性 | 图片 | 备注 |
|---|---|---|---|
| 1 | 整体、局部进厂照片 | | |
| 2 | 拆解过程照片（由外部到内部，逐层拆解） | | |
| 3 | 配件分解照片（1） | | |
| 4 | 配件分解照片（2） | | |

（续）

| 序号 | 图片属性 | 图片 | 备注 |
|---|---|---|---|
| 5 | | | |
| 6 | | | |
| 7 | | | |
| 8 | | | |
| 9 | | | |
| 10 | | | |
| 11 | | | |
| 12 | | | |

说明：按照序号 1~4 图示拆解实训车辆，并拍照导入上面表格。

# 实训四　水淹事故车的查勘与定损

| | | |
|---|---|---|
| | 训练情景 | 一辆标的车因涉水行驶导致熄火，由于事发路段水位快速提高，导致车辆进水（如下面情景图片所示），事故还会导致哪些可能的损伤 |
| | 训练任务 | 任务1：水淹事故照片拍摄<br>任务2：发动机涉水相关部件拆解图片拍摄 |
| | 训练目标 | 目标1：掌握水淹事故照片拍摄方法<br>目标2：掌握发动机涉水相关部件拆解图片拍摄方法，能正确分析部件损坏机理 |
| | 训练时间 | 90min |
| | 注意事项 | 实训车辆替代标的车实训，请做好漆面保护<br>拆解实训车发动机涉水相关部件请遵守维修手册的规范拆解流程 |
| | 训练实施条件 | 车辆：实训车辆一台（每组）<br>卷尺、世达成套工具（每组）<br>相机一台（每组） |

情景图片

# 训练任务

## 1. 水淹事故照片拍摄

（1）模拟现场照片



（2）维修现场照片



## 2. 发动机涉水相关部件拆解图片拍摄

| 序号 | 发动机涉水相关部件名称 | 照片 | 备注 |
| --- | --- | --- | --- |
| 1 | 空气滤清器 | | |
| 2 | 空气滤清器壳体内部 | | |
| 3 | 进气软管内部 | | |
| 4 | 气缸内部 | | 请参考教材相应任务里的典型案例拍摄 |
| 5 | 活塞顶部 4 个 | | |
| 6 | 连杆 4 个 | | |
| 7 | 曲轴 | | |
| 8 | 缸体 | | |

# 实训五　火灾事故车的查勘与定损

| | | |
|---|---|---|
| | 训练情景 | 一辆标的车在停车场不明原因自燃,由于事发深夜,导致车辆全损(如下面情景图片所示),火灾事故是自燃还是它燃 |
| | 训练任务 | 任务1:火灾事故照片拍摄<br>任务2:火灾事故原因鉴定方法 |
| | 训练目标 | 目标1:掌握火灾事故照片拍摄方法<br>目标2:掌握火灾事故原因鉴定方法 |
| | 训练时间 | 90min |
| | 注意事项 | 接触火烧元件后请及时洗手<br>避免火烧灰尘吸入 |
| | 训练实施条件 | 车辆:火烧车一台或火烧后的线束一套(每组)<br>世达成套工具(每组)<br>显微镜一台(每组) |

情景图片

## 训练任务

### 1. 火灾事故照片拍摄

| | |
|---|---|
| （1）车辆前部对角照片 | （2）车辆后部对角照片 |
| （3）发动机舱照片 | （4）VIN 码照片 |
| （5）起火部位照片 | （6）驾驶室内照片 |
| （7）过火线束照片 | （8）其他照片 |

### 2. 火灾事故原因鉴定方法

| 序号 | 金相分析法分析火灾原因流程 | 描述具体方法及照片 | 备注 |
|---|---|---|---|
| 1 | 提取鉴定检材 | | 请参考教材相应任务里的典型案例 |
| 2 | 检材打磨流程 | | |
| 3 | 宏观分析 | | |
| 4 | 微观分析 | | |
| 5 | 结论 | | |

# 实训六　事故车损失核定

| | | |
|---|---|---|
| | 训练情景 | 一台日产车因操作失误,与路边隔离墩相撞(或其他事故类型),车辆损失如何核定 |
| | 训练任务 | 任务1:定损拆解照片拍摄<br>任务2:事故损失核定 |
| | 训练目标 | 目标1:掌握定损拆解照片拍摄方法<br>目标2:掌握事故损失核定方法 |
| | 训练时间 | 90min |
| | 注意事项 | 拆解事故车应做好个人防护,谨防受伤<br>如果用实训车辆替代标的车,拆装应按维修手册进行 |
| | 训练实施条件 | 车辆:碰撞事故车一台或实训车一台(每组)<br>世达成套工具(每组)<br>相机一台(每组) |

情景图片

# 训练任务

## 1. 定损拆解照片拍摄

| | |
|---|---|
| （1）车辆拆解前照片 | （2）车辆拆解过程照片 |
| （3）零件落地照片（1） | （4）零件落地照片（2） |
| （5）零件落地照片（3） | （6）零件落地照片（4） |
| （7）零件落地照片（5） | （8）零件落地照片（6） |

## 2. 事故损失核定

| 序号 | 费用分类 | 明细 | 备注 |
|---|---|---|---|
| 1 | 更换零部件清单 | 1.<br>2.<br>3.<br>4.<br>5.<br>6.<br>7.<br>8. | 请参考教材相应任务里的典型案例 |
| 2 | 修理项目清单 | 1.<br>2.<br>3.<br>4.<br>5.<br>6.<br>7.<br>8. | |
| 3 | 定损合计 | | |

# 实训七　盗抢案件的查勘与定损

| 训练情景 | 一台丰田车在路边停车位被盗，公安部门立案侦查未能破案，车辆损失如何核定 |
|---|---|
| 训练任务 | 任务1：盗抢案件照片拍摄<br>任务2：盗抢案件询问笔录制作<br>任务3：盗抢案件事故损失核定 |
| 训练目标 | 目标1：掌握盗抢案件照片拍摄方法<br>目标2：掌握盗抢案件询问笔录制作方法<br>目标3：掌握盗抢案件事故损失核定方法 |
| 训练时间 | 90min |
| 注意事项 | 在校园路完成实训的，请注意选择部分封闭路段<br>注意车辆移动安全 |
| 训练实施条件 | 车辆：实训车一台（每组）<br>封闭校园路一条（每组）<br>相机一台（每组） |

情景图片

## 训练任务

### 1. 盗抢案件照片拍摄

（1）车辆停放位置照片（概貌）　　　（2）车辆停放位置照片（画定区域）

（3）机动车行驶证照片　　　　　　　（4）机动车登记证书照片

（5）保险单照片　　　　　　　　　　（6）车辆购置税照片

### 2. 盗抢案件询问笔录制作

### 3. 盗抢案件事故损失核定

# 实训八　新能源汽车查勘与定损

| | | |
|---|---|---|
| | 训练情景 | 一台比亚迪 E6 电动车因操作失误，与路面石块托底相撞（或其他事故类型），车险理赔现场如何查勘 |
| | 训练任务 | 任务 1：新能源汽车查勘工具准备<br>任务 2：新能源汽车事故查勘出发前准备<br>任务 3：新能源汽车事故现场照片拍摄<br>任务 4：电动车断电操作 |
| | 训练目标 | 目标 1：学会新能源汽车查勘工具使用<br>目标 2：能独立完成新能源汽车事故查勘出发前准备工作<br>目标 3：学会新能源汽车事故现场照片拍摄<br>目标 4：学会电动车断电操作 |
| | 训练时间 | 90min |
| | 注意事项 | 在校园路完成实训的，请注意选择部分封闭路段<br>注意车辆移动安全<br>注意高压安全 |
| | 训练实施条件 | 车辆：比亚迪电动车辆或其他实训车辆 1 台（每组）<br>查勘工具 1 套（每组）<br>驾驶证、行车证各 1 套（每组）<br>部分封闭的校园路段 1 条 |

情景图片

# 训练任务

## 1. 新能源汽车查勘工具准备

| 序号 | 工具名称 | 检查结果 | 备注 |
|---|---|---|---|
| 1 | 绝缘手套 | | |
| 2 | 绝缘鞋 | | |
| 3 | 绝缘服 | | |
| 4 | 绝缘工具 | | |
| 5 | | | |
| 6 | | | |
| 7 | | | |
| 8 | | | |
| 9 | | | |
| 10 | | | |

## 2. 新能源汽车事故查勘出发前准备

| 序号 | 确认相关信息 | 描述确认结果 | 备注 |
|---|---|---|---|
| 1 | 确认被保险车辆信息 | | |
| 2 | 了解事故状态 | | |

### 3. 新能源汽车事故现场照片拍摄

| | |
|---|---|
| （1）动力电池托底照片 | （2）解码器故障码扫描照片 |
| （3）举升机动力电池托底细目照片 | （4）模组损伤照片 |

### 4. 电动车断电操作

| 序号 | 操作步骤 | 描述操作方法 | 备注 |
|---|---|---|---|
| 1 | 关闭点火开关 | | |
| 2 | 断开12V蓄电池负极 | | |
| 3 | 等待10min | | |
| 4 | 断开维修开关 | | |
| 5 | 密封维修开关 | | |
| 6 | | | |
| 7 | | | |
| 8 | | | |
| 9 | | | |
| 10 | | | |

# 实训九 人伤案件的查勘与定损

| | 训练情景 | 一台标的车因操作失误与一辆电动车相撞，导致电动车驾驶人受伤，车险理赔现场如何查勘？人伤如何定损 |
|---|---|---|
| | 训练任务 | 任务1：人伤案件查勘工具准备<br>任务2：人伤案件现场查勘及医疗跟踪<br>任务3：询问笔录制作 |
| | 训练目标 | 目标1：学会人伤案件查勘工具使用<br>目标2：能独立完成人伤案件现场查勘及医疗跟踪工作 |
| | 训练时间 | 90min |
| | 注意事项 | 在校园路完成实训的，请注意选择部分封闭路段<br>注意车辆移动安全<br>注意人员安全 |
| | 训练实施条件 | 实训车辆1台（每组）<br>查勘工具1套（每组）<br>部分封闭的校园路段1条 |

情景图片

## 训练任务

### 1. 人伤案件查勘工具准备

| 序号 | 工具名称 | 检查结果 | 备注 |
|---|---|---|---|
| 1 | 查勘相机 | | |
| 2 | 录音笔 | | |
| 3 | 人伤案件索赔指引 | | |
| 4 | 人伤调查报告 | | |
| 5 | 伤者情况调查表 | | |
| 6 | 询问笔录 | | |
| 7 | | | |
| 8 | | | |
| 9 | | | |
| 10 | | | |

### 2. 人伤案件现场查勘及医疗跟踪

| 序号 | 模拟事故现场拍照 | 备注 |
|---|---|---|
| 1 | | |

| 序号 | 模拟人伤部位拍照 | 备注 |
|---|---|---|
| 1 | | |

### 3. 询问笔录制作

# 实训十　车险理赔欺诈案例分析

| | | |
|---|---|---|
| | 训练情景 | 据车主描述，他本人驾驶的标的车夜间行驶因视线不好，与路面石块托底相撞，导致发动机油底壳漏油。在修理厂拆解定损发现发动机凸轮轴出现严重磨损。事故现场照片及分解照片如下图所示，请根据提供的照片及发动机工作原理分析本案的真实性 |
| | 训练任务 | 任务1：发动机托底事故的查勘照片<br>任务2：发动机部件异常磨损的形成机理 |
| | 训练目标 | 目标1：学会发动机托底事故的查勘<br>目标2：学会分析发动机部件异常磨损的形成机理 |
| | 训练时间 | 90min |
| | 注意事项 | 在校园路完成实训的，请注意选择部分封闭路段<br>注意车辆移动安全 |
| | 训练实施条件 | 能上网的计算机一台（每组）<br>提供车险理赔欺诈案例各一个（每组） |

情景图片

# 训练任务

## 1. 发动机托底事故的查勘照片

（1）现场查勘图片

（2）拆解前底盘照片

（3）拆解后发动机缸筒发现拉痕

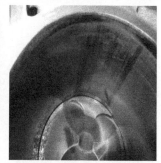

（4）凸轮轴磨损图片

（5）曲轴磨损照片

（6）机油滤清器底座损坏照片

## 2. 发动机部件异常磨损案例分析

## 报价明细

### 一、工时费

| 序号 | 工时 | 单价/元 | 金额/元 | 备注 |
|---|---|---|---|---|
| 1 | 84 | 75 | 6300 | 动力电池包维修 |
| 合计金额/元 | | | ¥6300.00 | |

### 二、材料费

| 序号 | 物料名称 | 数量/件 | 单价/元 | 金额/元 | 备注 |
|---|---|---|---|---|---|
| 1 | 动力电池包下箱体 | 1 | 7056 | 7056 | |
| 2 | 模组上盖 | 1 | 36.4 | 36.4 | |
| 3 | 模组支架 | 1 | 382.2 | 382.2 | |
| 4 | 电池模块 | 5 | 1856.4 | 9282 | |
| 5 | 密封圈 | 1 | 174.72 | 174.72 | |
| 6 | 标识贴 | 1 | 54.6 | 54.6 | |
| 7 | 防水透气阀 | 1 | 36.4 | 36.4 | |
| 8 | | | | | |
| 合计金额/元 | | | | ¥17022.32 | |

### 三、测试费

| 序号 | 名称 | 数量/整套 | 金额/元 | 备注 |
|---|---|---|---|---|
| 1 | 电池包总成拆安费用 | 1 | 480 | |
| 合计金额/元 | | | ¥480.00 | |

| 总计金额（小写）/元：¥23802.32 | 总计金额（大写）：贰万叁仟捌佰零贰元叁角贰分整 |
|---|---|

图 6-39 报价清单

### （7）厂家提供的动力电池总成物料报价单

厂家提供的动力电池总成物料报价单如表 6-4 所示。

表 6-4 动力电池总成物料报价单

| 序号 | 名称/项目 | 型号 | 规格 | 金额/元 | 备注 |
|---|---|---|---|---|---|
| 1 | 电池组上箱体 | 欧力威专用机箱 | 件 | 3494.4 | |
| 2 | 电池组下箱体 | 欧力威专用机箱 | 件 | 7056 | |
| 3 | 维修开关底座 | MINIMSDF000RND | 件 | 549.12 | |
| 4 | 维修开关插头 | MINIMSD-250A | 件 | 624 | |
| 5 | 通信插座（线束一体） | FPT28021212APN | 件 | 698.88 | |
| 6 | 正极连接器 | FPT20021601PZ | 件 | 249.6 | |
| 7 | 负极连接器 | FPT20021601PW | 件 | 249.6 | |
| 8 | 电池模组 | XH 158P-01 | 件 | 2254.2 | |
| 9 | 模组支架 | 8并5串 | 件 | 374.4 | |
| 10 | 模组支架 | 8并6串 | 件 | 436.8 | |
| 11 | 模组上盖 | 8并5串（阻燃ABS） | 件 | 41.6 | |
| 12 | 模组上盖 | 8并6串（阻燃ABS） | 件 | 49.92 | |
| 13 | 继电器 | HF216V-200/900-B-SH SL4P-1 | 件 | 1248 | |
| 14 | 采样线束 | 采样线束A、B、C | 每根 | 2121.6 | |

（续）

| 序号 | 名称/项目 | 型号 | 规格 | 金额/元 | 备注 |
|---|---|---|---|---|---|
| 15 | 防水透气阀 | VOIR | 件 | 41.6 | |
| 16 | BMS 支架 | 欧力威专用 | 件 | 648.96 | |
| 17 | 密封圈 | 1253mm×1033mm×14mm×5mm | 件 | 199.68 | |
| 18 | 标识贴 | 欧力威专用 | 件 | 62.4 | |
| 19 | 动力电池总成 | ATXNY8P90-35-333 | 件 | 81200 | |

注：1. 此清单含 16% 增值税，不含工时费。

2. 该报价单有效期至 2019 年 12 月 31 日。

（8）厂家提供的动力电池维修工时费报价单

厂家提供的动力电池维修工时费报价单如表 6-5 所示。

表 6-5 动力电池维修工时费报价单

| 序号 | 维修项目 | 工时数 | 单价/元 | 金额/元 | 备注 |
|---|---|---|---|---|---|
| 1 | 电池包状态诊断 | 5 | 75 | 375 | |
| 2 | 电池包总成拆装 | 5 | 75 | 375 | |
| 3 | 电池包总成开合箱体 | 5 | 75 | 375 | |
| 4 | 更换模组（单个） | 3 | 75 | 225 | 含配组 |
| 5 | 更换维修开关 | 3 | 75 | 225 | |
| 6 | 更换继电器 | 3 | 75 | 225 | |
| 7 | 更换正极连接器 | 2 | 75 | 150 | |
| 8 | 更换负极连接器 | 2 | 75 | 150 | |
| 9 | 更换通信线束总成 | 6 | 75 | 450 | |
| 10 | 更换采样线束总成 | 8 | 75 | 600 | |
| 11 | 更换密封条 | 2 | 75 | 150 | |
| 12 | 更换模组支架 | 4 | 75 | 300 | |
| 13 | 更换 BMS 支架 | 3 | 75 | 225 | |
| 14 | 更换 BMS（单 ID） | 2 | 75 | 150 | |
| 15 | 气密性检测 | 5 | 75 | 375 | |
| 16 | 更换透气阀 | 1 | 75 | 75 | |
| 17 | 更换上箱体 | 5 | 75 | 375 | |
| 18 | 更换下箱体 | 35 | 75 | 2625 | 重置电池总成 |

注：1. 此清单含 16% 增值税，不含工时费。

2. 该报价单有效期至 2019 年 12 月 31 日。

**3. 案件总结**

对新能源汽车电池进行定损时，不要在没有确定损失前就盲目和修理厂协商维修金额，要先确定损失再进行协商。在确定维修金额时要和动力电池总成金额做个比较，判断维修金额是不是超过动力电池总成金额。同时还要考虑车辆实际价值，在现实情况下，一个新的动力电池总成价格往往会超过车辆的实际价值。更重要的是还要不断学习新能源汽车相关知识，不惜赔但也不能滥赔。本案拆解前的拍照、电脑诊断记录调取、分解动力电池的流程、损失部件的确定、定损金额的协商、厂家报价单索取等环节，环环相扣，前后认证，堪称完美的定损案例。

### 课程育人

#### 案例6 "电池大王"王传福

王传福1987年毕业于中南工业大学（现中南大学）冶金物理化学专业，同年进入北京有色金属研究总院攻读硕士。

1990年毕业后留院工作。

1995年辞职，创办比亚迪公司，短短几年时间，发展成为中国第一、全球第二的充电电池制造商。

2003年进入汽车行业，现为比亚迪股份有限公司董事局主席兼总裁、比亚迪电子（国际）有限公司主席。

经过不懈的努力，如今的比亚迪新能源汽车已经走出国门，走向世界。比亚迪汽车作为国内新能源造车势力的领导者，是"工匠精神"的传播者。

## 思考与练习

一、选择题

1. 为了方便辨别，所有的连接高压回路部分的电线和接头均为（　　）色，高压回路和其他回路与车身绝缘，高压组成部分包含HV蓄电池、驱动桥、变频器、转换器和维修开关等。

   A. 橙　　　　B. 红　　　　C. 黄　　　　D. 绿

2. 高压部件的调试、检修及带电组装作业，建议设立专职（　　）。由监护人监督作业全过程（包括人员组成、工具、劳保用品、器材是否符合要求），并对作业结果进行检查，指挥上电。

   A. 领导　　　B. 监护人　　C. 驾驶人　　D. 值班人

3. 操作人员在组装、调试、检修高压部件时，必须（　　）并由监护人监督作业。

   A. 两人以上　B. 一人以上　C. 三人以上　D. 四人以上

4. 绝缘安全鞋的作用是使人体与地面绝缘，防止电流在（　　）之间构成通路，对人体造成电击伤害。

   A. 人体与大地　　　　　　B. 人体与地线
   C. 人体与火线　　　　　　D. 人体与空气

5. 维修高压类车辆时，必须使用带有（　　）的工具，这些工具包括常用的套筒、呆扳手、螺钉旋具、钳子、电工刀等。
A. 绝缘功能　　　　　　　　B. 检测功能
C. 锁止功能　　　　　　　　D. 充电功能

## 二、判断题

1. 新能源车辆厂牌型号后缀往往有 EV、HEV、AV 等字符。（　　）
2. 对于不能行驶的车辆，如果高压部件损坏，应尽快断开 12V 蓄电池负极，条件允许时断开维修开关。（　　）
3. 不同水质对高压部件的腐蚀程度不同，需要注明水质状况，如城市污水、雨水、海水等。（　　）
4. 车辆发生水淹事故后，高压部件需要检测是否漏电，所以绝缘电阻值是判定车辆绝缘是否正常的重要指标，绝缘电阻值一般要求，直流 > 100Ω/V，交流 > 150Ω/V。（　　）
5. 电动汽车发生火灾时，灭火器推荐使用水基灭火器、二氧化碳和干粉灭火器，不可选用泡沫灭火器。（　　）

## 三、问答题

1. 简述新能源汽车火灾事故现场查勘流程。
2. 简述新能源汽车水淹事故现场查勘流程。
3. 简述新能源汽车拆解前的电控系统诊断流程。
4. 简述新能源汽车现场查勘工具有哪些？
5. 简述新能源汽车漏液处置方法。

# 项目七
# 人伤案件的查勘与定损

## 任务一　人员伤亡现场施救与查勘

### 学习目标

**知识目标**

1. 能够了解人伤相关法律法规知识。
2. 能够描述人伤案件查勘流程。
3. 能够描述人员伤亡处理费用的核定方法。

**技能目标**

1. 能够按照规定流程完成人伤案件查勘。
2. 能够正确核定人伤案件的损失。

### 任务描述

在机动车辆保险理赔案中，除机动车辆损失及其他物产损失赔偿以外，大部分是人员伤亡赔偿。据不完全统计，人员伤亡赔款支出约占机动车辆保险总赔出的（含各附加险种）50%~60%。保险公司理赔人员在处理理赔案件中对于人员伤亡部分的损失核定最为复杂且难度也最大，往往在人员伤亡费用核定方面与被保险人产生很多矛盾和纠纷。本任务重点讲述人伤案件的查勘与定损知识。

### 一　人伤相关法律法规

人身损害赔偿范围主要包括医疗费、误工费、护理费、交通费、住宿费、住院伙食补助费、必要的营养费、残疾赔偿金、丧葬费、死亡赔偿金等。所涉及的相关法律法规有很多，主要包括：

1)《中华人民共和国道路交通安全法》。

2)《机动车交通事故责任强制保险条例》。

3)《最高人民法院关于审理人身损害赔偿案件适用法律若干问题的解释》，简称司法解释。

4)《最高人民法院关于确定民事侵权精神损害赔偿责任若干问题的解释》中有关精神损害赔偿范围的规定。

5)《侵权责任法》。

6)《医疗事故处理条例》。

7)《工伤保险条例》。

8)《道路交通事故受伤人员临床诊疗指南》。

9)医疗保险、工伤保险和生育保险《诊疗项目和医疗服务设施项目》和《药品目录》。

10)人身伤害受伤人员误工损失日评定准则、道路交通事故受伤人员伤残评定及道路交通事故损害赔偿标准有关数据。

## 二 人伤现场施救

《中华人民共和国道路交通安全法》中第七十条第一款规定，造成人身伤亡的，车辆驾驶人应当立即抢救受伤人员，并迅速报告执勤的交通警察或者公安机关交通管理部门，报警（拨打报警电话122，急救电话120、999）。事故现场因抢救受伤人员变动现场的，应当标明位置，当事人可以利用石块、砖头、白灰等物品在地面进行明显标注。乘车人、过往车辆驾驶人、过往行人应当予以协助。

### 1. 救援程序及措施

1)接到发生重特大道路交通事故报警后，迅速将指令传达到现场勘查组及现场施救组，并通过交通事故报警服务台与交通事故急救中心之间的交通事故信息相互通信和反馈制度，通知医疗救护组，使现场勘查组、警戒保卫组、现场施救组、防火防爆组、新闻报道组与医疗救护组同时接警、同步出动，建立起快速反应的交通事故紧急抢救联动机制。

2)查勘员到达现场后，要特别注意在保护好自身安全的前提下勘查现场，并协助先期到达的民警迅速用警戒带、反（发）光锥筒等设置警戒线，标明警戒区域，防止无关人员进入。在夜间或雨、雾、雪、沙尘等能见度较低的气象条件下查勘现场时，查勘车辆、施救清障车辆须设置明显的警示标志，现场查勘人员必须穿着有反光或发光标志的制式服装。普通道路须在距离现场50m、国道100m、高速公路150m外设置明显反（发）光警示标志，确保现场和查勘人员的安全。现场警戒如图7-1所示。

图 7-1 现场警戒

### 2. 事故现场处置

发生重特大道路交通事故接报警后,在向上级主管机关报告的同时,要立即组织力量,尽快赶赴现场,先行对存留在现场的重要痕迹、物证,特别是易受到破坏的痕迹物证,用适当的遮盖物覆盖起来,以免受到破坏,并及时照相或摄像加以固定。同时进行必要的前期查勘和调查取证工作,协助医疗救护部门抢救伤员,协助交警疏导交通,疏散无关人员,努力把事故伤亡和财产损失降到最低限度。

### 3. 损失范围确认

1)应注意区分本次事故和非本次事故造成的损失,事故损失和自然磨损的界限。

2)注意对保险车辆标准配置以外的新增设备进行区分,并分别确定损失项目和金额。

3)确认车物损失范围、项目,注意区分三者车外物损、三者车上物损,收集现场的相关证据资料。

4)了解并记录事故各方的人身伤亡情况,登记伤员的姓名、性别、年龄、救治医院和科室,伤情、抢救或垫付情况,并核实人伤类型——本车上人员、三者车上人员或三者车外人员,及时转医疗,且核损人员进行跟进处理。

5)查勘定损人员应对事故涉及的各类财产损失进行完整确认,即不论财产损失是否超过交强险的责任限额,都应分类确认全部的事故损失金额。

事故损失金额是指事故造成的直接损失金额,即不考虑事故责任比例、免赔率、免赔额、赔偿比例等因素。

## 三 人伤案件查勘流程

### 1. 人伤案件现场查勘前的准备工作

人伤案件现场查勘及复勘前的准备工作基本与车物查勘相同。在收到人伤调查任务后,人伤调查人员应首先分析案件类型,并做好相应的调查准备工作。这个工作很关键,往往关系调查的成败和调查的质量。

(1)核对保单信息

一般需要核对伤者对应的险种,如车上人员责任险、交强险、第三者责任险;事故发生的时间是否在保险期间内，特别注意与保单生效时间和保险到期时间特别接近的情况；是否有特别约定条款，如指定驾驶人、约定行使区域等情况。如有特殊情况，应特别说明查勘重点。

（2）联系客户

接到案件后需要联系报案人，初步了解事故情况，核实出险驾驶人情况，初步确认伤员伤情，所住医院、科室、床号、姓名等基本信息；同时了解伤员拟行大型检查时间、手术时间和医院探望时间。原则上应当在查勘现场见到被保险人或驾驶人，确认客户前往医院时间。人伤亡无法了解清楚的，应在委托单上特别说明，调查人员应当在查勘前了解清楚。

（3）查勘工具准备

准备查勘相机、录音笔、人伤案件索赔指引、人伤调查报告、伤者情况调查表、询问笔录等查勘工具。

### 2. 人伤案件现场查勘及复勘的主要内容

查勘人员或人伤案件调查责任人应对人伤案件发生的经过、碰撞部位和人伤情况进行详细查勘，并认真做好记录。发现能证明事故性质的痕迹或物品，应尽可能客观、完整地将其保全，可视条件采取照相、笔录、绘图、录相等形式。

了解肇事驾驶人员、报案人员情况，做好询问笔录，确认肇事驾驶人员和报案人员的身份；核实报案人、驾驶人与被保险人之间的关系；查验驾驶人的驾驶证是否有效，是否与准驾车型相符；准确记录被保险人或驾驶人的联系方式；认真详实做好驾驶人询问笔录。

详细了解人伤事故发生的全部经过，核实人伤事故发生的时间、地点、发生前后的经过情况，以及事故发生现场施救情况等，并详细记录所能了解到的现场情况。

对轻伤不需住院治疗的应记录伤者身份、受伤部位、受伤程度等情况；对伤情较重的应分别记录所有受伤人员的详细情况，了解伤者的伤情，是否就诊，就诊的时间及医院等；对现场死亡的应记录尸体的停放地点，及后续处理情况等。以上情况均需记录当事人和联系人的联系方式，以便后续事故处理的介入。

另外，还需确认事故发生的时间是否在保险有效期限，对接近保险起讫期出险的案件，应特别慎重，认真核实。

### 3. 查明事故的发生原因

人伤事故的发生原因应围绕车辆的损失状况、碰撞的部位、事故地周围遗留的痕迹、人员伤亡情况及事故当事人和周围群众所述事故发生的经过展开，通过对上述情况的认真核实及分析判断来确认事故的真实性、合理性，并积极收集相关证据。

1）注意了解涉及事故所有车辆驾驶人员是否存在饮酒、醉酒、吸食或注射毒品、被药物麻醉后使用保险车辆的情况；是否存在故意行为。必要时，应协同公安交警部门获取相应证人证言和检验证明。

2）对存在疑点的人伤案件，应对事故真实性和出险经过做进一步核实和调查；对相关人员及目击证人进行访问，并做好询问笔录。

3）对于单方事故和摩托车事故，应认真核对事故发生遗留痕迹、碰撞部位及当事人描述事故发生经过，判断是否与事故发生机理相符合，并做好当事人的询问笔录。

4）对于出险时间接近的案件，须认真核查两起报案中事故车辆和人伤的损失部位、损失痕迹、事故现场、就诊情况等，确定是否属于重复索赔或冒名顶替。

### 4. 查明事故损失情况

（1）确定人伤案件的损失类型

核实伤者人数、性别、年龄及事故发生前所在部位，以确定是本车车上人员还是第三者人员。

（2）预估人伤事故的损失金额

根据查明的各方人员伤亡情况，对人伤事故涉及的损失金额进行预估，并在查勘记录中记录。

人伤事故的损失金额是指事故造成人员伤亡所涉及的直接损失金额，即不考虑事故责任比例、免赔率、赔偿比例等因素。

### 5. 初步判断保险责任

结合承保和现场查勘情况，判断事故是否属于机动车交通事故责任强制保险或商业机动三者险的保险责任。对不属于保险责任或存在条款列明的责任免除、加扣免赔情形的，应收集好相关证据，并在查勘记录中注明。暂时不能对保险责任进行判断的，应在查勘记录中写明理由。同时，积极与事故处理交警进行沟通，力争责任划分公正、公平。

### 6. 拍摄事故现场、受损车辆及伤者伤情照片

拍摄事故现场照片的目的是通过照片反映事故现场的概况，以及痕迹、物品的特征，为研究事故现场情况，分析判断事故性质和物证鉴定提供客观依据。凡涉及人员伤亡的案件，必须对事故现场进行拍照。

第一现场查勘的，应有反映事故现场全貌的全景照片，以及反映肇事车辆号牌、车辆损失、人伤碰撞部位及损失程度的远、近景照片，如图 7-2 所示。

a）事故现场概貌　　　　　　b）事故车辆左前翼子板损伤

图 7-2　人伤碰撞部位及损失程度的远、近景照片

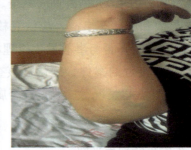

c）撞击倒地的摩托车　　　　　　d）摩托车驾驶人右臂受伤

图 7-2　人伤碰撞部位及损失程度的远、近景照片（续）

对复勘或非第一现场查勘的，事故照片应重点放在碰撞部位及损伤情况上，通过碰撞部位及损伤情况来判断事故发生机理。

### 7. 缮制人伤案件的现场查勘记录

1）根据查勘结果认真填写人伤案件现场查勘记录，并争取让当事人签字确认。

①分别登记保险车辆车上人员和三者车辆、三者人员的死亡、受伤人数及伤情。

②对于多车互碰的案件，应对每辆三者车所涉及的人员伤亡情况进行逐车登记。

③对人员伤亡情况较为复杂的案件，应在人伤案件查勘记录备注栏中进行登记。

2）重大、复杂或有疑点的案件，应在询问有关当事人、证明人后，在车辆人伤事故现场查勘询问笔录中记录，并由被询问人签字确认。

3）现场查勘人员应在查勘当天完成对事故驾驶人和事故伤者的追踪调查，做好驾驶人及伤者询问笔录，详细记录伤者身份、职业、收入情况，以及受伤部位和就诊医院等，死亡案件则记录死者身份、损伤部位及家庭情况等。

### 8. 履行告知义务

1）告知当事人人伤案件处理的相关法律法规及保险合同规定，以及人伤各项费用赔偿标准及处理的注意事项。如多车互碰，应告知客户先通过交强险进行赔偿处理，超过交强险责任限额的部分，由商业保险进行赔偿；医疗费补偿是按社会医疗保险的相关规定赔付等。

2）出具《车险人伤案件理赔须知》，告知被保险人索赔时所需提供的单证。

3）双方确认签字后交被保险人或报案人。

## 四 人伤查勘工作中常见问题与处理

### 1. 人伤查勘工作的技术要点

（1）态度、言行举止和仪容仪表

人伤查勘工作与车损、物损查勘工作最大的区别是，查勘的是有丰富情感的人，保持对伤员、客户和医务人员的尊重和礼貌将使查勘工作进行更为顺利，特别是对伤员和家属，应当换位思考，保持适当的同情心，尊重个人的隐私和人格。

（2）照片的拍摄

照片要求首先是清晰，根据情况灵活应用相机的各种模式，特别是微距模式的应用。拍摄伤员的照片时，应当合理征求伤员的同意，特别部位一般可不拍摄照片，仅拍摄辅助治疗工具即可。

（3）伤者医疗信息采集工作

1）住院号：一般在伤员的费用清单、检查报告、床头卡、输液单上均可采集伤员的住院号。

2）入院时间：常见于伤员所在科室病人一览表、床头卡，最好向医务人员询问。

3）已发生医疗费用：可查看伤员当日的费用清单，询问护士或通过住院号向住院收费处询问，也可以通过向伤员、家属、被保险人询问得出大概金额。

4）详细伤情诊断、治疗方案、手术名称、手术时间：对于可能涉及伤残、后续第二次住院治疗、转院治疗、康复和整容治疗（包括镶牙）的特殊情况，要针对性地向医务人员了解，建议边听边记录草稿，再详细记入表格中。应当注意：在伤员受伤前几日，交警部门需要伤者提供其诊断证明，伤者如有医疗机构提供相关证明，可直接参考相关证明。

（4）签字确认

采集伤者基本信息后，应当由伤者和护理人在伤者基本情况调查表上签字、按手印确认。伤者无法签字的，可以仅按手印确认，并应当由家属代签。对于手部外伤、因伤暂时意识不清的可由家属代签，若无法找到家属的，查勘员应当备注说明。

2. 常见问题的解决办法

（1）无法找到伤员

查勘前准备充分往往可以避免此类情况，但万一遇见，可通过多种方法在不同科室找到伤员信息。例如，通过出险时间到120急诊查询伤者姓名；通过伤员姓名可到医院住院收费处找到伤者科室；通过伤者受伤部位询问医务人员可以了解伤员可能入住的科室；也有伤者不在床位的情况，可询问病友、护士了解伤者去向。

（2）伤员不配合

要确信伤员有权不配合，从法律责任而言，伤员没有配合的义务。通过宣导保险公司可积极调解结案及配合处理事故来争取伤员配合。

（3）医务人员不提供伤者医疗信息

首先可争取通过伤员的配合，一起前往询问医务人员，利用伤者的"知情权"；另外，通过公司介绍信前往医院医务科，由医务科审批后前往了解伤者伤情。

（4）主治医生不在科室

对于关键问题可能只有主治医生才清楚，这种情况有可能是护士推脱的借口，也有可能是真实情况。可以留下医生姓名、科室联系电话,次日上午 9 时左右打电话向医生了解;也可以当时就询问护士长或科室主任寻求配合。

(5) X 射线、CT 片无法拍摄清楚

影像光片的拍摄一般需要背光且与强光源成一定角度才能看清,拍摄时相机的基本设置是无散光 + 微距拍摄,需通过电子微距调节后再拍摄。如光源效果不佳,可前往医生办公室借用专业看片灯拍摄。

## 任务二　人伤损失核定与理赔

### 学习目标

**知识目标**

1. 能够描述人员伤亡处理费用的核定方法。
2. 掌握人伤案件理赔流程。

**技能目标**

1. 能够正确核定人伤案件的损失。
2. 根据理赔流程独立完成人伤案件理赔。

### 任务描述

为了有效地做好人员伤亡事故损失核定和理赔工作,保险理赔医疗跟踪相关人员必须了解和掌握人员伤亡事故损失费用的基本构成及核定方法,了解车险小额人伤案件界定条款及额度,了解人员伤亡事故损失核定依据等。

## 一　保险公司人伤查勘规范

1)人伤查勘是查勘岗通过查勘、验明标的;两证,核实保险责任,确定事故与伤者伤情的因果关系,核实伤者伤情和核实伤者信息的过程。

2)所有现场报案涉及人伤的案件,均需派车险查勘员(含公估查勘员)完成现场查勘工作,车险查勘员不得以"纯人伤"案件为由不出现场。

3)人伤现场查勘除按照车险查勘手册要求规范操作外,还应按以下要求进行操作。

①查勘时效要求:车险查勘员在接到电话中心派工信息后 5min 内联系客户,尽快赶赴现场。

②重大案件立即上报要求:车险查勘员到达现场,发现系群死群伤重大影响案件(符合当地保险行业协会规定的重大交通事故报告及处理办法之规定的案件,或者当场死亡 2 人以上或者受伤 5 人以上),立即电话报告分公司理赔部核损室主任,按照分公司指示开展工作。

③查勘照片要求：除按照车险查勘规范要求完成拍照外，还应通过照片固化现场人伤（亡）情况。

a. 人伤照片：应当包含伤者整体照片、伤者出血、畸形部位照片、伤者身份证照片，如图7-3所示。

图7-3 人伤照片

b. 人亡照片：应当有包含死者在内的现场环境照片。

c. 未拍照人伤（亡）照片的，必须在查勘报告注明原因。

d. 对标的车内外被血迹、毛发沾染位置进行拍照。

④人伤轻微案件：对于交警到现场的人伤轻微案件，引导客户、伤者双方快速处理（小额人伤快速处理方法见"小额人伤快速处理"）。

⑤记录驾驶人、伤（亡）者相关信息。

a. 记录驾驶人、伤者姓名，联系电话（手机、办公电话）。

b. 记录伤者送医形式（自行就医、客户车送医、交警车送医、120送医），及就诊医院名称。

⑥非现场小额处理人伤案件：查勘人员向客户派发人伤理赔告知书并拍照上传。

4）对无法进行现场查勘的人伤案件，必须开展电话查勘、医院查勘、专项调查等非现场查勘工作。

5）电话查勘是人伤案件非现场查勘的基本手段，各机构应购置专门录音电话用于电话查勘；电话查勘必须按照以下规范进行。

①电话查勘时效要求。

a. 工作时间收到派工短信的，10min之内开始首次电话查勘；非工作时间收到调度派工案件，次日上午9点前必须进行首次电话查勘。

b. 无论是否是工作时间，电话中心转派客户催促案件，都应立即联系客户进行电话安抚，指导客户处理。

②电话查勘质量规范。

a. 电话查勘先表明自己保险公司医疗查勘员身份，安抚客户情绪；倾听客户叙述，解答客户问题。无论如何不能与客户争吵。

b. 沟通案情。了解事故经过、伤（亡）人数、伤情；了解伤（亡）者姓名、年龄段；了解伤者是住院还是门诊治疗、送诊医院名称、伤者初步诊断及已经发生费用、费用是谁支付,病历资料由谁保管;了解事故责任是否划分。引导客户提供本人办公(住宅)电话,方便保险公司联系客户。

③电话查勘应对客户进行必要告知。

a. 告知客户事故处理基本流程,强调定好事故责任的技巧及意义;告知客户保险理赔流程及注意事项。

b. 告知客户保险公司人伤理赔联系人姓名、电话号码,方便客户咨询。

c. 告知保险公司可以提供专业人士免费预约陪同、协助处理事故的服务。

④电话查勘录音需妥善保存备查。电话查勘内容必须在理赔系统的查勘录入界面进行记录。

⑤保户不配合时,如果保户不接电话,必须通过理赔系统发送联系短信:"您好,我是××保险公司医疗查勘员××,为了更好维护您的权利,方便保险理赔,请与我联系!联系电话:×××××××"。

6)人伤住院(含留观 24h 以上)的,必须安排医院查勘,医院查勘按照以下规范进行。

①医院查勘任务的发起。伤者住院(留观超 24h)的人伤案件,均需医院查勘。伤者住院未进行医院查勘的,必须在理赔系统查勘平台中说明原因。

②医院查勘时效要求。应该在报案后 3 天之内安排医院查勘,最晚不超过 7 天。伤者伤情不稳定、入住 ICU、一次查勘难以核实的均需在后续合适时间安排复勘。

③医院查勘规范。

a. 医疗查勘应向伤者(家属)核实事故原因、经过,注意了解标的车驾驶人有无酒驾、换驾、逃逸等情况。如存在前述情况,及时做笔录,并让伤者签名确认。

b. 医院查勘时,初步核实伤者个人信息。填写人伤查勘报告、伤者信息确认书,记录伤者居住情况、工作单位及收入情况、被扶养人数及家庭情况等信息。

c. 医院查勘时,通过查看病历、与医生访谈,明确伤者伤情诊断。

d. 医院查勘拍摄要求。住院查勘必须拍照,照片应当包括医院大门、就诊科室、床头卡、伤者全身像、受伤部位照片、病历资料、辅助检查报告单、影像学资料(X 片、CT、MRI)、伤者身份证等。照片须确保清晰,时间设置正确。

7)人伤案件有以下情况的,应由机构复勘调查岗开展专项调查,以明确保险责任,固定事故损失。

①重大人伤案件(损失预估超 10 万元案件),应由复勘调查岗调查核实事故真实性,明确保险责任。

②对于迟报人伤案件且损失预估超 3 万元以上的案件,应由复勘调查岗调查核实事故真实性,明确保险责任。

③对于保险起讫期 3 天内发生人伤且损失预估超 3 万元以上的案件,应由复勘调查岗调查核实事故时间,明确保险责任。

④对于中晚餐后、夜间出险人伤案件,损失预估超 3 万元以上的案件,应由复勘调查岗调查核实事故原因,明确保险责任。

⑤对于客户反馈伤者有"碰瓷"嫌疑的,由复勘调查岗评估指导处理。

⑥对于伤残、死亡的案件赔偿标准有疑问、被扶养人及扶养义务人人数有疑问,且涉及赔付金额超3万元的,由复勘调查岗调查核实。

8)针对死亡案件,相关调查须按照以下规范进行处理。

①调查核实事故真实性。

a. 对于当场死亡案件,安排现场查勘;无法现场查勘的,必须复勘现场。

b. 对未现场查勘的死亡案件,要到交警大队申请查阅交警案件卷宗,提取现场照片、路况图、笔录及其余相关材料,核实事故真实性。

②调查核实死亡原因,明确外伤参与度。

a. 对现场死亡的,必须核实尸检报告,确定死亡原因与本次事故关联性。

b. 对于医院抢救后死亡案件,必须核实就诊记录、抢救记录、手术记录、护理记录、死亡医学证明书等相关病历资料,明确死亡原因与事故的关联性。

c. 针对由基础疾病与外伤共同致伤者死亡的,申请司法鉴定外伤参与度。

③针对死亡案件,仔细核实保险责任。对有"无证""酒驾"等免责嫌疑的开展调查。

④死亡案件调查核实死者个人信息、家庭成员信息

a. 针对农村户籍主张城市标准赔付的,复勘岗需要调查核实死者在城市务工、居住情况,明确是否符合"农标"转"城标"条件。

b. 针对扶养义务人数明显偏少情况,应调查核实扶养义务人数量;针对被扶养人数量、年龄有疑问的,调查被扶养人数量、年龄。

⑤调查核实客户赔款实际支付情况。针对客户索赔金额超10万元的非诉讼死亡案件,复勘调查岗应与三者家属见面,明确客户实际支付情况,避免二次赔付。

9)查勘后工作规范。

①查勘结束后,24h内完成理赔系统的查勘提交流程;涉及垫付的,当天将查勘资料上传理赔系统。

②理赔系统录入时,案件查勘信息、案件处理类型、案件跟踪信息、人伤信息录入等各项目必须正确填写;查勘照片、查勘报告等资料正确上传;系统备注中简明扼要备注需要说明的信息。

③首次跟踪时间设定在15天之内的适当时间。

④查勘过程中发现疑点的,及时上报理赔经理,进一步展开调查。

⑤将查勘情况及时与客户反馈及沟通,为提前调解打好基础。

a. 沟通费用、单证收集方面情况。涉及医保外费用过多的,指导客户与医生沟通公关处理;涉及医疗(抢救)费需要保险公司垫付的,指导客户收集资料;涉及后续治疗费支付的指导客户合理支付,保存相关凭条;伤者结账时注意留存医疗发票(收据)、医疗费用清单、出院小结等资料。

b. 沟通残疾方面情况。三者伤情可能评残的,注意告知如果伤者去评残情况,及时告知保险公司协助处理;未经保险公司审核同意不要支付伤者残疾相关费用。

c. 事故处理方面沟通，强调赔款前务必咨询保险公司；必须告知保险公司提供预约陪同协助处理事故的增值服务。

## 二 人伤损失核定

### 1. 小额人伤案件快速处理

（1）车险小额人伤案件的界定

标的车发生交通事故时，造成三者人身损害且损失金额＜1000元的案件，并且同时满足下列条件：

1）事故已经报警（有交警出现场或者客户手机中有拨打110的通话记录），经保险公司查勘员现场核实事故双方的运行轨迹，判定事故发生属实。

2）标的车有责且事故双方对车物损失定损无异议的。

3）标的车驾驶证、行驶证当场验明有效，无其他免责事项，保险责任成立。

4）伤者伤势较轻，事故当事人同意一次性协商处理。

（2）车险小额人伤案件的处理流程及要求（非交警现场快速处理地区适用）

车险小额人伤案件实行中心支公司理赔经理责任制，各机构医疗管理岗负责该类案件的具体管控。

查勘要求：车物查勘岗人员现场勘验事故，初步确认伤者伤情，现场用查勘手机拍摄伤者伤情照片和三者已有的检查报告并上传理赔系统，并询问、记录伤者基本资料（如伤者姓名、性别、年龄、身份证号码、家庭住址、联系方式、受伤部位等情况），在系统内登记备案。

1）现场查勘要求。

①对于伤者伤情较轻的案件，车物查勘岗人员可以协助被保险人与伤者进行协商。协商前需与机构医疗管理岗人员先行沟通，汇报伤者基本伤情，由医疗管理岗人员根据系统照片及车物查勘岗人员的描述协助确定协商金额。

②车物查勘岗人员现场填写小额人伤案件处理协议书，并由车物查勘岗人员、事故双方签字（签章）确认，无须其他人伤理赔材料。

③现场签订完毕后，查勘人员需将事故各方持有小额人伤案件处理协议书合影上传至车险理赔系统。

2）协商赔付金额审核要求。

①协商赔付金额在500元以内的案件，车物查勘岗人员与医疗管理岗人员电话沟通，确定赔偿金额后做一次性赔付处理。

②协商赔付金额在500~1000元的案件，车物查勘岗人员与医疗管理岗人员电话沟通，确定协商赔偿金额后，需与中支机构理赔负责人沟通确定赔付金额。

3）系统操作要求。现场协商调解1000元以下的人伤案件，由车物查勘岗人员当日将医疗管理岗人员的沟通意见在理赔系统备注。

## 2. 人员伤亡事故损失核定

为了有效地做好人员伤亡事故损失核定的工作，保险理赔医疗跟踪相关人员必须了解和掌握有关交通事故人员伤亡医疗方面的基本知识，掌握人员伤亡事故损失费用的基本构成及核定方法。

（1）医疗费

1）核定要点。

①要求受害人提供其受伤治疗相应的治疗清单（住院病人）或是处方（门诊病人），病历、诊断证明和医药费用发票原件，发票时间与病历证明记载时间应相符，发票上的姓名应为受害人本人。

②相关治疗和用药应与交通事故之间有因果关系，与交通事故没有因果系，针对既往病的治疗和用药的，保险公司不承担赔偿责任。

③医疗费的赔偿标准根据国务院卫生主管部门组织制订的《交通事故人创伤临床诊疗指南》和《国家基本医疗保险标准》确定，按上述标准仍不能确定的，可申请司法鉴定。

④无医院证明的自购药品、医疗用具的费用不予赔偿。

⑤转院应经原医疗机构同意（需要原医疗机构的转院证明）且存在正当理由。否则，由此增加的费用不予赔偿。

⑥对于后期治疗方案及治疗费用，如果受害人只能提供医生估算的证明，则不予认可。因为该估算并非必然发生的准确数额，医疗手术存在一定风险，如加以认定，客观上使原、被告都面临不确定的风险，赔偿权利人应待实际费用发生之后另行起诉。

⑦后续治疗费不包括心理治疗费、美容费用。

⑧对过高的治疗费、后续治疗费、康复费等费用的必要性和合理性有异议的，可申请司法鉴定。

⑨已发生的医疗费用及后续治疗费均不包括任何纯美容场所消费的费用。

2）医疗费争议解决。《最高人民法院关于审理人身损害赔偿案件适用法律若干问题的解释》（以下简称"人身损伤赔偿司法解释"）第十九条规定：医疗费根据医疗机构出具的医疗费、住院费等收款凭证结合病历和诊断证明等相关证据确定。赔偿义务人对治疗的必要性和合理性有异议的，应当承担相应的举证责任。

对于进入司法程序的案件，医疗费的赔偿数额，按照一审法庭辩论终结时实际发生的数额确定。赔偿权利人的器官功能恢复训练所必要的康复费、适当的整容费以及其他后续治疗费，应待实际费用发生之后另行调解或起诉。但根据医疗证明或者鉴定结论确定必然发生费用，可以与已经发生的医疗费一并予以赔偿。

（2）误工费

1）核定要点。

①定残后无须再支付误工费，只需支付残疾赔偿金。

②受害人无劳动能力且无劳动收入的，不予赔偿误工费。

③只赔偿受害人本人的误工费，对护理人员的误工费不予赔偿，对护理人员只赔偿护理费。

④只承担受害人实际减少的收入，而不是受害人的固定收入。有些受害者受伤后，单位并不扣发或者只是部分扣发收入，特别是受害人发生交通事故属于工伤的情况下，应到受害人单位调查取证。在受害人属于工伤，受害人是军人、公务员及教师的情况下，大多数受害人的工资不会因交通事故而全部扣减。例如，保险车辆驾驶人因操作不慎将在路中指挥交通的交警撞伤，造成交警骨折需休息数月，事故调解时赔付误工费用近1万元，但分析伤者为执行公务时受的伤，所以其工资收入不会扣减，后经调查核实未要求赔付误工费用。

⑤受害人申报实际减少固定收入的，不仅要求受害人提供劳动合同及工资领取证明（超过个人所得税始征起点的，还应提供完税证明），或合法经营的簿记文件及纳税证明，而且要求受害人提供收入减少的相关证明。

⑥医疗机构出具的休假时间明显不合理的，参照公安部发布的《人身损害受伤人员误工损失日评定准则》确定误工时间。

⑦受害人所在单位出具的收入证明与实际收入相差较大，可向税务机关或者社保局调查取证。

⑧受害人未满16周岁的不予赔偿误工费，满16周岁不到18周岁，如果凭自己的劳动养活自己的，可以赔付误工费。

⑨受害人为退休人员的，如果不能提供收入减少证明，不予赔偿误工费。

2）误工费相关的司法解释。人身损伤赔偿司法解释第二十条规定：误工费根据受害人的误工时间和收入状况确定。

误工时间根据受害人接受治疗的医疗机构出具的证明确定。受害人因伤致残持续误工的，误工时间可以从定残之日前一天开始计算。

受害人有固定收入的，误工费应按照实际减少的收入计算。受害人无固定收入的，按照其最近三年的平均收入计算；受害人不能举证证明其最近三年的平均收入状况的，可以参照受诉法院所在地相同或者相近行业上一年度职工的平均工资计算。

（3）护理费

1）核定要点。

①护理的必要性、护理期限、护理人数都应有医疗机构或鉴定机构的明确意见，住院期间不能认定为当然的护理期限。医院出具的证明明显与事实、病例不符的，申请鉴定机构鉴定。对于事实上的护理人员，需做前期的了解与取证收集。

②护理人员有收入但收入没减少的，不赔；护理人员没有收入的，按规定赔。

③护理人员申报收入减少的，应出具相关劳动收入减少的证明（证明材料参见误工费核定要点⑤的规定）。

④伤残评定前的护理，根据实际护理时间按标准的100%计算护理费。伤残评定后，按护理级别赔偿护理费。一级护理的护理费按100%计算，二级90%计算，其他的依此类推。

⑤确定护理级别的"护理依赖程度"和"配制残疾辅助器具情况"一般按照以下标准

确定：司法部、最高人民法院、最高人民检察院、公安部联合制定的《人体伤鉴定标准》，《人体轻伤鉴定标准（试行）》和原劳动和社会保障部于 2002 年 4 月 5 日颁布的《职工非因工伤或因病丧失劳动能力程度鉴定标准（试行）》。1996 年 10 月 1 日国家技术监督局颁布的《职工工伤与职业病致残程度鉴定》第 314 条规定：护理依赖是指伤、病致残者因生活不能自理需要依赖他人护理者。生活自理范围主要包括下列五项：进食，翻身，大、小便，穿衣，洗脸及自我移动。护理依赖程度分 3 级：完全护理依赖是指生活不能自理，上述 5 项均需护理者；大部分护理依赖是指生活大部分不能自理，上述 5 项中有 3 项需要护理者；部分护理依赖是指生活部分不能自理，上述 5 项中有 1 项需要护理者。

2）护理费相关司法解释。人身损伤司法解释第二十一条规定：护理费根据护理人员的收入状况和护理人数、护理期限确定。

护理人员有收入的，参照误工费的规定计算；护理人员没有收入或者雇佣工的，参照当地护工从事同等级别护理的劳务报酬标准计算。护理人员原则上 1 人，但医疗机构或者鉴定机构有明确意见的，可以参照确定护理人员人数。

护理期限应计算至受害人恢复生活自理能力时止。受害人因残疾不能恢复生活自理能力的，可以根据其年龄、健康状况等因素确定合理的护理期限，但最长不超过 20 年。

受害人定残后的护理，应当根据其护理依赖程度并结合配制残疾辅助器具情况确定护理级别。

（4）交通费

1）核定要点。

①参照出险地国家机关一般工作人员出差的差旅费标准。

②乘坐的交通工具以普通公共汽车、普通硬座火车、轮船三等以下舱位为主，伤情危急，交通不便等特殊情况可乘坐救护车、出租车、软座及卧铺火车。应要求受害人说明其合理性。

③车票时间应与就医地点、时间、人数、次数相符。

④包车费用超过正常金额的部分不予认可。

⑤连号交通费发票不合理的部分不予认可。

⑥对陪护人员交通费的计算以必要和合理为前提。

2）交通费相关司法解释。人身损伤司法解释第 22 条规定：交通费根据受害人及其必要的陪护人因就医或者转院治疗实际发生的费用计算。交通费应当以正式票据为凭，有关凭据应当与就医地点、时间、人数、次数相符合。

（5）住院伙食补助费

1）核定要点。

①此项目赔偿的对象应是受害人本人，且仅限于住院期间。陪护人员不属此项目的赔偿对象，但受害人到外地治疗而又不能住院的情况除外。

②"因客观原因不能住院"一般是指医院无床位，或确需候诊且伤情不允许往返医院与住处等情况。

③住宿费和伙食费的赔偿均参照当地国家机关一般工作人员出差的住宿费和伙食补助标准计算，住宿费的赔偿以有正式发票为前提。

④1996年2月1日，财政部制定的《关于中央国家机关、事业单位工作人员的旅费开支的规定》第八条第（一）项规定：工作人员的出差伙食补助费，不分途中和住勤，每人每天补助标准为：一般地区15元，特殊地区20元（按在特殊地区的实际住宿天数计发伙食补助费，在途期间按一般地区标准计发伙食补助。这里规定的特殊地区，是指深圳、珠海、厦门、汕头和海南省）。中央国家机关的一般工作人员，是指处级及以下级别工作人员。当地国家机关一般规定的人员出差伙食补助标准都不会差别太大，所以对裁判几乎没有影响。

2）住院伙食补助费相关司法解释。人身损伤司法解释第23条规定：住院伙食补助费可以参照当地国家机关一般工作人员的出差伙食补助标准予以确定。

受害人确有必要到外地治疗，因客观原因不能住院，受害人本人及其陪护人实际发生的住宿费和伙食费，其合理部分应予以赔偿。

（6）营养费

1）核定要点。

①医疗机构没有出具意见的，营养费不予认可。

②医疗机构出具意见的，应明确需要增加营养的必要性及期限，营养费的赔偿标准，由法院酌情裁判，可参照当地国家机关一般工作人员出差伙食补助计算。

2）营养费相关司法解释。人身损伤司法解释第24条规定：营养费根据受害人伤残情况参照医疗机构的意见确定。

（7）残疾赔偿金

人身损伤司法解释第25条规定：残疾赔偿金根据受害人丧失劳动能力程度或者伤残等级，按照受诉法院所在地上一年度城镇居民人均可支配收入或者乡村居民人均纯收入标准，自定残之日起按二十年计算。但六十周岁以上的，年龄自每增加一岁减少一年；七十五周岁以上的，按五年计算。

受害人因伤致残，但实际收入没有减少，或者伤残等级较轻但造成职业妨害，不严重影响其劳动就业的，可以对残疾赔偿金做相应调整。核定要点如下。

1）此项目赔偿的不是受害人收入的减少，而是劳动能力的丧失，伤残等级是衡量劳动能力丧失程度的一个标准。

2）如果没有做丧失劳动能力程度鉴定，可选择伤残等级作为计算标准。计算残疾赔偿金时，需乘以伤残等级比例，一级乘100%，二级乘90%，其他的依此类推。

3）对于受害人因伤致残，但实际收入没有减少（包括本来就没有劳动收入的），残疾赔偿金应适当调低。

4）伤残评定明显不合理的，可向法院申请重新评定。申请前可详细寻找受害人伤残评定时机、程序、评定依据的事实、评定依据的标准等方面的问题，并争取法庭的支持。

5）多处伤残者以最重的等级作为赔偿的主要依据，每增加一处伤残，则增加一定的赔偿比例，增加赔偿的比例之和不超过10%，伤残赔偿指数总和不大于100%。

（8）残疾辅助器具费

人身损伤司法解释第26条规定：残疾辅助器具费按照普通适用器具的护理费用标准计算。伤情有特殊需要的，可以参照辅助器具配制机构的意见确定应给的合理费用标准。辅助器具的更换周期和赔偿期限参照配制机构的意见确定。核定要点如下。

1）民政部门的假肢与矫形康复机构，是从事辅助器具研究和生产的专业机构，可从事残疾辅助器具的鉴定和配制工作。

2）如辅助器具配制机构出具的意见不合理，可申请另外的假肢配制机构出具配制意见书，以此作为反证向法院抗辩。

3）开庭前应调查取证交通事故受害人实际安装的残疾辅助器具型号、价格、产地、更换周期等，以调查结果为证据向法院抗辩。

（9）丧葬费

人身损伤司法解释第27条规定：丧葬费按照受诉法院所在地上一年度职工月平均工资标准，以六个月总额计算。

（10）被抚养人生活费

人身损伤司法解释第28条规定：被抚养人生活费根据抚养人丧失劳动能力的程度，按照受诉法院所在地上一年度城镇居民人均消费标准支出和农村居民人均生活消费支出标准计算。被抚养人为未成年人的，计算至十八周岁；被抚养人无劳动能力又无其他生活来源的，计算二十年。但六十周岁以上的，年龄每增加一岁减少一年；七十五周岁以上的，按五年计算。

被抚养人是指受害人依法应当承担抚养义务的未成年人，或者丧失劳动能力又无其他生活来源的成年近亲属。被抚养人还有其他抚养人的，赔偿义务人只赔偿受害人依法应当负担的部分。被抚养人有数人的，全年赔偿总额累计不超过上一年度城镇居民人均消费性支出额，或者农村居民人均年生活消费支出额。核定要点如下。

1）未成年人是指未满十八周岁的自然人。

2）被抚养人为成年人的，"丧失劳动能力"与"无其他生活来源"两个条件必须同时具备。

3）男性60周岁以上、女性55周岁以上，可视为无劳动能力。男性60周岁以下、女性55周岁以下的成年人，如主张丧失劳动能力且无其他生活来源应有充分的证据。

4）近亲属包括配偶、父母、子女、兄弟姐妹、祖父母、外祖父母、孙子、外孙子。子女包括非婚生子女、养子女、有抚养关系的继子女，对于受到损伤时尚未出生的胎儿，如果出生后死亡的，不予认可。凡请求养子女及养父母是被抚养人，并需生活费的，均需提供县级以上民政部门出具的登记证书。

5）赔偿此项费用仅限于受害人依法应当承担抚养义务的被抚养人的份额。

①夫妻有互相抚养的义务。

②受害人作为父母，对未成年的不能独立生活的子女承担抚养义务，受害人作为子女，对无劳动能力的或生活困难的父母承担抚养义务。

③受害人作为有负担能力的祖父母、外祖父母对未成年的孙子女、外孙子女承担抚养义务，必须以未成年的孙子女、外孙子女的父母已经死亡或父母无力抚养作为条件；受害人作为有负担能力的孙子女、外孙子女对祖父母、外祖父母承担抚养义务，必须以祖父母、外祖父母的子女已经死亡或子女无力赡养作为条件。

④受害人作为有负担能力的兄、姐对未成年的弟、妹承担抚养义务，必须以父母已经死亡或父母无力抚养作为条件；受害人作为有负担能力的弟、妹对缺乏劳动能力又缺乏生活来源的兄、姐承担抚养义务，必须以受害人由兄、姐抚养长大作为条件。

6）以受害人遭受人身伤害的时间作为判断受害人依法是否应承担抚养义务的起点。

7）以受害人定残之日（或死亡之日）作为被抚养人年龄的计算起点。

8）受害人无劳动能力且无劳动收入的，被抚养人的生活费不予赔偿。

9）仅应在受害人死亡的情况下，赔偿被抚养人的生活费，在受害人伤残的情况下，不予赔偿被抚养人的生活费。因为人身损伤司法解释已经规定对死亡受害人赔偿的是余命的赔偿，对伤残受害人赔偿的是劳动能力丧失的赔偿，那么赔偿了残疾赔偿金，就已经包含了受害人伤残前所承担的抚养费，在受害人伤残的情况下，再予以赔偿被抚养人的生活费，就是重复赔偿。

10）对于在受害人伤残的情况下，法院认为必须赔偿被抚养人生活费的地区，如果受害人没有做丧失劳动能力程度的鉴定，可选择用伤残等级作为计算标准。计算被抚养人生活费时，需乘以伤残等级比例，一级伤残乘100%，二级乘90%，其他的依此类推。伤残不等于劳动能力丧失，如面部疤痕可致残，但一般不影响劳动能力。如果受害人请求提供被抚养人的生活费，可先对受害人劳动能力进行评估，必要时可申请劳动能力鉴定，再根据鉴定结果确定是否赔付及赔付的比例。

11）被抚养人有数人且既有城镇居民也有农村居民的，按各自的身份状况分别适用城镇和农村的标准。

12）受害人定残后，在诉讼过程中死亡的，如果受害人的死亡与伤害行为具有因果关系，应当赔偿死亡赔偿金，不再赔偿残疾赔偿金，如果没有因果关系，就应当赔偿残疾赔偿金。

13）原则上不赔付配偶父母的生活费。如果受害人生前或定残前承担了其配偶父母的主要抚养义务，在提供相应的能证明其尽到主要抚养义务的证据后，应赔付其配偶父母的生活费。

14）涉及被抚养人生活费的分摊，特别是成年被抚养人生活费分摊时，虚假证明较多（现在派出所证明多数情况下也仅仅是证明目前的家庭情况，不能证明家庭分立的情况），建议提前调查取证。

15）被抚养人有数人的，全年赔偿总额累计不超过上一年度城镇居民人均消费性支出额或者农村居民人均年生活消费支出额。

（11）死亡赔偿金

人身损伤司法解释第29条规定：死亡赔偿金按照受诉法院所在地上一年度城镇居民人均可支配收入或者农村居民人均纯收入标准，按二十年计算。但六十周岁以上的，年龄每增加一岁减少一年；七十五周岁以上的，按五年计算。核定要点为：赔偿权利人需提供法医的尸检证明（未尸检者除外）、死亡证明（公安机关出或是医院出）、死者户口证明（确定死者属于城镇居民或者农村居民，确定死者的真实年龄，特别是60岁以上的人员）。如死因不明，需向司法鉴定中心申请死因鉴定。

（12）精神损害抚慰金

人身损伤司法解释第18条规定：受害人或者死者近亲属遭受精神损害，赔偿权利人向人民法院请求赔偿精神损害抚慰金的，适用《最高人民法院关于确定民事侵权精神损害赔偿责任若干问题的解释》予以确定。

精神损害抚慰金的请求权，不得让与他人或者继承。但赔偿义务人已经以书面方式承诺给予金钱赔偿，或者赔偿权利人已经向人民法院起诉的除外。核定要点如下。

1）精神损害赔偿为保险条款的免责内容，同时，精神损害赔偿的目的之一是对加害人进行制裁，因此，应首先向法院主张保险人不应承担精神损害赔偿的责任。

2）精神损害，只有在造成严重后果的情况下，才需承担赔偿责任，未造成严重后果，受害人或者死者近亲属请求赔偿精神损害的，法院一般不予支持。

3）一般从以下几个方面把握是否属于"造成严重后果"的情形。

①造成受害人死亡的，属于"造成严重后果"。

②造成受害人残疾的，属于"造成严重后果"，伤残等级越高，精神损害越重。

③对于受害人既没有死亡，也没有残疾的，一般不予赔偿。

4）精神损害的赔偿数额主要根据以下因素确定。

①侵权人的过错程度。

②侵权行为所造成的后果。

③侵权人承担责任的经济能力。

④受诉法院所在地平均生活水平。

5）精神损害赔偿数额一般不超过本地高院规定。

6）受害人对损害事实和损害后果的发生有过错的，可以根据其过错程度减轻或者免除侵权人的精神损害赔偿责任。同等责任的情况下，一般不予承担精神损害赔偿责任。

7）诉讼案件代理人应结合上述各点，对精神损害赔偿的必要性及赔偿数额做最大程度维护公司利益的抗辩。

（13）事故处理人员的相关费用

人身损伤司法解释第17条第3款规定：受害人死亡的，赔偿义务人除应当根据抢救治疗情况赔偿本条第一款规定的相关费用外，还应当赔偿丧葬费、被抚养人生活费、死亡补偿费以及受害人亲属办理丧葬事宜支出的交通费、住宿费和误工损失等其他合理费用。核定要点为：除了受害人亲属办理丧葬事宜支出的交通费、住宿费和误工损失等费用外，对于受害人亲属在非死亡案件中支出的住宿费和误工损失等费用不予赔偿。

### 3. 受伤人员施救费用的垫付

医疗机构的抢救责任：抢救治疗道路交通事故受伤人员是所有医疗机构的责任，拒绝、放弃、拖延抢救治疗均要承担法律责任。对道路交通事故中的受伤人员，医疗机构应当及时抢救，不得因抢救费用未及时支付而拖延救治。因抢救而产生的费用采取以下方式解决：一是当事人自己支付，包括受害人自己预先支付和肇事者先行支付；二是保险公司支付；三是道路交通事故社会救助基金垫付。

1）当事人自己支付，包括受害人自己预先支付和肇事者先行垫付。

2）保险公司支付抢救费用的责任。肇事车辆已参加机动车第三者责任强制保险的，由保险公司在责任限额范围内支付抢救费用。保险公司支付抢救治疗费用的时间，应当在发生事故接到报案并确定损害发生或者得到公安机关的通知后立即支付，不得拖延，影响救治。保险公司支付抢救治疗费用的数额，应当根据伤情和抢救治疗必需的费用，一次性或者分步骤及时支付，以在责任限额内支付为限。

3）社会救助基金的垫付问题。道路交通事故社会救助基金是指依法筹集用于垫付机动车道路交通事故中受害人人身伤亡的丧葬费用、部分或者全部抢救费用的社会专项基金。有下列情形之一时，救助基金垫付道路交通事故中受害人人身伤亡的丧葬费用、部分或者全部抢救费用。

①抢救费用超过交强险责任限额的。

②肇事机动车未参加交强险的。

③机动车肇事后逃逸的。依法应当由救助基金垫付受害人丧葬费用、部分或者全部抢救费用的，由道路交通事故发生地的救助基金管理机构及时垫付。之后，道路交通事故社会救助基金管理机构再向道路交通事故的责任人追偿先行垫付的抢救治疗费用。保险公司支付和道路交通事故社会救助基金垫付的道路交通事故抢救治疗费用的接受单位，应当是医疗机构。这些费用应当按照道路交通事故社会救助基金的管理规定和道路交通事故处理程序的有关规定办理。

## 三 人伤案件一般理赔流程

人伤案件根据伤员的受损害程度分为普通门诊案件、普通住院案件、伤残案件、死亡案件和群体性案件。人伤案件的一般理赔流程如图7-4所示。

在人伤案件理赔流程中，关于受伤人员的资料收集、整理及保存很重要。

（1）系统上传资料分类

1）受伤人员照片资料：伤者面部及受伤部位照片、床头卡照片。

2）人伤审核所需资料：公共资料及人伤资料。

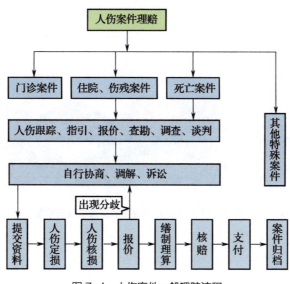

图 7-4 人伤案件一般理赔流程

（2）系统上传资料的规定

1）受伤人员照片资料的要求。

①要求上传住院伤者面部及受伤部位照片、床头卡照片。

②人伤照片上传位置。上传到新理赔系统"损失照片上传"的涉案人员项下。

③如该案件涉及多名伤者，分别按照上述要求上传至相应涉案人员项下。

2）人伤资料上传要求。

①所有人伤材料均要扫描录入形成电子化文件。

②如用数码相机等代替资料扫描的，要逐页拍摄，确保资料拍摄清晰度。

③人伤资料按上述要求分项上传到新理赔系统"单证资料上传"相应项目内。

④如该案件涉及多名伤者，要按上述要求分别分项上传每名伤者的相关资料。

⑤对于门诊收据较多且单张金额不超 500 元的案件，可将门诊收据统一上传，但要注明收据总金额和数量。如只在门诊治疗但人伤总费用超 1 万元，门诊收据要逐页上传。

## 四 典型案例分析

2017 年 7 月 19 日 2 时 57 分，湖南省邵阳市境内沪昆高速公路 1309km 33m 处，一辆自东向西行驶运载乙醇的车牌号为湘 A3××××轻型货车，与前方停车排队等候的车牌号为闽 BY××××大型普通客车（以下简称大客车）发生追尾碰撞，轻型货车运载的乙醇瞬间大量泄漏起火燃烧，致使大客车、轻型货车等 5 辆车被烧毁，造成 54 人死亡、6 人受伤（其中 4 人因伤势过重医治无效死亡），直接经济损失 5300 余万元。"7.19"沪昆高速特大交通事故模拟图如图 7-5 所示。关于案件中人员伤亡处理已在新华网公布，现将整个事件处理概要如下。

图7-5 "7.19"沪昆高速特大交通事故模拟图

## 1. 人员施救

（1）政府部门

事故发生后，湖南省高速公路交警、邵阳市消防官兵迅速赶到事故现场进行处置。接报后，湖南省人民政府主要负责同志和有关负责同志赶赴现场，成立了事故救援处置工作组，指导救援和善后处置工作。湖南省、邵阳市、隆回县公安、消防、交通、安监、卫生等部门人员迅速赶赴现场全力开展应急处置工作。由国家安全监管总局、公安部、交通运输部有关负责同志组成的工作组，于事发当天赶到事故现场，指导协调地方政府做好事故处置和善后工作。

7月19日凌晨5时30分，现场大火被扑灭；7时30分，现场救援工作基本结束；上午8时，车辆借道对向车道恢复通行；7月20日凌晨5时，事故现场清理完毕，道路恢复正常通行。

1）组织公安、交警、消防等应急队伍抢救和搜寻伤员，现场施救如图7-6所示。

图7-6 现场组织施救图

2）保护突发事件现场，减少或避免现场痕迹、证据和物品的破坏或灭失，保护物品防止丢失。如图 7-7 所示。

图 7-7  保护现场

（2）保险公司

组织特大事故应急小组，指派专门人员前往出事地点进行定损理赔任务。事故发生后，保险公司人员及时奔赴现场查勘，如图 7-8 所示。

### 2. 遗体转运

本次事故人员伤亡数量巨大，猛烈的火势导致遗体辨识度很差，为了后续的伤亡人员核查及理赔，政府相关部门通力合作，及时做好相关工作，遗体转运如图 7-9 所示。

图 7-8  现场查勘图　　　　　　　　　　图 7-9  遗体转运图

### 3. 伤亡人员核查

事故发生后，在国务院事故调查组的督促指导下，湖南省公安厅组织开展遇难人数和身份核定工作。通过现场勘查、DNA 比对、外围调查、遇难者亲属排查、技术侦查等方法反复核查比对，于 7 月 26 日确定在事故现场有 54 人遇难，并对遇难者身份全部予以确认。6 名受伤人员中，有 4 人因伤势过重医治无效分别于 7 月 26 日、8 月 3 日、8 月 11 日、9 月 3 日死亡。

### 4. 事故善后工作

接到事故情况后，福建省、四川省人民政府有关负责同志带领有关部门和相关地方政府负责同志赶赴现场，协助做好事故善后和赔付工作。福建省莆田市积极协调保险企业垫付赔偿费用，确保了赔偿金及时到位。湖南省、邵阳市、隆回县人民政府和卫生部门调集多名专家，全力救治受伤人员；邵阳市、隆回县人民政府及有关部门全力做好死伤人员家属的接待和安抚工作，及时与全部遇难者家属签订了赔偿协议，落实赔偿事宜。事故善后工作平稳有序。

### 5. 案情分析

调查报告显示，这起事故是由于湘A3××××轻型货车追尾闽BY××××大客车致使轻型货车所运载乙醇泄漏燃烧所致。车辆追尾碰撞的原因是刘斌驾驶严重超载的轻型货车，未按操作规范安全驾驶，忽视交警的现场示警，未注意观察和及时发现停在前方排队等候的大客车，未采取制动措施，致使轻型货车以85km/h的速度撞上大客车，其违法行为是导致车辆追尾碰撞的主要原因。

### ➡ 课程育人

**案例7　年轻查勘员用实际行动诠释总书记16个字精神**

中华联合财产保险股份有限公司烟台中心支公司查勘员宋兆良，用自己实际行动诠释了习近平总书记强调的"敬佑生命、救死扶伤、甘于奉献、大爱无疆"的精神。

据新闻报道，中华联合财产保险股份有限公司烟台中心支公司查勘员宋兆良同志在龙口威龙大道路遇被逃逸车辆撞伤的电动车主，出于职业敏感，宋兆良果断停车实施救助，还将汽车的远光灯和双闪打开警示过往的车辆，使昏迷的伤员避免造成二次伤害，还将外套脱下盖在伤者身上，避免其被零下10摄氏度的低温冻伤的危险。在等待救护车期间，宋兆良出于工作习惯，对现场进行了简单的查勘，了解事故情况，为救护工作和后续的事故处理做了准备。救护车赶到现场后，他协助医护人员将伤者抬上救护车上，将在伤者身上找到的手机交给医护人员，便于其联系伤者家属，并询问是否需要去医院垫付急救费。在一切得到答复后，宋兆良才放心回家。

有许许多多查勘员和宋兆良一样，常年累月在救援现场，从事着既紧急又危险的工作，他们的奋不顾身、英勇救人的事迹数不胜数，在各自的岗位上诠释着习近平总书记强调的"敬佑生命、救死扶伤、甘于奉献、大爱无疆"16个字的内涵，值得我们大家学习。

## 思考与练习

### 一、选择题

1. 人伤案件第一现场查勘的，应有反应事故现场全貌的全景照片，以及反映肇事车辆号牌、车辆损失、人伤碰撞部位及损失程度的（　　　）照片。
   A. 远、近景　　　B. 风景　　　C. 人脸　　　D. 全身

2. 重大、复杂或有疑点的案件，应在询问有关当事人、证明人后，在车辆人伤事故现场查勘询问笔录中记录，（　　　）签字确认。
   A. 领导　　　B. 并由被询问人　　　C. 驾驶人　　　D. 值班人

3. 电话查勘先表明自己保险公司医疗查勘员身份，安抚客户情绪；倾听客户叙述，解答

客户问题。无论如何不能与客户（　　）。
A. 吃饭　　　　B. 打架　　　　C. 争吵　　　　D. 打牌

4. 车险小额人伤案件的界定条件是，标的车发生交通事故时，造成三者人身损害且损失金额小于（　　）元的案件。
A. 1000　　　　B. 1500　　　　C. 2000　　　　D. 3000

5. 对于当场死亡案件，安排现场查勘；无法现场查勘的，必须（　　）。
A. 录像　　　　B. 视频　　　　C. 打电话　　　D. 复勘

## 二、判断题

1. 抢救治疗道路交通事故受伤人员是所有医疗机构的责任，拒绝、放弃、拖延抢救治疗均要承担法律责任。（　）

2. 因抢救而产生的费用采取以下方式解决：一是当事人自己支付，包括受害人自己预先支付和肇事者先行支付；二是保险公司支付；三是道路交通事故社会救助基金垫付。（　）

3. 对现场死亡的，必须核实尸检报告，确定死亡原因与本次事故关联性。（　）

4. 对未现场查勘的死亡案件，要到法院申请查阅交警案件卷宗，提取现场照片、路况图、笔录及其余相关材料，核实事故真实性。（　）

5. 保险车辆出险后，被保险人赶赴肇事现场处理所支出的费用，不予负责。（　）

## 三、问答题

1. 简述车险小额人伤案件的界定条件。
2. 简述社会救助基金的垫付条件。
3. 简述人伤案件常见问题及处理方法。
4. 简述人伤案件一般理赔流程。
5. 简述人身损伤赔偿司法解释内容。

# 参 考 文 献

[1] 许云, 赵良红. 新能源汽车动力电池及充电系统检修 [M]. 北京: 机械工业出版社, 2021.

[2] 张红英. 汽车查勘与定损 [M]. 北京: 机械工业出版社, 2020.

[3] 白建伟. 汽车碰撞分析与估损 [M]. 2版. 北京: 机械工业出版社, 2018.

[4] 明光星. 汽车车损与定损 [M]. 北京: 中国人民大学出版社, 2012.

[5] 孙杰. 汽车车损与定损 [M]. 北京: 中国人民交通出版社, 2011.

[6] 贺展开. 机动车保险与理赔 [M]. 北京: 机械工业出版社, 2009.

[7] 贾逵钧. 汽车碰撞估损与修复 [M]. 北京: 机械工业出版社, 2007.

[8] 张晓明, 等. 机动车辆保险定损员培训教程 [M]. 北京: 首都经济贸易大学出版社, 2007.